Kerstin Friedrich

Erfolgreich durch Spezialisierung

Kerstin Friedrich

Erfolgreich durch Spezialisierung

Kompetenz entwickeln
Kerngeschäft ausbauen
Konkurrenz überholen

REDLINE WIRTSCHAFT

Bibliografische Information der Deutschen Nationalbibliothek

Die Deutsche Nationalbibliothek verzeichnet diese Publikation in der Deutschen Nationalbibliografie.
Detaillierte bibliografische Daten sind im Internet über http://dnb.d-nb.de abrufbar.

ISBN 978-3-636-01418-4

2., aktualisierte und überarbeitete Auflage

Umschlaggestaltung: Vierthaler & Braun, München
Umschlagabbildung: Image Source, getty images
Satz: M. Zech, Redline GmbH
Druck: Himmer, Augsburg
Bindearbeiten: Thomas, Augsburg
Printed in Germany

Inhalt

Alle wirklichen Unternehmenserfolge sind Konzentrationserfolge
Fredmund Malik

Von Spezialisten siegen lernen
Schlagzeile im Wirtschaftsmagazin impulse

Specialize or die
Joanell Teague

1 Die Macht des Spezialisten

Dies ist ein Buch über das einfachste und wirkungsvollste Instrument zu mehr Marktmacht, Anziehungskraft und Erfolg: die Spezialisierung. Keine andere Strategie ist so umstritten wie die der bedingungslosen Konzentration auf wenige Produkte, Dienstleistungen oder Problemlösungen. Anhänger von Spezialisierungsstrategien halten sie für eine Wunderwaffe, mit deren Hilfe alle gängigen Probleme der Unternehmensführung gelöst werden können – egal, ob sie das Marketing, die Organisation, die Innovation oder das Wissensmanagement betreffen. Den Gegnern gilt sie dagegen als Strategie für Sonderlinge, überdies als gefährlich, riskant, einseitig oder langweilig. Meines Wissens gibt es keine andere Strategie, die mit so vielen Vorurteilen, Missverständnissen und Meinungsverschiedenheiten beladen ist wie die der Spezialisierung.

Welche Strategie ist die richtige?

Diese Frage stellt sich in Zeiten wie diesen, die geprägt sind durch harten Wettbewerb, globale Herausforderungen und einen irrsinnigen Innovationsdruck, drängender denn je. Zumindest in einem Punkt scheinen sich die Strategie-Päpste einig: Nach dem Desaster, das die Diversifikationsstrategie in den 70er- und 80er-Jahren weltweit angerichtet hat, konnte das Thema „Alles für alle" getrost beerdigt werden. Stattdessen empfahl man unisono Erfolgsrezepte wie „Fokussierung" (das Teufelswort „Spezialisierung" wird gern vermieden) oder ein moderates „Zurück zu den Kernkompetenzen". Mit bemerkenswerten Folgen: Seit Anfang der 90er kann man täglich der Fachpresse entnehmen, dass sich Unternehmen von „unpassenden" Bereichen trennen, um das Kapital umgehend in die Akquisition von „passenden", die Fokussierung oder Kernkompetenzen stärkenden Unternehmen zu stecken. Diversifikation ist out – um nicht zu sagen: mega-out. Jack Welch, CEO des weltweit erfolgreichsten Gemischtwarenladens General Electric, war die berühmte Ausnahme von der Regel. Er hat es wie kein anderer vor ihm geschafft, ein weltumspannendes Imperium voneinander unabhängiger Unternehmen zu einem funktionierenden Ganzen zusammenzuschweißen. Doch Führungsgenies diesen Kalibers gehören offensichtlich einer exotischen, höchst seltenen Art an. Denn erfolgreiche und diversifizierte Konzerne kann man mit der Lupe suchen: An der Börse werden Allrounder mit einem „Konglomeratsabschlag“ von bis zu 25 Prozent bestraft. Die Analysten favorisieren „fokussierte“ Unternehmen, die beides bieten: die Marktführerqualitäten eines Spezialisten mit dem „Sicherheitspotenzial“ der Diversifikation. Und so versucht man es heute gern mit einer gelungenen Mischung aus „sowohl-als-auch“: breite Produktpalette, aber irgendwie ein gemeinsamer Nenner, sprich: Fokus. Doch was ist das eigentlich, diese sagenumwobene „Fokussierung“?

Was ist Fokussierung?

Schauen wir uns ein Beispiel an, nämlich die DaimlerChrysler AG: ein Unternehmen, das schon so manche strategische Modeerscheinung mitgemacht hat. Als der Konzern noch unter dem Namen Daimler Benz firmierte, stellte er so etwas wie das Musterbeispiel missglückter Diversifikationspolitik dar: Der Traum vom integrierten Technologiekonzern platzte, weil es offensichtlich nicht möglich war, vom Toaster (AEG) über IT-Dienstleistungen (debis) bis zur Weltraumfähre (DASA) alles anzubieten, was den gemeinsamen Nenner „Technik“ besaß. Die viel beschworenen Synergien zwischen den Bereichen wurden nicht einmal ansatzweise realisiert. Stattdessen wurde aus 5,3 Milliarden DM Profit binnen 10 Jahren ein Defizit von 6 Milliarden. Daimler-Chef Edzard Reuter durfte gehen und zur großen Freude der Anleger folgte sein Nachfolger Jürgen Schrempp alsbald dem allgemein angesagten Trend zur „Fokussierung“, und zwar zunächst auf das Kerngeschäft „Verkehr“. AEG, Fokker, Dornier und andere wurden aus dem Portfolio verbannt, später folgte die hoch defizitäre Adtranz, die sich unter anderem der Integration von Auto und Schiene verschrieben hatte. Das Geschäftsfeld wurde nun auf das ursprüngliche Kerngeschäft, das Automobil, eingeschränkt.[1]

DaimlerChrysler ist heute ein weltumspannendes Konglomerat von Autofabriken und Vertriebsstützpunkten, das vom Kleinstwagen Smart über den luxuriösen Maybach bis zum Super-LKW aus dem Hause Freightliner weltweit alles zu bieten hat, was des Autofahrers Herz mit kleinem und großem Geldbeutel zu erfreuen vermag. Doch um welchen Preis? Die Eintrittskarte für das Spiel um die Weltherrschaft in allen automobilen Klassen erwies sich als teuer: Der Kauf und die Integration von Chrysler und Freightliner in den USA, die Beteiligung an Mitsubishi in Japan sowie Hyundai in Korea und die Aktivitäten in China zehrten an den Ressourcen – erst an den personellen, dann an den finanziellen. Chrysler, Freightliner und andere belasteten das Konzernergebnis mit Milliardenverlusten. Drei Jahre nach dem „Superdeal" DaimlerChrysler hatte sich der Aktienkurs halbiert, was einer rechnerischen Kapitalvernichtung von 40 Milliarden Euro entsprach. Anscheinend wurde auch im Rahmen der neuen Strategie das Maß des Machbaren überschritten. „Man kann nicht alles machen", räumte DaimlerChrysler-Vorstand Eckhard Cordes freimütig in der *Frankfurter Allgemeinen* ein[2].

Den Anlegern hätte es sicherlich mehr Freude gemacht, wenn man sich auf das Spezialgebiet, den Bau hochwertiger, prestigeträchtiger Automobile, beschränkt hätte: Im deutschen Mutterhaus erfreute man sich nämlich prächtig sprudelnder Gewinne und voll ausgelasteter Kapazitäten. „Funkelnde Augen bekommen die Verantwortlichen des Stuttgarter Konzerns derzeit nur, wenn sie sich die Zahlen ihrer Vorzeigemarke Mercedes anschauen", urteilte im November 2001 ein Analyst im Börsenportal *wall-street online*. Leider wurden daraus auch in der Mercedes Car Group mehr als eine halbe Milliarde Euro Verlust in der Rubrik „operating profit" bis zum Jahr 2005.

Ist DaimlerChrysler ein fokussiertes Unternehmen? Sicherlich ist es heute im Sinne des Kerngeschäfts konzentrierter als noch zu Zeiten des „integrierten Technologiekonzerns". Doch ist es fokussiert? Natürlich nicht. Zu diesem Begriff fällt uns nur ein einziger Automobilhersteller ein, nämlich der weltweit profitabelste: Es ist die Porsche AG, ein Spezialist reinsten Wassers, der Image und Gewinn über Jahrzehnte aus einem einzigen Modell, dem legendären 911er und einer manchmal mehr, manchmal weniger geglückten engen Variante rund um diesen Kern schöpft.

Den Gegenentwurf finden wir im Hause Smart: Hier ist schön zu sehen, dass Spezialisierung nur dann sinnvoll und erfolgreich ist, wenn ein herausragendes Produkt dabei herauskommt.

Doch soll das wirklich das Ziel sein – eine Welt von Nischenanbietern? Möglich ja – aber wenig wahrscheinlich. Nach meiner Ansicht gibt es nicht die Qual der Wahl zwischen Spezialisieren, Fokussieren oder Diversifizieren – der Königsweg liegt im gelungenen „Sowohl-als-auch". Genau darum geht es in diesem Buch: darum, sich richtig zu spezialisieren und – wenn es denn sein soll – zu diversifizieren und expandieren, ohne dass die Spezialisierungsvorteile dabei komplett wieder verloren gehen.

Potenzialvernichter Diversifikation

Das, was uns heute unter „Fokussierung" geboten wird, ist häufig nichts anderes als eine auf Branchen ausgerichtete Diversifikationspolitik: So wie im Beispiel DaimlerChrysler versammelt man ein Sammelsurium von Töchtern und Beteiligungen unter einem Dach, die einen wie auch immer gearteten gemeinsamen Nenner haben. Diese Strategie mag für einen amtierenden oder angehenden Globalplayer machbar und erfolgreich sein (wobei hier und da ernsthafte Zweifel angebracht sind). Unsinnigerweise wird sie aber auch von vielen kleinen und mittleren Unternehmen kopiert, die einen Großteil ihres Erfolgspotenzials damit in den Mülleimer werfen oder – noch schlimmer – verzettelungsbedingt in die Pleite gehen. Man braucht sich nur das Drama anzuschauen, das sich zur Jahrtausendwende am Neuen Markt abgespielt hat: In aller Regel waren es hoch spezialisierte Unternehmen, die sich mit mehr oder weniger guten „Storys" (nämlich Alleinstellungsmerkmalen in Erfolg versprechenden Bedarfssegmenten) massenhaft Kapital für die Expansion besorgten. Doch kaum war das Geld in der Kasse, ging das Elend los: Entweder wurden haufenweise kleinere Konkurrenten aufgekauft oder die neu gewonnene Bewegungsfreiheit wurde dazu genutzt, die

Produktpalette kräftig auszudehnen. Hier nur zwei von vielen Beispielen:

- Brokat: Das auf E-Finance spezialisierte Softwarehaus aus Stuttgart galt als einer der Stars am Neuen Markt. Doch missglückte Akquisitionen (unter anderem in den USA, wo zu Phantasiepreisen zwei defizitäre Softwarehäuser übernommen wurden) und Investitionen in den „Zukunftsmarkt" M-Finance (Finanztransaktionen per Mobiltelefon) machten dem einstigen Vorzeigeunternehmen den Garaus. Bei 200 Euro notierten Brokat-Aktien in den besten Zeiten – dann schrammte der gefallene Star knapp an der Pleite vorbei und stürzte auf 0,60 Euro ab. Ein sagenhafter Verlust von fast 1 Milliarde Euro stand im Jahr 2001 einem Umsatz von rund 40 Millionen gegenüber. Im November 2001 versuchte man das Unternehmen kurz vor dem Konkurs mit einer neuen Strategie zu retten – und zwar durch Reduktion auf das „Kerngeschäft", die elektronische Finanzsoftware. Doch umsonst – die Aktionäre mochten nicht mehr an eine wundersame Rettung glauben.
- Kabel New Media: Die Internetagentur galt als der kommende Marktführer rund um das Thema E-Business. Ihr charismatischer Gründer Peter Kabel wurde noch im Jahr 2000 vom *manager magazin* als Entrepreneur des Jahres gefeiert, ein Jahr später war seine Firma pleite. Dabei hatte Kabel scheinbar alles richtig gemacht: Um neben der Fabrikation bunter Web-Bilder auch noch Dienstleistungen wie Process-Redesign und Systemintegration anbieten zu können, verfiel man dem kollektiven Kaufrausch und wetteiferte mit anderen Webagenturen um den Titel „erfolgreichster Aufkäufer von IT-Dienstleistern". Strategisch höchst interessant war dann die weitere Entwicklung: Weil sich der E-Commerce nicht so entwickelte wie prognostiziert, stürzten die Kurse der Webagenturen ins Bodenlose. Kabel, Marchfirst und andere machten Pleite. Hier darf man einmal spekulieren, was passiert wäre, wenn sich Kabel & Co tatsächlich auf das konzentriert hätten, was ihrer „Kernkompetenz" entspricht, nämlich Unternehmen das Geschäftemachen im Internet zu ermöglichen. Denn dort konnten wir zu dem Zeitpunkt des Agentursterbens (und

auch heute noch!) einen Haufen ungelöster Probleme beobachten: angefangen damit, dass immer noch viel zu viele Bestellprozesse abgebrochen wurden, weil sie nicht nutzergerecht sind, über das Thema Micropayment (die Bezahlung kleiner und kleinster Beträge via Internet) bis zur Personalisierung spezifischer Angebote. Ich bin mir sicher: Eine Agentur, die sich erfolgreich auf diese Probleme konzentriert hätte, statt die Energie in die Verwaltung ihrer zugekauften Beteiligungen zu stecken, würde zur Zeit der Massenpleiten in Glanz und Gloria dastehen. Sie wäre dann nämlich nicht Opfer der Verhältnisse (hier: abnehmende Investitionsbereitschaft der Old Economy), sondern sie wäre Gestalter einer eigenen Konjunktur geworden. Und dabei hätte man das Integrations- und Redesign-Geschäft den schon reichlich vorhandenen Spezialisten überlassen können.

Die Liste ließe sich noch beliebig verlängern. Zum Beispiel Edel Music, einst angetreten um „der größte und erfolgreichste unabhängige Musikproduzent" zu werden. Dank einer „expansiven, wohl als verfehlt zu betrachtenden Beteiligungspolitik" (FAZ) stieg die Verschuldung von 111 auf 412 Millionen DM und die massiven Sonderabschreibungen auf die Beteiligungen rissen sowohl die Verluste als auch die Aktie in den Keller. Zum Beispiel ACG: Der Spezialist für Smart-Card-Broking galt einst als „Perle" unter den Werten am Neuen Markt. Doch auch hier ging man weltweit auf Shoppingtour, auch hier verhagelten massive Sonderabschreibungen die Ergebnisse. Splitbereinigt sank der Kurs von 170 auf unter 3 Euro. Wie gesagt: wenige Beispiele unter vielen. Wie wäre es all diesen Unternehmen ergangen, wenn sie Geld und Grips in den Ausbau ihrer Marktposition im Kerngeschäft gesteckt hätten?

Alte Erfolgsrezepte versagen

Doch nicht nur Mittelständler und Kleinunternehmen kopieren die Strategien der Konzerne – erschreckenderweise wird selbst unter Freiberuflern noch erstaunlich häufig die Meinung vertreten, ein möglichst breites Wissen (sprich: Leistungsspektrum) sei die sicherste Grundlage einer erfolgreichen Existenzsicherung. Denn das wird uns ja schon in der Schule eingetrichtert: Wer viel weiß und alles kann, ist der Beste! Im völlig realitätsfernen Schonraum „Schule“ mag so etwas funktionieren – im wirklichen Leben ist mit dieser Strategie nichts anzufangen. Denn schon vor 1.000 Jahren konnte man nicht alle Wissensgebiete beherrschen – und heute, wo sich das Wissen alle paar Jahre verdoppelt, erst recht nicht. Selbst Gebiete, die gemeinhin schon als „Spezialisierung“ gelten, sind derart ausgeufert, dass eine einzelne Person sie unmöglich in allen Nuancen bis zur Spitzenklasse beherrschen kann. In der Chirurgie beispielsweise (die schon als Spezialgebiet in der Medizin gilt), gibt es heute Spezialisten für Herztransplantationen, für plastische Chirurgie (mit Unterspezialisierungen für Nase, Brust, Ohren, Augen ...), für Handoperationen und so weiter und so fort. Ähnlich ist es bei den Unternehmensberatern, in den Rechtswissenschaften oder bei Wirtschaftsprüfern: Kein Mensch ist heute mehr in der Lage, solche riesigen Wissensgebiete in allen Details zu erfassen und zu beherrschen – geschweige denn, dort eine führende Rolle zu spielen.

Doch auch mit dem Erfolgsrezept „Konzentration auf Kernkompetenzen“ kann ein normales Unternehmen nichts anfangen: Würden Sie beispielsweise einem von Fielmann-Apollo und Gesundheitsstrukturgesetz gebeutelten Optiker anraten, er möge sich doch bitte zur Rettung seines Geschäfts auf seine Kernkompetenz konzentrieren, so würde der sich mit einem müden Lächeln revanchieren: Die Kernkompetenz liegt darin, dem Kunden Brillen und Kontaktlinsen anzupassen und zu verkaufen – und das macht auch jeder Mitbewerber. Wie soll da eine Differenzierung möglich sein? Mit Ausnahme der „Großen“ machen fast alle Unternehmen das, was ihren Kernkompetenzen entspricht. Sie kommen mit einer solchen Strategie keinen Millimeter weiter. Was ihnen wirklich hilft, ist eine Spezialisierung.

Ganzheitliche Spezialisierungen – die Zukunftsstrategie

Der einzige Weg, der dramatisch wachsenden Komplexität unserer Welt zu begegnen, ist die Spezialisierung – und zwar nicht die landläufig bekannte Spezialisierung in Richtung Fachidiotie und Isolation, sondern eine neue, intelligente Form der Spezialisierung, die zu überlegenen Problemlösungen und optimaler Integration in die Umwelt führt. Ganz besonders für Mittelständler, kleine und ganz kleine Unternehmen sowie für Selbstständige und Freiberufler ist die Spezialisierung eine ideale Strategie.

Werden Sie einzigartig und unverwechselbar

Um eines vorwegzunehmen: In diesem Buch geht es nicht darum, die Großen und Berühmten wie DaimlerChrysler und Co. zu analysieren und aus deren Fehlern und Heldentaten zu lernen. Hier lernen Sie von Unternehmen jeder Größenordnung, von kleinsten, kleinen und mittelständischen Unternehmen, wie man Marktführer wird.

Die Botschaft dieses Buches lautet, einzigartig und unverwechselbar zu sein: im positiven Sinne anders als andere. Das Schöne, aber gleichzeitig Anstrengende an Spezialisierungsstrategien ist der Umstand, dass jedes Unternehmen seinen eigenen Weg gehen muss und kann. Sie werden jedoch hier eine Methodik kennen lernen, mit deren Hilfe Sie Ihren eigenen Weg entdecken und gehen können. Ganz besonders werden Sie von diesem Buch profitieren, wenn Sie:

- Marktführer werden wollen,
- ein Unternehmen oder einen Unternehmensbereich jeder Größenordnung leiten (oder dies demnächst tun wollen),
- unter starkem Wettbewerbsdruck stehen und nach neuen Strategien suchen,
- freiberuflich selbstständig sind oder es werden wollen,
- mit dem Gedanken spielen, ein Unternehmen zu gründen oder zu übernehmen.

1.1 Das Spezialisierungsprinzip

Wenn Sie auf Ihrem Markt die Nummer eins werden wollen (oder zumindest ein ernstes Wort mitreden möchten), sollten Sie es auf jeden Fall mit einer Spezialisierung probieren. Warum? Hier ein paar ganz einfache Beispiele:

- Wenn das beste Allround-Pferd der Welt, der Military[3]-Weltmeister von 2006, Toy Town, gegen den Derbysieger Schiaparelli zum Wettrennen antreten würde – auf wen würden Sie Ihr Geld setzen?
- Wenn Sie sich einer Herzoperation unterziehen müssten – würden Sie zur nächstgelegenen Klinik gehen, an der diese Operation ausgeführt wird, oder würden Sie Himmel und Hölle in Bewegung setzen, um einen Termin in der besten Spezialklinik zu bekommen?
- Wenn Sie Ihr Unternehmen verkaufen – gehen Sie dann zu Ihrem Anwalt um die Ecke oder suchen Sie sich einen Spezialisten für Mergers & Acquisitions, der tagein, tagaus nichts anderes tut, als sich mit Unternehmensverkäufen zu beschäftigen?

Spezialisten bieten die besten Problemlösungen

Unsere Kunden lieben Spezialisten, denn von diesen erwarten (und bekommen) sie die besten Problemlösungen. Dies gilt in allen Bereichen des Wirtschaftslebens. Doch bevor wir uns diesem Thema widmen, schauen wir erst einmal auf ein benachbartes Gebiet, den Sport. Hier herrschen nämlich ähnliche „Gesetze“ wie auf den ökonomischen Märkten. Es geht

- um Wettbewerb,
- um das Ziel, Nummer eins zu werden,
- darum, die Gunst von Zuschauern und Sponsoren zu gewinnen
- und um permanente Leistungsverbesserung.

Auch als Unternehmer:

- müssen Sie sich gegen andere durchsetzen (Wettbewerb),
- müssen Sie im Moment der Kaufentscheidung die Nummer eins im Kopf Ihres Kunden sein,
- brauchen Sie die Gunst Ihrer Kunden und die Aufmerksamkeit der Öffentlichkeit,
- müssen Sie permanent innovieren, d.h. Ihre Leistungen verbessern.

Und im Sport wie in der Wirtschaft gilt: Der Wille zum Sieg, die mentale Einstellung ist erfolgsentscheidend. Es gibt viele Erfolgslehrer, die gerade diesem Faktor die größte Bedeutung beimessen. Motto: Das Leben ist allein eine Frage der richtigen Einstellung, und wenn die Unternehmensspitze motiviert und entschlossen zur Sache geht, kann nicht mehr allzu viel schief gehen. Wenn dazu noch Fleiß und Arbeitswille kommen, ist der Erfolg so gut wie sicher.

Nach meiner Meinung stimmt das im Großen und Ganzen, doch es fehlt noch eine entscheidende Kleinigkeit: die Strategie! Wenn zur richtigen Einstellung noch die richtige Strategie kommt – dann ist man dem Optimum schon sehr nahe. Denn nur von der richtigen Einstellung allein wird man ebenso wenig erfolgreich wie mit der richtigen Strategie. Beide Seiten müssen stimmen – denn was nützen die schönste Motivation und der größte Arbeitseifer, wenn sie auf das falsche Ziel gerichtet werden. Umgekehrt nützt die brillanteste Strategie nichts, wenn sie aus dem Schubladenstadium nicht herauskommt oder nur halbherzig umgesetzt wird.

„Sowohl-als-auch" lautet also die Devise – und was passiert, wenn mentale Stärke mit guten Strategien zusammenkommt, das zeigt das Beispiel Sport wunderbar. Hier können wir nämlich unter anderem lernen, dass man ohne Spezialisierung im Spitzensport gar nicht erst anzutreten braucht.

Bei der Olympiade 2004 in Athen lief der Sprintspezialist Maurice Greene aus den USA die 100 Meter in 10,18 Sekunden. Der beste Sprinter unter der Zehnkämpfern, Bryan Clay, erreichte beim gleichen Sportfest eine Zeit von 10,44 Sekunden. Natürlich gilt unsere Bewunderung den Zehnkämpfern und nicht umsonst gelten sie als die Könige der Athleten. Doch in jeder der zehn Disziplinen werden sie von den jeweiligen Spezialisten locker geschlagen. Steffi Graf, Boris Becker, Michael Schumacher – alle Ikonen der jüngeren deutschen Sportgeschichte konzentrierten sich bedingungslos auf ihren Sport. Sie widmeten sich von frühester Jugend an ihrer Disziplin und es ist im Grunde kein allzu großes Wunder, dass sie nach 10 bis 15 Jahren intensiven Trainings an der Weltspitze standen.

Am Beispiel des berühmtesten Radrennens, der Tour de France, sieht man, dass die Spezialisierung immer weiter voranschreiten muss: Es gibt Zeitfahr-, Berg- und Sprintspezialisten; und die starken, für den Gesamtsieg in Frage kommenden Allrounder konzentrieren sich voll und ganz auf wenige Großereignisse. Das gleiche Bild im Tennis. Natürlich und selbstverständlich konzentrieren sich Tennisprofis auf das Tennisspielen. Darüber hinaus ist auch hier eine „Marktsegmentierung“ zu beobachten. Es gibt Spezialisten für jede Art von Belag: für Asche, für Rasen, für Hartplätze. Warum ist es seit fast 25 Jahren keinem Mann mehr gelungen, den Grand Slam[4] zu gewinnen? Weil sich die mehr oder weniger genialen Allrounder im Ernstfall nicht gegen die Spezialisten durchsetzen können. Bei den Damen gelang dieses Kunststück zuletzt Steffi Graf; und bei den Herren könnte Roger Federer der nächste werden. Bis jetzt wurde er jedoch immer in Paris von einem Sandplatz-Spezialisten ausgebremst.

Auch hier eine Parallele im Radsport: Die großen Klassiker (Giro d’Italia, Tour de France) können nur von ganz wenigen Allroundern gewonnen werden, von Athleten vom Typ eines Miguel Indurain, Lance Armstrong oder Jan Ullrich, die hervorragende Zeitfahrer und Bergspezialisten zugleich sind. Und auch die können nur dann ihre Stärken voll ausspielen, wenn ihnen ein Team von Spezialisten zur Seite steht. „Der Brummkreisel hat ausgedient – immer mehr Bundesligaclubs nehmen Abschied vom Allrounder und setzen auf Spezialistenteams“ überschrieb die *Frankfurter Allgemeine* am 17.4.2005 einen Artikel über das Phänomen, dass in der Fussball-Bundesliga heute statt eines einzelnen Trainers ein Team von Spezialisten beschäftigt wird. Es ist doch verblüffend, dass sich im Grunde simple Erfolgsrezepte verhältnismäßig langsam herumsprechen. Noch vor 70 Jahren war das anders: Da errang der Norweger Birger Ruud bei der alpinen Weltmeisterschaft 1935 eine Bronzemedaille in der Kombination und bei den Olympiaden 1932/36 jeweils eine Goldmedaille im Skispringen – eine heute undenkbare Leistung, denn der Wettbewerb hat dazu geführt, dass nur noch Spezialisten wettbewerbsfähig bleiben können. Ich könnte hier noch hunderte anderer Geschichten aufzählen, doch mit Rücksicht auf weniger sportbegeisterte Leser will ich es bei diesen wenigen Beispielen belassen.

1.2 Historisches

So viel also zum Sport. Doch wie sieht es im Rest der Welt, speziell in der Wirtschaft aus? Sie werden es nicht glauben, aber auch dort ist die Spezialisierung *das* Erfolgsrezept schlechthin. Das mag dem einen oder anderen befremdlich vorkommen, doch bei Licht betrachtet ist das eine eher banale Erkenntnis. Schon vor mehr als 200 Jahren „entdeckte" der große Nationalökonom Adam Smith das Spezialisierungsprinzip auf der Suche nach den Ursachen des nationalen Wohlstandes. Er fand diese Ursache in der Arbeitsteilung – bei Licht betrachtet nichts anderes als eine Spezialisierung auf bestimmte Teilaspekte der Arbeitsprozesse.

Produktivitätssteigerung durch Spezialisierung

Am Beispiel einer Nadelfabrik schilderte Smith die Auswirkungen der Arbeitsteilung: Als man nämlich die erforderlichen Arbeitsgänge für die Herstellung einer Nadel zerlegte und diese jeweils einem bestimmten „Spezialisten" zuteilte, stieg die Produktivität gegenüber der „ganzheitlichen" Methode (ein Arbeiter stellt die Nadel komplett selbst her) um das 245-Fache. Eine sagenhafte Produktivitätssteigerung! Und in der Tat war Smith auf genau der richtigen Spur: Die Zerlegung der Arbeitsprozesse führte im Industriezeitalter zu extremen Produktivitätssteigerungen bei sämtlichen Konsum- und Investitionsgütern. Die durch die Zerlegung der Arbeitsprozesse mögliche Mechanisierung und Automatisierung tat ein Übriges: Die Produktivität stieg gegenüber der handwerklichen Fertigung ins Unermessliche; sinkende Kosten und in der Folge sinkende Preise führten zu steigender Nachfrage und einer nie gekannten Allverfügbarkeit von Waren. Was gestern noch als unerschwingliches Luxusgut galt, war plötzlich für die breite Mittelschicht verfügbar. Massenwohlstand, mit anderen Worten. Wem haben wir es zu verdanken, dass heute Fertighaus, VW-Golf, Flat-TV und Mallorcaurlaub zur bundesdeutschen Mindestausstattung gehören? Hoher Produktivität im Industrie- und Dienstleistungssektor infolge von spezialisierter Arbeitsteilung!

Die Nachteile der Spezialisierung

Doch schon Adam Smith übersah keineswegs die Schattenseite der Spezialisierung: zunehmende Entfremdung vom Ergebnis der Arbeit, Langeweile, Monotonie, einseitige, ja gesundheitsgefährdende Belastungen. Heute könnte man noch vieles andere hinzufügen: Raubbau an den nicht unerschöpflichen Ressourcen der Erde, gigantische Umweltzerstörung, Konsumterror und vieles mehr, von dem ich nicht weiter reden möchte, damit Sie das Buch nicht sofort in die Ecke werfen. Hier nur so viel: Alles in allem ist es kein Wunder, dass die Spezialisierung nicht nur bei Anhängern des humanistischen Bildungsideals als wahres Teufelswerk gilt. Doch im Grunde völlig zu Unrecht. Denn mit der Spezialisierung verhält es sich ähnlich wie mit einem Messer: Es ist einerseits ein überaus nützliches Instrument, andererseits kann man einen recht großen Schaden damit anrichten. Die Spezialisierung hat schon verheerende Zerstörungen angerichtet, aber auch extrem viel Gutes bewirkt. In diesem Buch geht es ausschließlich darum, die Spezialisierung zu Ihrem ganz persönlichen Nutzen und gleichzeitig zu dem Ihrer Mitwelt einzusetzen. Denn heute sind wir in der Lage – anders als zu Zeiten von Adam Smith –, das Instrument „Spezialisierung“ weitaus differenzierter zu betrachten. In den vergangenen 200 Jahren hat sich nämlich allerhand getan.

Unter anderem hat ein Frankfurter Systemforscher namens Wolfgang Mewes einen erheblichen Teil seiner Lebenszeit dem Thema „Sozialverträgliche Spezialisierung“ gewidmet und er hat das hervorgezaubert, was Adam Smith zu Lebzeiten „die größte Entdeckung der Menschheitsgeschichte“ nannte. Smith hielt nämlich die „dunkle Seite“ der Spezialisierung für unüberwindlich; und er hielt es in der Tat für die „größte Entdeckung“, wenn es denn gelänge, die Vorteile der Spezialisierung zu nutzen und ihre Nachteile zu vermeiden. Und genau dieses „Ei des Kolumbus“ hat Mewes gefunden (dazu mehr im Kapitel 1.5). Wie war er überhaupt auf die Idee gekommen, sich mit dem abstrusen Thema „Spezialisierung“ zu beschäftigen? Mewes war Wirtschaftsprüfer und baute in den Nachkriegsjahren ein florierendes Fortbildungsinstitut für Betriebswirte und Bilanzbuchhalter auf. Zunächst lief alles bestens: Auf dem ausgetrockneten Arbeitsmarkt fanden Mewes Absolventen samt und sonders eine Stelle. Doch das änderte sich nach wenigen Jahren: Plötzlich bekamen seine Schüler Konkurrenz von den Universitäten, aufgrund des Überangebots stieg der Wettbewerb und die Aufstiegschancen wurden schlechter. Die Frage, wie sich seine Fernschüler gegenüber der akademisch gebildeten Konkurrenz durchsetzen konnten, ließ Mewes keine Ruhe. Warum wurden manche seiner Schüler extrem erfolgreich, während andere, die mit allen Erfolgsgaben wie Intelligenz, Kapital und Beziehungen gesegnet waren, kläglich scheiterten?

Die Ursachen außergewöhnlicher Erfolge

Das ließ Mewes ganz generell nach den Ursachen des Erfolgs suchen. Nach der Analyse hunderter großer Karriere- und Unternehmenserfolge wurde er fündig. Und Sie werden nicht glauben, welches „Erfolgsgeheimnis“ er ans Tageslicht förderte: Es ist die Spezialisierung! Praktisch jeder große Konzern fing irgendwann einmal mit einem einzigen erfolgreichen Produkt an: Bei Oetker war es das Backpulver, bei Nestlé das Milchpulver, bei Bosch der Magnetzünder, bei VW der Käfer und so weiter und so fort. Die riesige Leistungspalette von Nestlé und Co. täuscht heute jedoch darüber hinweg, dass diese gigantische Expansion aus einer Position der Stärke heraus, nämlich der Marktführung mit einem einzigen Produkt, geschah.

Geheimtipp EKS

Mewes stieß natürlich auch sehr schnell auf die diversen Spezialisierungsprobleme, über die schon Adam Smith gestolpert war. Es gehört zu Mewes herausragenden Verdiensten, dass er eine Strategie entwickelte, mit deren Hilfe man die Vorteile der Spezialisierung voll nutzen kann und die unvermeidlichen Nachteile noch in Chancen umwandeln kann: die energo-kybernetische Strategie, kurz EKS genannt.[5]

Die heimlichen Gewinner

Doch Mewes stieß mit seinen Erkenntnissen nicht überall auf Gegenliebe. In der Strategielehre steckte man in den 70ern mittendrin im Diversifikationswahn und auch im Bildungswesen war man von seinen Theorien alles andere als angetan, galt und gilt doch das humanistische Ideal des allseits und umfassend gebildeten Menschen als erstrebenswert. Frühzeitige (oder auch spätere) Spezialisierung – nichts weiter als Gift für den Geist und die Entfaltung der Persönlichkeit beziehungsweise des Unternehmens. So blieb die EKS mehr oder weniger ein Geheimtipp. Rund 30 Jahre später machte sich wieder jemand an die Aufgabe, die Erfolgsgeheimnisse der „Super-Erfolgreichen" zu lüften: Hermann Simon, Professor für Managementlehre und Marketing. Ihm verdanken wir die wohl eindrucksvollste Untersuchung jüngeren Datums zum Thema „Spezialisierung". In seinem Buch *Die heimlichen Gewinner*[6] ging er der Frage nach, wo die „Erfolgsrezepte" der so genannten Hidden Champions liegen, das sind super-erfolgreiche deutsche Mittelständler mit extrem starker Wettbewerbsposition. Ihre Marktanteile liegen zwischen 10 und 100 Prozent – auf dem Weltmarkt, wohlgemerkt! Die Hidden Champions führen so etwas wie ein selbst gewähltes Schattendasein in der deutschen Medienlandschaft. Ihre Lenker und Leiter sind keineswegs scharf darauf, sich in Hochglanzmagazinen wie *manager magazin, impulse* oder *Wirtschaftswoche* feiern zu lassen – im Gegenteil: Viele weigerten sich, überhaupt mit Simon über ihre „Erfolgsrezepte“ zu sprechen, andere antworteten lieber anonym. Insgesamt 500 kleine und mittelständische Unternehmen hatte Simon identifiziert, von denen rund 100 bereit waren, sich von ihm in die Karten schauen zu lassen. Offensichtlich hatte der Rest Bedenken, dass Mitbewerber ihre Strategien kopieren könnten. Schauen wir uns einen kleinen Auszug aus der Liste der „geheimen Weltmarktführer“ einmal an:

- Hauni: 90 Prozent Weltmarktanteil für Zigarettenmaschinen und einziger Lieferant kompletter Systeme zur Tabakverarbeitung
- Gerriets: der einzige Hersteller großer Bühnenvorhänge mit einem Weltmarktanteil von 100 Prozent
- Baader: 90 Prozent Weltmarktanteil bei Fischverarbeitungsmaschinen
- Steiner Optik: 80 Prozent Weltmarktanteil bei Militärferngläsern

Was haben diese Unternehmen gemeinsam? Es sind Spezialisten! O-Ton Simon: „Die Betrachtung konkreter Fälle liefert uns ein tieferes Verständnis der starken Fokussierung, Spezialisierung und Konzentration. ... Die meisten, jedoch nicht alle ‚Hidden Champions‘ haben der Versuchung widerstanden, zu diversifizieren. Und denjenigen, die bei ihren Leisten blieben, ging es fast immer besser. ... Einige der ‚Hidden Champions‘-Chefs sind so von ihrer Idee besessen, dass sie sich ihr ganzes Leben lang auf einen Markt konzentrieren. ... Diese bewusste Spezialisierung ist ein Fundament ihrer Stärke“.

Ich würde sagen: Es ist *das* Fundament ihrer Stärke! Denn die Spezialisierung ist eine notwendige (leider nicht hinreichende[7]) Voraussetzung für größeren Erfolg. Sind die Hidden Champions erfolgreich? Klugerweise stellt Simon diese Frage, die bei oberflächlicher Betrachtung ziemlich hirnrissig erscheint: Wenn man Weltmarktführer ist, dann ist doch sonnenklar, dass das irgendwie mit Erfolg zu tun haben muss – oder? Natürlich ist Marktführung kein Selbstzweck, sondern auch nur ein Mittel zum Zweck, besser gesagt, zum Ziel. Simon untersucht, inwiefern die hoch spezialisierten Hidden Champions die gängigen unternehmerischen Zielsetzungen erreicht haben. Da wäre zum Beispiel:

- *Sicherung der langfristigen Unternehmensexistenz:* Hier schneiden die Hidden Champions tendenziell besser ab als die Großunternehmen. Simon fand heraus, dass die angeblich riskant lebenden Spezialisten mindestens gleich stark sind wie die „großen Brüder", die sich durch enorm diversifizierte Leistungspaletten gegen die Unwägbarkeiten der Märkte sichern wollen. Die Hidden Champions erleben natürlich auch Krisen; sie gehen daraus jedoch eher gestärkt hervor. Eigenartigerweise profitieren sie sogar von ungünstigen Wirtschaftsbedingungen: acht von zehn Unternehmen konnten ihren Marktanteil in der Rezession erhöhen. Kein Wunder: Die zu überragenden Leistungen fähigen Spezialisten treten in aller Regel gegen diversifizierte Mitbewerber an, die in der Krise ihre Kräfte auf mehrere „Baustellen" verteilen müssen und dementsprechend geschwächt sind.
- *Rendite:* Die Hidden Champions haben einen durchschnittlichen Return on Investment von 13,8 Prozent bei einer Eigenkapitalquote von 40 Prozent. Damit liegen sie gut im Rennen, sind aber nicht so überragend, wie man es bei der starken, fast monopolartigen Marktstellung hätte erwarten können. Die Untersuchung litt allerdings darunter, dass die Hidden Champions wenig Lust verspürten, konkrete Angaben über ihre Gewinne zu machen. 56 Prozent gaben an, ihre Renditen lägen deutlich über dem Durchschnitt. Nachdenklich stimmt in diesem Zusammenhang eine weitere Simon'sche Erkenntnis: Er hatte ermittelt, dass die Hidden Champions über einen Preiserhöhungsspielraum von durchschnittlich 20 Prozent verfügten – von diesem aber keinen Gebrauch machten. Offensichtlich sind sie mit einer bestimmten Rendite zufrieden und beuten den Kunden nicht aus kurzfristiger Profitgier aus.

Wo liegen die Ziele der Hidden Champions? Sie wollen Marktführer werden und bleiben, wobei es ihnen nicht nur um Marktanteile geht, sondern auch um das, was Simon „psychologische" Marktführerschaft nennt: Über das rein Quantitative hinaus wollen sie der Beste, die Nummer eins sein, sie wollen Trends setzen, innovativer als andere sein, die Spielregeln selbst bestimmen. Gerade Letzteres ist eine überaus schöne Begleiterscheinung der Spezialisierung: Sie führt raus aus der Austauschbarkeit und dem Preiswettbewerb hin zu mehr Gestaltungsspielraum. Anders ausgedrückt: Sie verschafft Macht! Mehr dazu unter: „Spezialisierungsvorteil Nr. 8: Spezialisierung verschafft Macht".

Weniger Wettbewerb

Ein überaus bemerkenswertes Merkmal der Hidden Champions ist die Abwesenheit von ernst zu nehmendem Wettbewerb. „Immer wieder sehen wir die Überlegenheit der fokussierten Strategie", meint Simon dazu. Beispielsweise wird dort Heinz Hankammer zitiert, der Gründer von Brita-Wasserfiltern (85 Prozent Weltmarktanteil): „Leifheit, einer unserer Wettbewerber, hat 1.000 Produkte und eines davon ist der Wasserfilter. Das ist kein Gegner für uns. Wir haben nur Wasserfilter. Vor fünf Jahren versuchte Melitta, selbst ein ‚Hidden Champion' für Kaffeefilter, uns anzugreifen, und scheiterte. In Amerika verlor Mister Coffee gegen uns, der weltgrößte Hersteller von Kaffeemaschinen. Die Firmen, die viele verschiedene Produkte herstellen, sind keine Bedrohung, weil wir unsere gesamte Energie auf ein Produkt konzentrieren." Besser kann man den Vorteil des Spezialisten nicht beschreiben.

Übrigens konnte Simon nur wenige wirkliche „Geheimnisse" bei den Hidden Champions lüften: „Im Zusammenhang mit der Spezialisierung und Schwerpunktbildung konnten wir feststellen, dass die EKS-Methode erstaunlich oft eingesetzt wurde. Dies ist eines der wenigen ‚Geheimnisse', die wir bei den ‚Hidden Champions' aufdecken konnten." Das freute den EKS-Erfinder Wolfgang Mewes natürlich sehr, zeigte dieses Ergebnis doch, dass sich seine Methode entgegen vielen Anfeindungen mehr als bewährt hatte.

Doch wer nun glaubte, dass sich Wissenschaftler und Berater mit aller Macht auf das Thema Spezialisierung werfen würden, sah sich getäuscht. Im *Großen Handbuch der Strategiekonzepte*[8] finden wir viel zu TQM, Shareholder Value, Unternehmenskultur, Allianzen und Chaosmanagement, aber kein Wort zum Thema „Spezialisierung" – abgesehen von den bekannten Hidden Champions, die dort unter der Rubrik „Marktführung" erwähnt werden. Auch warten wir immer noch sehnsüchtig auf den ersten BWL-Lehrstuhl für Spezialisierungsstrategien (der sich auch mit der Frage der „richtigen" Diversifikation beschäftigen sollte). Simons Erkenntnisse lösten in der Fachpresse nicht mehr als einen Sturm im Wasserglas aus. „Von Spezialisten siegen lernen" titelte *impulse* im November 1996. Und weiter ging es: „Die größte Chance für den Mittelstand seit Jahrzehnten: Während die Multis noch dabei sind, ihre unrentablen Geschäftsfelder zu orten, haben erfolgreiche Firmen die nächste Runde eingeläutet – Spezialisierung mit allen Mitteln, kombiniert mit weltweiter Marktoffensive."

Unerschöpfliches Spezialisierungspotenzial

Schön wär's, kann ich da nur sagen! Denn wenn sich der gesamte deutsche Mittelstand dieser Strategie verschrieben hätte, sähe es hierzulande sicherlich anders aus, was Wachstumsraten, Arbeitslosigkeit und Staatsfinanzen betrifft (von den qualitativen Auswirkungen ganz zu schweigen). Oder liegen die Ursachen für die ausgebliebene „Spezialisierungsoffensive" darin, dass bereits sämtliche Spezialisierungsmöglichkeiten ausgeschöpft sind? Schließlich ist jeder Prozess der Arbeitsteilung irgendwann erschöpft. Doch das ist blanker Unsinn. Simon selbst schätzte, dass das Spezialisierungspotenzial in der Industrie erst zu 20 Prozent ausgeschöpft sei.[9] Er bekam kurz darauf noch kräftig Schützenhilfe von Fredmund Malik, einem der wenigen deutschsprachigen „Gurus" in Sachen Unternehmensführung sowie Chef des Management-Zentrums an der Universität St. Gallen: Der sprach sich zwar nicht direkt für Spezialisierungen aus, aber doch für „Konzentration" („Alle wirklichen Unternehmenserfolge sind Konzentrationserfolge.") und gegen die Diversifikation, denn diese führe fast immer zu einer Risikoakkumulation. Je größer die Zahl der verschiedenen Geschäfte sei, umso mehr könne schief gehen. So viel vorweg: Diversifikation ist keineswegs etwas Verwerfliches. Es gibt gute und schlechte Spezialisierungen ebenso wie gute und schlechte Diversifizierungen.

Doch warum wagen so wenige Unternehmer und Selbstständige die Spezialisierung, obwohl doch ihre Vorteile so klar und deutlich auf der Hand liegen? Meine Vermutung: Simon und andere zeigten zwar wunderbar die Spezialisierungsvorteile, konnten aber – mit Ausnahme von Mewes – keine Strategie anbieten, um die damit verbundenen Nachteile (insbesondere die nicht unbeträchtlichen Risiken) auszuschalten.

Um es noch einmal zu sagen: Es existieren durchaus Mittel und Wege, um die Vorteile der Spezialisierung voll zu nutzen und die Risiken nicht nur zu umgehen, sondern sogar in Chancen zu verwandeln. Doch davon später mehr. Zunächst einmal schauen wir uns die Spezialisierungsvorteile an, um uns dann den Risiken und den Abwehrstrategien zuzuwenden.

1.3 Die Spezialisierungsvorteile

Welche Vorteile bringt die Spezialisierung mit sich? Da gibt es eine ganze Reihe:

Spezialisierungsvorteil Nr. 1: Herausragende Leistungen sind möglich

Spezialisten erbringen bessere Leistungen als Allrounder, weil sie sich auf ein kleines Segment konzentrieren können. Das macht es möglich, aus dem Verdrängungswettbewerb der Durchschnittlichen und Austauschbaren in monopolartige Machtpositionen hineinzuwachsen. Wie Unternehmen durch Spezialisierung in Ausnahmepositionen wachsen, wurde schon ausführlich am Beispiel der Hidden Champions gezeigt. Doch wie sieht es bei Individuen aus? Ganz genau so! Was und wer hat die großen Genies dieser Welt zu Ausnahmekönnern gemacht? Liegen die Wurzeln außergewöhnlicher Leistungen in der Vererbung oder Erziehung? Sind es gar genetische Mutationen, die Ausnahmekönner hervorbringen? Nichts davon ist wahr, folgt man Anders Ericsson von der Florida State University. Er und sein Kollege Michael Howe gingen intensiv der Frage nach, was einzelne Menschen zu Ausnahmeerscheinungen macht. Das Ergebnis ist die totale Absage an die Genetik: Ericsson und Howe entlarvten alle Vermutungen, die sich um das „angeborene" Talent der Shakespeares, Goethes und Picassos ranken, als Anekdoten. Ihre Erklärung: Die Spitzenleistungen der frühen Genies waren das Ergebnis von hartem Training und frühester Förderung. Selbst Mozart, Prototyp des Wunderkindes, habe im Alter von vier oder fünf Jahren keine besseren Menuette komponiert, als es bei einem Kind mit so intensivem Training zu erwarten wäre.

„Dem genialen Giganten des Geistes setzen Howe und Ericsson den hart arbeitenden Experten gegenüber. Hunderte von Ausnahmeforschern und medizinischen Koryphäen hat Ericsson interviewt. Sein erstaunliches Fazit: Viele von ihnen zeichnen sich kaum durch besondere geistige Fähigkeiten aus. Weder beim IQ noch bei Gedächtnistests schnitten sie überdurchschnittlich ab. Viel eindeutiger hingegen fielen die Resultate aus, wenn Ericsson sie nach der Zeit fragte, die sie dem Gebiet ihres speziellen Könnens gewidmet hatten. Fast in allen Fällen seien jene Physiker, Pianisten oder Schachspieler die erfolgreichsten, die am intensivsten trainiert und gelernt hatten, meist seit früher Kindheit. Durchschnittlich zehn Jahre dauere es, bis der Mensch durch stetiges Üben auf einem Spezialgebiet zu jenen Leistungen fähig sei, die dann als Beweis schöpferischer Genies gewertet wurden. Selbst die so genannten Kalenderidioten seien keine Ausnahme von der Regel. Autisten etwa, die sich damit vergnügen, zehnstellige Primzahlen vor sich hin zu plappern oder Zehntausende von Musikstücken notengenau zu erinnern, hätten diese Fähigkeit meist intensivem Studium zu verdanken, dem sie, unbemerkt von der Außenwelt, jahrelang nachgegangen seien."[10] Im Jahr 2006 bestätigte Ericsson seine Ergebnisse erneut in einer weiteren Studie.

Das ist einerseits eine schöne, aber zugleich auch deprimierende Nachricht. Die gute: Jeder Mensch kann herausragende Leistungen bringen, wenn er nur willens ist, sich zu konzentrieren und zu spezialisieren. Die schlechte: Zehn Jahre lang bedingungslos an einer Sache zu arbeiten und dabei alles andere hintanzustellen, klingt vielleicht einigermaßen erträglich, wenn man 25 ist – mit 45 hört sich das schon weniger motivierend an. Doch keine Angst: Wenn Sie sich „richtig" spezialisieren, verlaufen solche Prozesse sehr viel schneller.

Spezialisierungsvorteil Nr. 2: Produktivität und Effektivität steigen

Spezialisten haben naturgemäß eine sehr viel höhere Produktivität und Effektivität, weil sie für das gleiche Ergebnis weitaus weniger Energie aufwenden müssen als jemand, der eine breite Leistungspalette hat. Ein extremes Beispiel: Wer sich darauf beschränkt, schwarze Herrenschuhe Größe 42 herzustellen, hat natürlich völlig andere Kostenstrukturen und Produktivitäten als jemand, der pro Saison 150 Schuhmodelle in verschiedenen Farben, Größen, Ledersorten und Designs herstellt: angefangen beim Materialeinkauf, über die Qualifizierung der Mitarbeiter, die Ausstattung mit Werkzeugen, bis zu den Umrüst- und Laufzeiten der Maschinen. In der Produktion ist das natürlich Schnee von gestern: Dort ist das Meistern von Komplexität (sprich: das Fertigen kundenspezifischer Lösungen) zur Königsdisziplin geworden. Beispiel Automobilindustrie: Bald soll der Kunde nicht nur sein ganz individuelles Auto zusammenstellen können (was weitgehend schon gelungen ist), sondern dies soll auch noch in kürzester Zeit lieferbar sein. Wahrscheinlich ist sich kein Kunde bewusst, welch hohen Preis er dafür hinzulegen hat, weil ihm der Vergleich zum wesentlich günstigeren „Einheitsauto" bisher erspart blieb.

Bei geistigen, wissensintensiven Prozessen ist der Rationalisierungsvorteil der Spezialisierung noch größer: Ein Rechtsanwalt, der heute ein Mitarbeiter-Beteiligungsmodell in einer GmbH entwirft, in der Woche darauf einen Urheberrechtsprozess führt und danach die Abfindung für einen fristlos gefeuerten Vorstand einklagen soll, muss sich immer wieder neu in eine ihm unbekannte Materie einarbeiten. Wäre er dagegen ausschließlich auf Abfindungen und das Lösen von Arbeitsverträgen spezialisiert, würde er das gesamte Procedere aus dem Ärmel schütteln – ohne größere Vorbereitungszeit.

Je komplexer und schwieriger die Aufgabengebiete desto größer ist der Lerngewinn und desto größer sind die Effektivität und die Produktivitätsgewinne.

Wie lange benötigt man, um ein IKEA-Kinderhochbett aufzubauen? Hier das Ergebnis eines Selbstversuchs: Beim ersten Mal dauerte es fast sechs Stunden (ich hatte irrtümlich einige Holzdübel falsch eingesetzt und musste einen Ersatz in der Nachbarschaft organisieren). Beim zweiten Mal sank der Zeitbedarf auf drei Stunden. Beim zehnten Mal könnte der Prozess mit Sicherheit auf eine Stunde reduziert werden. Da zu mir nur zwei Kinder (und zwei IKEA-Hochbetten) gehören, kann ich diese Theorie leider nicht empirisch belegen, halte sie jedoch für sehr wahrscheinlich. Wem dieses Beispiel zu profan und unwissenschaftlich erscheint, der möge sich mit dem in den 60ern diskutierten Lernkurveneffekt von Bruce Henderson auseinandersetzen.

Die Ursache der enormen Produktivitätssteigerung bei der Lösung komplexer Aufgaben sind die aufeinander aufbauenden Erfahrungen, anders ausgedrückt: der Lerngewinn. Bei einem Spezialisten bauen die Lerngewinne systematisch aufeinander auf. In anderen Fällen verpuffen sie sinnlos.

Jeder Mensch macht im Laufe seine Lebens hunderttausende von Erfahrungen, nimmt Millionen von Informationen auf – manche sehr bewusst, viele unbewusst. Entscheidend für die persönliche Entwicklung und den Erfolg ist die Frage, ob dieser Zugewinn an Erfahrungen systematisch und zielgerichtet erfolgt oder ob er eher zufällig geschieht. Bei jeder Arbeit verdient man doppelt – einmal durch das Geld (Honorar, Gehalt, Umsatz), das man erhält, zum Zweiten durch die Erfahrungen (Lerngewinne), die automatisch mit jeder Arbeit verbunden sind. Für die meisten Menschen zählt erst einmal das Geld. Viel wichtiger sind jedoch die Lerngewinne und hier vor allem die Frage, ob die Lerngewinne systematisch aufeinander aufbauen, oder ob sie beziehungslos nebeneinander stehen. Berater und Dienstleister wie Agenturen oder Softwareentwickler lieben es besonders, sich für große und bekannte Klienten zu engagieren. Dahinter steckt die Hoffnung, vom Glanz der berühmten Namen auf der Referenzliste profitieren zu können. Sehr viel wichtiger als die Frage des Renommees ist jedoch auch hier die Frage der Lerngewinne, die man bei einem Auftrag erzielen kann. Die Kernfrage im Zeitalter der Wissensunternehmen muss immer lauten: Was lerne ich bei dieser oder jener Arbeit und wie kann ich in Zukunft von diesem Wissen profitieren?

Spezialisierungsvorteil Nr. 3: Kosten sinken – einfache Organisation

Aus Punkt 2 – steigende Produktivität – ergibt sich zwangsläufig Vorteil 3, nämlich drastisch sinkende Grenzkosten und schlichtere Organisationsstrukturen. Bestes Beispiel ist ALDI. Jeder Deutsche kennt diesen Superstar unter den Discountern und Lebensmitteleinzelhändlern. Eine Umfrage im Jahr 2003 ergab, dass ALDI nach ebay die beliebteste Marke ist. Die Zeitschrift *Brigitte* ermittelte zuvor, dass mehr als 50 Prozent der Deutschen ALDI sympathisch finden – unter den Lebensmitteleinzelhändlern rangiert Konkurrent REWE auf Rang zwei mit nur 15 Prozent. ALDI stellt alle Branchengesetze auf den Kopf. Galt zuvor die strenge Einteilung nach Kaufkraftklassen – Käfers Feinkost für die Millionäre, Discounter für die Sozialhilfeempfänger –, kann man bei ALDI die gesamte Nation antreffen. Sogar die Milliardärin Johanna Quandt (die BMW-Erbin) soll laut BILD-Zeitung dort regelmäßig gesichtet werden. Ende der 90er galt es gar als schick, Partys zu veranstalten, auf denen Speisen und Getränke ausschließlich von ALDI kamen. Ein Wunder, sind doch die schmucklosen Läden alles andere als attraktiv; und auch die ALDI-Marken haben wenig von dem emotionalen Flair, das uns die „normalen" Supermarkt-Produkte über ausgeklügelte Werbekampagnen vermitteln.

Auch den Eigentümern hat ALDI zumindest finanziell viel Freude gemacht. Die ALDI-Brüder Theo und Karl Albrecht sind mit Abstand die reichsten Deutschen: Auf 32 Milliarden US-Dollar wird ihr Vermögen geschätzt. Bei ALDI stimmen die Renditen (geschätzte 5 Prozent gegenüber 0,5 Prozent im Branchendurchschnitt) und die Produktivität: Bei rund 100.000 Euro liegt der monatliche Pro-Kopf-Umsatz – ein traumhaftes Ergebnis gemessen an den Zahlen der Konkurrenten.

Wo liegen die Erfolgsursachen von ALDI? In meinen Veranstaltungen habe ich diese Frage schon unzählige Male gestellt. Natürlich kommt als Antwort immer: ALDI ist billig und die Qualität ist sehr gut. Okay. Aber wie kriegen die das hin? Weil sie so große Mengen einkaufen. Okay. Und woran liegt das? Weil die Nachfrage so groß ist, und die ist so groß, weil das Preis-Leistungs-Verhältnis so gut ist ... und da beißt sich die Katze in den Schwanz. In vielen Jahren habe ich nur höchst selten die richtige Antwort bekommen: Die Ursache von ALDIs Erfolg liegt – Sie werden es nicht glauben – in der Konzentration und Spezialisierung! Statt durchschnittlich 20.000 bis 50.000 gibt es bei ALDI zwischen 500 (ALDI-Süd) und 700 (ALDI-Nord) Artikel. Nicht 10 Kaffeesorten, sondern eine. Nicht 12 Mineralwässer, sondern eines. Nicht 15 Zahncremes, sondern – eine. Von jeder Produktgattung gibt es nicht, wie im Supermarkt, eine riesige Auswahl von Markenartikeln und Nonames in unterschiedlichen Gewichtsklassen, sondern immer nur einen einzigen Vertreter, und zwar den mit dem besten Preis-Leistungs-Verhältnis. Theo Albrecht äußerte sich nur ein einziges Mal in den 60er-Jahren zu seiner Unternehmensstrategie: „Wir sind der Meinung, dass das Prinzip des kleinen Preises und das des kleinen Warenangebotes untrennbar miteinander verbunden sind.“ Genau so ist es! Denn die enge Eingrenzung des Sortiments hat bei ALDI eine ganze Reihe von angenehmen Folgewirkungen:

- *Jedes Produkt ist beherrschbar:* Die Begrenzung des Sortiments führt dazu, dass jeder Artikel unglaublich viel Aufmerksamkeit bekommt. „Jeder Artikel ist ein Individuum und kann bis zur obersten Geschäftsleitung als solcher behandelt werden“, schreibt Dieter Brandes, ehemals ALDI-Insider in seinem Buch *Konsequent einfach.* Das heißt unter anderem, dass die obersten ALDI-Führungskräfte die Qualität jedes Artikels kennen und immer wieder Vergleiche mit Markenartikeln durchführen. Da werden beispielsweise in Blindtests die ALDI-Säfte und -Chips mit denen der Konkurrenz verglichen. Welcher Manager der Konkurrenten, die 20.000 bis 50.000 Artikel im Sortiment haben, hat wohl Interesse an derlei Zeitvertreib? Diese „Beherrschung" der Artikel führt dazu, dass die ALDI-Produkte von der Stiftung Warentest regelmäßig mit Bestnoten bedacht werden. Schneidet ein Artikel mit der Note „befriedigend" ab, wird er aus dem Sortiment gestrichen und durch einen besseren ersetzt. Auch wenn neue Artikel aufgenommen werden, muss ein anderer dafür weichen.

- *Im Einkauf dreht sich eine Erfolgsspirale:* Die mangelhafte Auswahl „zwingt" die Kunden, ihre Kaufkraft auf diesen einen Artikel zu konzentrieren, was per se schon einmal zu höheren Stückzahlen bei den jeweiligen Artikeln führt: Wenn im normalen Supermarkt 20 Kaffeepakete verkauft werden, verteilen sich diese unter Umständen auf 10 verschiedene Marken, was wiederum 10 verschiedene Nachbestellungen auslöst. Bei ALDI werden dann 20 Pakete einer Sorte verkauft. So drückt das kleine Sortiment die Verwaltungskosten und steigert die Einkaufsmengen. Das führt zu niedrigeren Preisen, diese wiederum zu noch größeren Absatzmengen, diese wieder zu noch günstigeren Konditionen und so weiter und so fort. Ein ALDI-Einkäufer bewegt mit seiner Artikelgruppe (50 bis 100) ein Umsatzvolumen von 2 Milliarden Euro. Ähnliche Dimensionen erreicht kein Konkurrent. ALDI sieht seine Lieferanten als Partner, denen man hilft, einen bestimmten Qualitätsstandard und die Lieferfähigkeit zu erreichen, die ALDI benötigt.
- *Die Kommunikation ist einfacher:* Sensationell niedrig sind bei ALDI die Ausgaben für Werbung: nur 0,3 Prozent vom Umsatz. Das ist weniger als die Hälfte des Branchenüblichen. Im Grunde reduziert sich die Werbung ganz schlicht auf die Informationsfunktion. Denn eins ist klar: Egal, ob ALDI einen Hochleistungs-PC für 699 Euro oder Gummistiefel für 9 Euro im wöchentlich wechselnden Angebot hat: Die Kunden stehen Schlange, um ein Exemplar mit gewöhnlich unschlagbarem Preis-Leistungs-Verhältnis zu ergattern. Über besonders spektakuläre Aktionen (PCs) berichtet sogar das Fernsehen; bei Gummistiefeln und anderen

Low-interest-Produkten sorgt lebhafte Mundpropaganda für rasante Abverkäufe.

- *Alle internen Abläufe werden durch die Konzentration möglichst einfach gehalten:* Es gibt keine kostenintensiven Zentralbereiche wie Marketing, Controlling oder PR und auch keine Stabsstellen wie sonst in Unternehmen dieser Größenordnung üblich. Es werden nur sehr wenige Daten erhoben und wenige Statistiken erstellt. Es gibt keine komplexen Einkaufskonditionen und nur wenige Direktlieferanten. Alles in allem dominiert schlichter Minimalismus.
- *Chancen für andere durch Spezialisierung:* In der frühen Expansionsphase hatte ALDI an neuen Standorten immer wieder mit den Einzelhändlern vor Ort zu kämpfen, die um ihr Geschäft fürchteten. Unter der Überschrift „Wo ALDI ist, da brummt der Laden" beweist Brandes das Gegenteil: „ALDI zog Kunden an den Standort und mit seinem begrenzten Sortiment ließ er dem übrigen Handel genügend Möglichkeiten, sich zu entfalten. Die Mitbewerber mussten sich nur klug anpassen und es ging ihnen besser als vorher. So bevorzugen besonders Fachgeschäfte mit Fleisch sowie Obst und Gemüse ALDIs Nachbarschaft." Auch dies ist ein schlagender Beweis dafür, dass Spezialisierungen den Wettbewerb entzerren und letztlich zu besserer Arbeitsteilung zwischen den Anbietern führen. Je weniger Geld die Konsumenten für Grundnahrungsmittel ausgeben, desto größer ist das Budget für Frischwaren. Begreifen die anderen Anbieter, welche Chancen in der Spezialisierung liegen, gewinnen in diesem Prozess alle Beteiligten.

Bei ALDI drehte sich durch die Konzentration und Spezialisierung eine Erfolgsspirale: Das enge Sortiment führt zu Nachfragebündelung und einfacher Organisation, dies wiederum zu geringeren Kosten und kleineren Preisen, größerer Attraktivität, mehr Umsatz, besserer Qualität, günstigeren Beschaffungskonditionen, einem besseren Image und weniger Aufwand für Werbung – und alles zusammen zu größerem Gewinn. Was kann ALDI noch gefährden? Nach Brandes Ansicht könnte nur eines diese größte aller deutschen

Erfolgsstorys zu einem bösen Ende bringen: die Ausdehnung der Produktpalette! „Disziplinierung ist im Handel, besonders im Discount, die schwierigste aller Übungen“, so Brandes. So ist es! Und zwar nicht nur im Handel, sondern in jedem anderen Geschäft ebenso. Woran erkennen Sie, ob eine Strategie gut oder schlecht ist? An ihrer Auswirkung auf die Anziehungskraft des Unternehmens und an den Auswirkungen auf die Organisation und die Produktivität!

Wer sich »richtig« spezialisiert, vereinfacht alle Prozesse: den Einkauf, den Transformationsprozess, die Qualifizierung der Mitarbeiter, die Kommunikation und so weiter und so fort.

Im Grunde doch ganz einfach, oder? Aber offensichtlich hat uns der Wust an wechselnden Management-Heilslehren den Blick für das Wesentliche versperrt. Das jedenfalls war zu vermuten, als vor wenigen Jahren ein Unternehmensberater in der ARD zu den Erfolgsursachen von ALDI Stellung bezog: Dort war von besonders gelungenem Marketing-Mix (!!!) und ausgefeilter Logistik die Rede. „Ein klarer Fall, wie das allgemeine Management-Blabla unser Hirn vernebelt“, urteilte Mewes damals. Recht hat er!

Ein schönes Beispiel zum Thema Spezialisierung und Organisation aus dem Buch *Die Strategie der Stärke* von Al Ries: Dort wird über Herb Kelleher berichtet, der die US-Fluggesellschaft Southwest Airlines gründete. Die Spezialität von Southwest sind Einheitskonditionen: Anders als bei allen anderen Airlines, die mit Business-, Economy-, Wochenend-, Frühbucher- und Sondertarifen ein heilloses Preischaos über ihre bemitleidenswerten Kunden ausbreiten, hat Southwest Einheitspreise und Einheitsklassen. Southwest ist nicht immer der Billigste. Aber die Kunden wissen, dass sie dort immer einen fairen Preis bekommen. Sie können natürlich auch via Reisebüro oder Internet im Tarifdschungel der etablierten Konkurrenz nach einem Schnäppchen suchen – doch häufig hören sie dann, dass sie diesen Sonderpreis nur zu bestimmten Reisezeiten bekommen oder dass für diesen Tarif das Kontingent schon ausgeschöpft ist. Da ruft man lieber gleich bei Southwest an, die sensationelle 45 Prozent ihrer Tickets im Direktverkauf an den Kunden bringt – das ist dreimal mehr als der Branchendurchschnitt in den USA. Zum

Vergleich: Bei der Lufthansa sind es 10 Prozent. Was der Wegfall der Zwischenhändler für die Deckungsbeiträge bedeutet, braucht man hier nicht zu referieren. Klar ist auch, dass man sich mit Einheitstarifen im Verkauf und in der Kommunikation sehr viel einfacher tut als bei den Preisdifferenzierern: Die Verkäufer brauchen sich nicht immer wieder neu in komplizierte Tarifwerke einzuarbeiten, man spart den Druck von Anzeigen, Plakaten und Broschüren und auch der Kunde weiß immer, was ihn erwartet. Fast noch interessanter ist die Flottenpolitik von Southwest: Dort fliegt man ausschließlich Boeing 737, was die Personalschulung, die Wartung und die Terminierung enorm vereinfacht. Zwangsläufig ist die Flexibilität – was Maschinen-und Personaleinsatz betrifft – wesentlich höher als bei den „diversifizierten" Mitbewerbern. Southwest arbeitet seit dem dritten Jahr seiner Gründung 1978 immer profitabel – „ein Rekord, an den keine andere größere Fluggesellschaft auch nur im Entferntesten heranreicht", wie Al Ries zu berichten weiß. Daran konnte auch die weltweite Luftfahrt-Krise 2001/02 nichts ändern.

Genau so ist es ideal: Eine klare, einfache Aussage nach außen – und vereinfachte Strukturen im Inneren! Leider sind klare Strukturen im Inneren keineswegs automatisch mit einer Spezialisierung verbunden. Es gibt Spezialisierungsformen, die intern das gleiche Chaos auslösen, wie es auch bei „Diversifizierern" herrscht. Wer das überschaubare Chaos liebt, möge sich diesen Strategien zuwenden. Mehr dazu lesen Sie im Kapitel 2.

Spezialisierungsvorteil Nr. 4: Die Erwartungen

Stellen Sie sich vor, Ihnen drohe der Verlust des Führerscheins. Ein Bekannter erzählt, er kenne einen spezialisierten Rechtsanwalt für solche Fälle. Was werden Sie tun? Mit Sicherheit werden Sie den Plan fallen lassen, beim Anwalt um die Ecke um Hilfe zu bitten, sondern Sie werden versuchen, möglichst schnell einen Termin beim Spezialisten zu bekommen. Und je nachdem, wie stark Sie an Ihrer Fahrerlaubnis hängen, werden Sie sogar hunderte von Kilometern zurücklegen, nur um in den Genuss dieser Fachberatung zu kommen.

Von wem erwarten Sie, dass er das Fluktuationsproblem in Ihrer Maschinenbaufirma am besten lösen wird: vom Berater, der als „Spezialgebiet" Organisations- und Personalentwicklung angibt, oder von demjenigen, der als Fluktuationsexperte in Produktionsbetrieben nachweisbare Erfolge vorzuweisen hat? Und wem wären Sie bereit, ein höheres Honorar zu zahlen?

Spezialisten wecken Erwartungen hoher Kompetenz und besitzen darum schon von ganz allein eine hohe Anziehungskraft. Ob sie diese Kompetenz dann tatsächlich auch besitzen, ist dabei schon beinahe zweitrangig. Diese Erwartungen übertragen sich auch auf andere Gebiete: Wer innerhalb weniger Minuten den Motor eines liegen gebliebenen Autos repariert, dem traut man automatisch auch Fachwissen rund um Bremsen und Auspuff zu – ein Effekt übrigens, der schon so manchen erfolgreichen Spezialisten in die Verzettelung trieb.

Spezialisierungsvorteil Nr. 5: Werbung, Vertrieb und Kommunikation fallen leichter

Der Spezialist erzeugt per se sehr viel höhere Aufmerksamkeit als der Allrounder. Er ragt aus der Masse der austauschbaren Angebote regelrecht heraus. Daraus ergibt sich unter Umständen eine so große Anziehungskraft, dass die Rahmenbedingungen eine untergeordnete Rolle spielen. Wolfgang Mewes beschreibt in seinem Werk *Engpass-konzentrierte Strategie (EKS)* ein besonders drastisches Beispiel: Wenn jemand ein nebenwirkungsfreies Medikament gegen Aids oder Krebs entwickeln würde, dann wäre es völlig egal, ob man dieses in Zeitungs- oder Packpapier einwickelte: Es würde seinem Anbieter aus den Händen gerissen, und zwar zu jedem erdenklichen Preis und zu allen möglichen Konditionen. Wer einen „zwingenden" Nutzen bietet (und das kann der Spezialist besser als jeder andere), hat die Macht, seine Arbeitsbedingungen selbst zu bestimmen. Aber Achtung: Überspannen Sie den Bogen nicht! Machtmissbrauch rächt sich in aller Regel sehr schnell!

Nehmen Sie noch einmal den Fall ALDI: In normalen Supermärkten folgt die Warenpräsentation einem ausgeklügelten Schema.

Experten haben längst herausgefunden, in welcher Reihenfolge welche Warengruppen angeordnet werden müssen und wie die Beleuchtung und Beschallung sein muss, um ein möglichst umsatzträchtiges Einkaufsklima zu erzeugen. Bei ALDI keine Spur davon! Hier werden die Waren palettenweise in den Laden gefahren, und zwar nicht so, wie es den Kaufanreizen entspricht, sondern so, dass es den geringsten Arbeitsaufwand mit sich bringt.

Spezialisierungsvorteil Nr. 6: Mehr Zeit für das Wesentliche, mehr Lebensqualität

Die steigende Effektivität und Produktivität hat einen sehr angenehmen Nebeneffekt: Man spart Energie, Zeit und andere Ressourcen, da man mit gleichem Einsatz mehr erreicht als andere und eine ungeahnte Souveränität entwickelt. Souveränität und Sicherheit haben sehr viel zu tun mit Lebensqualität, ganz besonders in den turbulenten Zeiten, in denen wir uns befinden. Es liegt ganz an Ihnen, wie Sie die durch die Spezialisierung gewonnene Zeit und die Ressourcen einsetzen: um Ihren Vorsprung noch schneller und eindeutiger auszubauen – um sich mehr um Kinder, Partner, Freunde und soziale Aufgaben zu kümmern – oder um Lebensträume zu realisieren und zu genießen. Oder um alles gleichermaßen zu tun.

Spezialisierungsvorteil Nr. 7: Sicherheit in der Informationsflut

„Wir ertrinken in Informationen, aber wir dürsten nach Wissen", bemerkte einst der Trend-Guru John Naisbitt überaus treffend. Er bringt damit auf den Punkt, was so manchen von uns quält und krank macht: Dank Internet stehen uns irrsinnige Informationsmengen zur Verfügung. Das Wissen der Menschheit verdoppelt sich in immer kürzeren Abständen. Da fällt es trotz der besten Suchmaschinen schwer, stets den Überblick zu bewahren. Und es ist immer schwieriger zu entscheiden, was man dazulernen muss und was nicht. So viele Bücher, die man lesen sollte, so viele Seminare, Messen und Kongresse, die man besuchen könnte – wer soll da noch beurteilen, ob sich die investierte Zeit lohnt und ob man das dort erworbene Wissen nutzbringend anwenden kann? Für die Unternehmen stellt sich die gleiche Frage: Was ist wichtig, um im Wettbewerb bestehen zu können? Wo soll in Zukunft Wissen erworben werden und in welche Richtungen soll innoviert werden? Die verhältnismäßig junge Wissenschaft des Wissensmanagements nimmt sich dieses Themas an – natürlich weitgehend ohne Hinterfragung des Themas „Strategie".

Der Spezialist ist hier eindeutig im Vorteil: Er kann nämlich blitzschnell entscheiden, was für ihn wichtig ist und was nicht. Wer sich als Arzt oder Heilpraktiker auf Schlafstörungen spezialisiert hat, braucht sich nicht für aktuelle Entwicklungen in Sachen Notfallmedizin, Rheuma oder Windpocken zu interessieren. Das Ingenieurbüro, das sich auf Medizintechnik konzentriert, braucht sich nicht dafür zu interessieren, was in der Automobilindustrie los ist. Wer dagegen als Automobilproduzent darauf spezialisiert ist, preiswerte und gute Fahrzeuge für Otto Normalverbraucher herzustellen, muss sich nicht dafür interessieren, ob die Superreichen lieber einen Humidor oder einen Champagnerkühler als Standardausstattung haben wollen (nur bei VW muss man das ... kleiner Scherz!).

Dem Spezialisten gelingt es besser als anderen, alle für ihn relevanten Informationsquellen zu erfassen und klar zu entscheiden, welche vertrauenswürdig und wichtig sind.

Spezialisierungsvorteil Nr. 8: Spezialisierung verschafft Macht

Ja, Sie haben richtig gelesen: Es geht um *Macht!* Macht ist eines der größten Tabuthemen in der Managementlehre. Wir sind derart geschädigt durch Klassenkampf-Ideologien, Gewerkschafts- oder Arbeitgebermacht, den Machtmissbrauch der Kapitalisten und Staatsmonopolisten ..., dass wir nicht einmal im Traum daran denken, einen eigenen Machtanspruch zu erheben. Dabei ist Macht an sich überhaupt nichts Schlimmes, im Gegenteil: Macht ist nichts anderes als die Fähigkeit, jemand anderem etwas Gutes oder Böses zu tun, oder – anders ausgedrückt – mit größter Sicherheit vorherzusehen, wie Menschen sich verhalten werden.[11] Wir wollen uns hier ganz und gar auf die erste Variante konzentrieren, nämlich auf die Fähigkeit, Gutes zu bewirken.

Jeder Mensch braucht ein gewisses Maß an Macht und viele Probleme entstehen erst daraus, dass sich Menschen hilflos und ohnmächtig fühlen. Natürlich brauchen auch Unternehmen Macht und Wolfgang Mewes verdanken wir die Einsicht, dass man die Machtposition eines Unternehmens schon am Gewinn ablesen kann. Diese Unternehmen bringen es nämlich offensichtlich fertig, die ihren Leistungen und Kosten angemessenen Preise durchzusetzen. Unternehmen, die ständig Preiszugeständnisse machen müssen, sind austauschbar und damit erpressbar. Sie sind machtlos. Wer jedoch einen deutlich höheren Nutzen bietet als alle Mitbewerber, kann sicher sein, dass der Kunde dies auch honoriert. Besonders erfolgreiche Anbieter bringen es fertig, dass der Kunde monatelange Wartezeiten in Kauf nimmt und beinahe jeden Preis zu zahlen bereit ist. Der kluge Spezialist indes nutzt seine Macht und seinen Preiserhöhungsspielraum nicht aus, wie bei den Hidden Champions sehr schön zu sehen war. Machtmissbrauch rächt sich nämlich früher oder später immer. Natürlich hat der Spezialist erheblich bessere Möglichkeiten, diesen besonders hohen, im Idealfall monopolartigen Nutzen zu entwickeln, kann er doch seine Kräfte ganz auf dieses eine Ziel konzentrieren. Ein schönes Beispiel für die Macht des Spezialisten ist der texanische Feuerwehrmann Paul Neal „Red" Adair. Er war der weltweit führende Spezialist für die Bekämpfung von Öl- und Gasbränden. Red Adair gab auch einmal in Deutschland eine Kostprobe seines Könnens: 1972 brannte ein Erdgasspeicher in der Oberpfalz. Sieben Tage lang hatten sich deutsche Spezialisten erfolglos damit abgemüht, die Katastrophe in den Griff zu bekommen. Schließlich überredete (!) man Red Adair, nach Deutschland zu fliegen. Er kam, besichtigte den Ort des Geschehens und leitete die erforderlichen Maßnahmen ein. Nach 18 Minuten war der Brand gelöscht. Red Adair kassierte ein Honorar von 1,6 Millionen DM – zu damaliger Kaufkraft (und auch heute) ein schöner Haufen. Die Macht des Spezialisten – es gibt kaum ein besseres Beispiel als dieses.[12]

Stellen Sie sich vor, Sie wären in einer ähnlichen Position: Die Auftraggeber müssten Schlange stehen, um einen Termin zu bekommen, Sie könnten hervorragende Honorare (Preise) erzielen und würden über Problemlösungsfähigkeiten verfügen, die Sie als einziger mit traumhafter Sicherheit beherrschten. Eine schöne Vorstellung? Ich weiß, Sie halten das für sehr weit hergeholt oder sogar für völlig unmöglich. Doch schauen wir uns Red Adairs Erfolg einmal an: War es Zufall oder ein Glücksfall? Oder hatte er eine genetisch programmierte Begabung für das Löschen gefährlicher Brände? Verfügte er nur über eine ans Selbstmörderische grenzende Risikobereitschaft? Nichts davon trifft zu. Adair sagte von sich, er wäre nie auch nur das geringste Risiko eingegangen, ja er hielt sich selbst nicht einmal für besonders mutig. Er wisse nur immer ganz genau, was zu tun sei. Adair war Spezialist – und zwar nicht Spezialist für irgendwas, sondern Spezialist für die Lösung eines besonders drängenden, im wahrsten Sinne des Wortes brennenden Problems. Und damit hatte er Macht bekommen. Sie werden in diesem Buch noch vielen solcher Spezialisten begegnen – großen Unternehmen wie „kleinen" Einzelkämpfern, Menschen wie Unternehmen, die einen kleinen Ausschnitt dieser Welt besser beherrschen als irgendjemand sonst. Die über Fähigkeiten verfügen, die sie extrem anziehend für potenzielle Kunden machen und die über die Macht verfügen, ihre Spielregeln weitgehend selbst zu bestimmen. Und all das nicht, weil sie das Glück auf ihrer Seite hatten oder weil sie herausragende Genies waren, sondern weil sie sich bewusst für eine Spezialisierungsstrategie entschieden hatten (was an sich auch schon ziemlich genial ist).

Spezialisierungsvorteil Nr. 9: Sie entspricht den Gesetzen der Evolution

„Mit der Fokussierung ist es wie mit der Diversifikation – es ist eine reine Modeerscheinung. In ein paar Jahren schlägt das Pendel wieder in die andere Richtung", gab einst ein Seminarteilnehmer zum Besten. Sie ahnen es womöglich: Ich bin da völlig anderer Meinung! Im Telegrammstil:

Erstens: Spezialisierungen sind evolutionskonform. Sie sind die natürliche Form, um auf starken Wettbewerb zu reagieren. Insofern werden sie vielleicht das eine oder andere mal „aus der Mode“ kommen, aber sie werden immer der richtige Weg zu ökonomischem Erfolg sein. Zweitens: Es wird in Zukunft kein „Entweder-oder“ geben – entweder Spezialisierung oder Diversifikation –, sondern ein gesundes „Sowohl-als-auch“. Aus der Physik wissen wir, dass jede Energiekonzentration dem Zerfall entgegenstrebt. Und so ist es fast ein „Naturgesetz“, dass der konzentriert agierende Spezialist früher oder später immer in den „Zerfall“, also die Diversifikation, strebt. Es gibt allerdings „gute“ und „weniger gute“ Spezialisierungen und Diversifikationen. Mehr dazu im Kapitel 4. Allerdings kann ich mir hier nicht verkneifen, noch ein paar Anmerkungen zum Thema „Evolutionskonforme Spezialisierung“ loszuwerden. In der Natur ist nämlich ein interessantes Phänomen zu beobachten, das auch für den unternehmerischen Wettbewerb höchst aufschlussreich ist. Werden die Wettbewerbsbedingungen zu hart und die Nahrungsgrundlagen knapp, löst die Natur dieses Problem folgendermaßen: Die miteinander konkurrierenden Mitglieder einer Spezies entwickeln neue, differenziertere Spezies (sie spezialisieren sich), um neue Nahrungsgrundlagen (in der Unternehmenswelt: Umsatzpotenziale) zu erschließen! Das bekannteste Beispiel sind die so genannten Darwin-Finken auf den Galapagosinseln. Charles Darwin entdeckte auf seinen Forschungsreisen dreizehn offensichtlich miteinander verwandte Finkenarten und er entwickelte dazu folgende Theorie: Die Galapagos-Finken wurden einst vom südamerikanischen Festland auf die Inseln geweht. Dort fanden sie hervorragende Lebensbedingungen und kaum Konkurrenz. Also vermehrten sie sich rasant. Dann jedoch wurden die Nahrungsgrundlagen knapp und der Wettbewerb um Nahrung so groß, dass die weitere Vermehrung der Spezies an ihre natürliche Grenze gestoßen war. In der Folge bildeten die Finken nun dreizehn verschiedene Unterarten, die sich jeweils auf andere Nahrungsquellen spezialisierten und dafür entsprechende Schnäbel ausformten. Man spricht dabei von der so genannten adaptiven Radiation. Finken mit großen, harten Schnäbeln konzentrierten sich auf Kerne, Finken mit zarteren

Schnäbeln auf Insekten, andere auf Kakteen oder darauf, Parasiten von den Landtieren zu entfernen. Im Jahr 1999 haben Genforscher des Max-Planck-Instituts übrigens bewiesen, dass Darwin mit seiner Theorie Recht hatte: Tatsächlich stammen alle Finken der Galapagosinseln von einem einzigen Urfinken ab.

Ein noch drastischeres Beispiel beschreibt der niederländische Biologe Tijs Goldschmidt anhand der Cichliden (Buntbarsche) im Viktoriasee. Hier haben sich von einer einzigen Urform rund 500 Unterarten entwickelt. Einige essen Schnecken, andere Algen oder Kleinfische. Einige fischen auf dem Grund, andere an der Oberfläche. Sie haben jede nur denkbare „Nahrungsnische" entdeckt und die dafür notwendigen physischen Voraussetzungen entwickelt. Und so lebten die unterschiedlichen Arten glücklich und zufrieden nebeneinander her, ohne sich gegenseitig Konkurrenz machen zu müssen (bis der Mensch den Viktoriabarsch dort ansiedelte, der binnen kurzer Zeit durch seine Gefräßigkeit das Gleichgewicht der Arten nachhaltig zerstörte).

Nach dem gleichen Schema funktioniert es in praktisch allen Bereichen der Wirtschaft: Immer dann, wenn der Wettbewerb zu hart wird (zu viele streiten um zu wenige Kunden), gilt es, neue „Nahrungsnischen" (Marktlücken) zu erschließen. Es ist allemal besser, sich in den Leistungen zu differenzieren, statt identische Leistungen anzubieten und sich dann einen erbitterten Preis- und Verdrängungswettbewerb bis zum Tod (Konkurs oder Übernahme) zu liefern. Beispiel Gesundheitsmarkt: Stellen Sie sich vor, alle Ärzte wären Allgemeinmediziner. Sie würden sich einen unerträglichen Konkurrenzkampf bei der Heilung relativ harmloser Erkrankungen liefern, während Millionen von Patienten mit ernsthaften Krankheiten sterben müssten – eine absurde Vorstellung. Spezialisierung gehört wie selbstverständlich zur Medizin. Alle profitieren davon: Die Patienten bekommen immer bessere Problemlösungen und der Wettbewerb zwischen den Ärzten wird dadurch entzerrt. Man sieht am Beispiel der Medizin jedoch auch sehr schön, wo die Schattenseiten der Spezialisierung liegen – doch dazu später.

Es ist unglaublich, mit welchem Eifer heute jedes heilbringende Patentrezept ausprobiert wird, obwohl die Lösung des Kernproblems in aller Regel relativ schlicht ist. Um Missverständnissen vorzubeugen: TQM, BSC, Reengineering, Benchmarking und viele andere gute Methoden, die in periodischen Abständen aus Amerika nach Europa gespült werden, sind allesamt nützlich und bewirken viel Gutes für die Produktivität und die Ergebnisse. Doch das alles verblasst gegenüber dem, was durch gute Spezialisierungsstrategien erreicht werden kann.

Die Spezialisierung ist das Erfolgsprinzip schlechthin. Egal, wohin man schaut: In der Natur, im Sport, in den Wissenschaften, in der Karriere- und Unternehmensstrategie – überall ist die Spezialisierung das beste Rezept gegen harten Wettbewerb. Doch damit nicht genug:

- Spezialisierung macht Sie (und Ihr Unternehmen) erfolgreich!
- Spezialisierung macht Ihre Kunden glücklich! (Weil sie immer bessere Problemlösungen bekommen.)
- Spezialisierung macht Ihre Familie glücklich! (Weil Sie Ihr Unternehmen erfolgreicher, stressfreier und sicherer führen.)
- Spezialisierung macht Sie selbst glücklich! (Weil Erfolg, Spitzenleistungen, Souveränität und Sicherheit einfach glücklich machen und weil mehr Zeit für persönliche Entwicklungen und für andere bleibt.)

1.4 Die Spezialisierungsnachteile

Wenn Spezialisierung so erfolgreich macht – warum gehören die entsprechenden Methoden und Strategien nicht zum Rüstzeug jeder Unternehmensberatung? Warum gilt Spezialisierung als Unwort? Warum redet man lieber vorsichtig-vornehm von „Fokussierung“ oder „Konzentration auf Kernkompetenzen“, statt die Dinge beim Namen zu nennen? Sie ahnen es: Auch diese Medaille hat die berühmte Kehrseite. Die zahlreichen Nachteile der Spezialisierung sind für viele derart Furcht einflößend, dass sie sich sogleich schaudernd von ihr abwenden, sobald sie auch nur erwähnt wird.

Dabei sind Spezialisierungsängste völlig unbegründet, wenn man ein paar einfache Grundregeln beherrscht.

Schauen wir uns einmal die Nachteile der Spezialisierung an. Ganz spontan fallen einem da folgende Gegenargumente ein:

- *Risiken:* Spezialisierungen können brandgefährlich sein.
- *Langeweile:* Spezialisten tun häufig ähnliche oder gleiche Dinge – das kann öde werden.
- *Isolation und Fachidiotie:* Wer sich zu sehr in ein Fachgebiet vergräbt, droht den Kontakt zur übrigen Welt zu verlieren.
- *Beschränkung:* Wir alle sind lieber Herrscher der Welt, als uns mit miefigen Provinzen (Marktnischen) zu begnügen.

Schauen wir uns diese Nachteile einmal genauer an.

Die Spezialisierungsrisiken

Dieser Punkt ist der bedeutendste von allen: Jeder kennt Horrorstorys über den spektakulären Untergang etablierter Spezialisten. Den Nudelspezialisten Birkel erwischte es durch den Frischei-Skandal (in dem traurigerweise nicht einmal ein wahrer Kern steckte), die Weinfirma Pieroth durch den Glykol-Skandal, und wäre die Mercedes Benz AG ein Ein-Produkt-Unternehmen gewesen, dann wären vom A-Klassen-Debakel sicherlich größere Spuren zurückgeblieben als ein paar hundert Millionen Schaden und ein Kratzer am Unfehlbarkeitsimage. Der Rindfleisch-Spezialist wird durch BSE arbeitslos und der auf Eier von freilaufenden Hühnern Konzentrierte durch die Vogelgrippe.

Spezialisierungen sind gefährlich – und die Gefahr ist umso größer, je stärker die Spezialisierung auf einzelne Produkte oder Rohstoffe ausgerichtet ist. Auch der Gesetzgeber ist eine Gefahrenquelle für den Spezialisten. Wer sich auf FCKW oder Asbest spezialisiert hatte, musste sich etwas anderes suchen, denn der Gesetzgeber erließ ein Verbot gegen diese Stoffe. Das Bierdeckel-Steuersystem des CDU-Politikers von Freund Merz wäre der Albtraum der Steuerberater: Sie wären dann arbeitslos. Doch nicht schicksalhafte Krisen und böse Bürokratenwillkür sind der größte Feind des „fokussierten" Unternehmens. Der Spezialisten-Killer Nr. 1 ist der technische Fortschritt. Windows XP ist der Tod von Windows 98, der Carving-Ski das Ende des konventionellen Slalomskis und die neue S-Klasse bedeutet das Aus für die alte. Kein Problem, wenn sich das im selben Unternehmen abspielt. Kritisch wird es, wenn die Innovation aus einem anderen Unternehmen oder einer ganz anderen Branche kommt, zum Beispiel wenn Videokameras das Format Super-8 ersetzen oder die E-Mails das Fax. Früher wurde das Filmmaterial aus den Bundesligastadien per Motorradkurier in die Sportschau-Redaktionen gefahren – heute gibt es diesen Job nicht mehr, denn die Satellitentechnik macht das schneller und besser. Blieben unter „Risiken" noch die Trends und Moden, die dem Spezialisten zu schaffen machen können. Weiße Tennissocken waren in den 80ern mega-angesagt, wenig später outete man sich damit als hoffnungsloser Hinterwäldler. Die Listen der „Ins" und „Outs" werden täglich länger – sie bergen viele Chancen, aber naturgemäß auch die entsprechenden Risiken.

Langeweile und Entfremdung

Mit Spezialisierungen verbunden ist ab und an die Gefahr der Einseitigkeit. Erfolgreich sein wie Steffi Graf, das wäre zwar sehr schön, doch den ganzen Tag auf einen kleinen Ball einschlagen – nein danke! Die Spezialisierung hat uns in der Produktion extreme Produktivitätsgewinne beschert (in Form der Arbeitsteilung), hat aber auch dazu geführt, dass die Arbeiter den Bezug zu ihrem Produkt verloren haben. Wer den lieben langen Tag lang Schrauben anzieht oder Faltschachteln stapelt, vollbringt mit Sicherheit eine volkswirtschaftlich ehrenvolle und produktive Aufgabe, fühlt sich aber möglicherweise gelangweilt und unterfordert – von den gesundheitlichen Folgen einseitiger Belastung ganz zu schweigen.[13]

Isolation

Spezialisten haftet gern etwas Sektiererisches an. Hoch spezialisierte Experten wie Ärzte, Soziologen oder Softwareingenieure verfallen gern in Fachjargon, sie werden kaum noch von Normalsterblichen verstanden und fühlen sich am wohlsten beim Fachsimpeln mit Kollegen. Darüber hinaus verliert man bei zu enger Begrenzung des Sichtfeldes den Blick für das Ganze, was – siehe Medizin – zu gravierenden Fehlentwicklungen führt. Viele Ärzte haben durch eine Spezialisierung auf bestimmte Körperteile oder Krankheitsbilder sowie durch die generelle Reduktion des Menschen auf das materiell-körperliche den Blick auf den ganzen Menschen verloren. In grauer Vorzeit gehörten Medizin, Psychologie, Theologie und Philosophie noch untrennbar zusammen. Die Spezialisierung sowie die damit verbundene Trennung der einzelnen Erkenntnisebenen haben zwar zu einer enormen Verbreiterung der Wissensbasis geführt, doch in Anbetracht der Tatsache, dass die Menschen trotz galoppierenden medizinischen Fortschritts und steigender Lebenserwartung seelisch und körperlich immer kranker werden, so fragt man sich doch, ob diese Entwicklung in die richtige Richtung geht. „Der Spezialist ist in seinem Winkel vortrefflich zu Hause, er hat aber keine Ahnung vom Rest der Welt", sagte der spanische Sozialphilosoph Ortega y Gassett.

Beschränkung

„Ich habe so viele Interessen und Fähigkeiten – ich kann mir nicht vorstellen, mich nur auf eine Sache zu beschränken." Dieses Argument hört man sehr häufig im Zusammenhang mit Spezialisierungen. Die Spezialisierung wird von vielen als Verzicht gesehen. Sie haben Angst, sich festzulegen, weil sie an jeder Ecke bessere Chancen wittern. Oder sie fürchten, das Spezialgebiet sei nicht groß und tragfähig genug, um für genügend Umsatz zu sorgen. Auch evolutionstechnisch gesehen ist Spezialisierung nichts für eine Spezies wie die unsere, die soeben erst dem Affenstadium entwachsen ist. Das aus diesen Zeiten ererbte Dominanzstreben lässt uns immer nach der Position „Erste/r in der Herde" streben – und je größer die Herde, desto besser. Die Zetsches und Kleinfelds beherrschen die Wirtschaftsmagazine und die Schlagzeilen der Tagespresse; sie ziehen Aufmerksamkeit, Bewunderung, Neid, Verachtung auf sich – je nach individueller Gefühlslage des Betrachters. Eine Megafusion jagt die andere: Nur die Größe zählt, mag man da denken.

Angesichts der weltweit grassierenden Megalomanie assoziiert man dagegen mit dem Wort „Spezialisierung" Begriffe wie „Nische", „klein", „unbedeutend", „unscheinbar". Alles Dinge, die uns auf den ersten Blick weder Ruhm noch Ehre garantieren können. Insofern sind Spezialisierungsstrategien besonders für Menschen geeignet, die sich vom Affenstadium schon etwas weiter entfernt haben und auch glücklich sein können, wenn ihre Herde nur 10, 100 oder 1.000 Mitglieder umfasst. Doch man täusche sich nicht: Spezialisierung hat absolut nichts mit „Nischendasein" oder „Klein-klein" zu tun. Porsche und die Hidden Champions zeigen das überdeutlich.

Alles in allem also recht viele Nachteile, die die Wunderwaffe Spezialisierung mit sich bringt. So ist es wenig überraschend, dass viele vor bewussten Spezialisierungsstrategien zurückschrecken. Doch wie Sie gleich sehen werden – diese Nachteile verschwinden bei „richtigen" Spezialisierungsstrategien praktisch wie von selbst.

1.5 Spezialisierung auf konstante Grundbedürfnisse

Wir erinnern uns: Schon Adam Smith hatte viele Spezialisierungsrisiken gesehen und er hielt es gar für das größte Problem der Menschheit, die Vorteile der Spezialisierung zu nutzen, ohne die Risiken in Kauf nehmen zu müssen. Wolfgang Mewes schließlich fand einen höchst intelligenten Weg, um die Spezialisierungsrisiken nicht nur weitgehend auszuschließen, sondern sie sogar in Vorteile umzumünzen. Dieser Weg liegt in der sogenannten sozialen Spezialisierung auf konstante Grundbedürfnisse. Das hört sich furchtbar an, ist aber im Grunde ganz einfach. Wie einfach, sieht man am besten anhand von zwei Beispielen:

Beispiel 1: die Diskette.

Jedes Produkt und jede Dienstleistung ist dazu da, ein Problem zu lösen, beziehungsweise um ein bestimmtes Bedürfnis zu befriedigen, und dahinter steckt immer ein konstantes Grundbedürfnis, das es schon immer gab und auch in Zukunft geben wird. Eine Diskette beispielsweise war in den Urzeiten der Computerisierung dazu da, Daten zu speichern und außerhalb von Netzwerken transportierbar zu machen. Dahinter steckt das Grundbedürfnis des Austausches und des Aufbewahrens von Daten, wozu man früher lediglich Papier und Post beziehungsweise Faxgerät nutzen konnte. Die ersten PCs und Schreibsysteme arbeiteten mit riesigen weichen Disketten, die später den robusteren 3,5 Zoll-Disketten weichen mussten. Diese wiederum machte langsam, aber sicher Platz für die CD, die DVD und den Memory Stick. Doch auch deren Stellenwert hat abgenommen. Der Datentransport geschieht längst über das Internet, das auch das Speicherproblem und die Allverfügbarkeit von Daten löst. Unternehmen wie space2go.com organisieren heute nicht nur die Speicherung auf Internetservern (von denen aus die Daten von jedem Punkt der Welt aus abgerufen werden können), sondern sie aktualisieren und synchronisieren Daten von verschiedenen Plattformen wie PC, Notebook, Handheld oder Palmpilot. Im ISDN-Zeitalter benötigte man zwar noch sehr viel Geduld, um komplexe Dateien über das Netz zu transportieren. Aber es war nur noch eine Frage der Zeit, bis dieser Mangel mit der DSL-Technik behoben war. Wer sich auf Disketten spezialisiert, wird zurückfallen, weil er von innovativen Produkten bedroht wird. Wer sich auf das dahinter steckende Grundbedürfnis (Daten speichern und transportieren) konzentriert, kann sich sogar an die Spitze dieser Entwicklungen stellen, weil er ein ganz anderes Verständnis seines Geschäftsfeldes und damit ein ganz anderes Innovationsverhalten hat.

Beispiel 2: der Plattenspieler.

Das hinter diesem Produkt steckende Grundbedürfnis ist das „Musik hören in den eigenen vier Wänden". Gab es dieses Bedürfnis schon immer? Ja! Früher wurde getrommelt und gesungen, dann Harfe oder Klavier gespielt. Der Adel ließ sich via Orchester beschallen, und dank der Schellackplatte konnte bald jedermann andere daheim musizieren lassen. Dann kam die Vinylplatte und schließlich neben dem Tonband die CD. Die Firma Dual, ein weltbekannter Plattenspieler-Produzent (hoch spezialisiert!), machte Pleite, weil sie den Sprung vom Tonträger Vinyl auf die kleinen Silberplatten nicht schaffte. Mit dem Aufkommen der illegalen Musiktauschbörsen und der MP3-Technologie drohte ein ähnliches Schicksal vielen etablierten Herstellern von CD-Playern und Musikverlagen. Heute kann das konstante Grundbedürfnis „Musik hören in den eigenen vier Wänden" theoretisch auch ganz ohne Tonträger erfüllt werden. Man braucht nur nach USA zu schauen. Dort ist eine Dienstleistung namens Video on Demand schon längst alltäglich. Um einen Film zu sehen, muss man nicht mehr in die Videothek laufen, eine DVD ausleihen und in den heimischen Player werfen (und wieder zurückbringen), sondern man lässt sich den Film einfach via Kabelnetz ins Haus spielen. Mit Musik ist das natürlich auch möglich. Dazu benötigt man nicht einmal PC und Internet. Hersteller von Tonträgern und Abspielgeräten sehen also schweren Zeiten entgegen – wenn sie nicht eine weitsichtigere Strategie einschlagen. Beispielhaft dafür ist die Firma Sony – auch ein führender Anbieter von Tonträgern und Abspielgeräten. Sony kaufte nämlich schon zu Zeiten, als der Rest der Welt noch ziemlich tief schlummerte, Musikrechte auf und produzierte frühzeitig eigene Titel. Denn egal, ob es Tonträger gibt oder nicht – an den Rechten wird Sony im Rahmen des Grundbedürfnisses „Musik hören in den eigenen vier Wänden" immer verdienen. Beispielhaft auch Apple mit dem i-Pod und der ersten großen legalen Download-Plattform i-Tunes, eine echte Innovation innerhalb des Grundbedürfnisses. Auch hier gilt: Wer sich auf Plattenspieler spezialisiert, macht den Plattenspieler immer schöner, besser, funktionaler. Wer sich auf das dahinter liegende konstante Grundbedürfnis spezialisiert, hat automatisch ein ganz anderes Innovationsverhalten und ein ganz anderes Wahrnehmungsvermögen für die Spezialisierungsrisiken.

Egal, worauf man sich spezialisiert: Stets gibt es ein konstantes Grundbedürfnis, das hinter dem aktuellen Produkt oder der aktuellen Dienstleistung steht. Wenn man sich dieser Bedürfnisse stets bewusst ist, kann man immer zielgerichtet innovieren und damit an der Spitze bleiben. Allerdings muss man bereit sein, über den Tellerrand der eigenen Branche und der eigenen Technologie hinauszuschauen.

Dazu noch ein Beispiel: Am 21. August 2001 konnte man in der FAZ unter dem Titel „Reinigen mit der Kraft des Lichts“ etwas über die segensreichen Wirkungen des Titanoxyds nachlesen. Sprüht man dies vor dem Brennen auf eine Keramiklasur, ist die daraus entstehende Oberfläche praktisch selbst reinigend: Nicht nur Wasser und Kalk laufen spurenlos ab, sondern auch Bakterien und Schimmelpilze werden durch chemische Reaktionen, bei denen das Titanoxyd als Katalysator wirkt, sofort unschädlich gemacht. Eine wirklich sensationelle Erfindung, die von der Deutschen Steinzeug Cremer & Breuer AG unter dem Namen Hydrotect entwickelt wurde: Das Titanoxyd behält seine Wirkung unvermindert, ohne sich aufzubrauchen, es ist gesundheitlich völlig ungefährlich, Bakterien und Pilze können keine Resistenz dagegen entwickeln (ein großes Problem bei herkömmlichen Desinfektionsmitteln) und für die notwendige chemische Reaktion benötigt man nur Licht, Sauerstoff und Luftfeuchtigkeit – also Dinge, die in jedem Raum vorhanden sind. Völlig klar: Hydrotect hätte zum Schrecken aller Desinfektions- und Reinigungsmittelhersteller werden können, denn beide Produkte bedienen das gleiche konstante Grundbedürfnis, obwohl sie auf völlig anderen „Technologien“ basieren. Doch obwohl die Deutsche Steinzeug sich mit Hydrotect einen schönen neuen Absatzmarkt in Krankenhäusern, Schwimmbädern und der Gastronomie erschloss, blieb die Revolution des Desinfektionsmarktes und ein massenhaftes Sterben der Desinfektionsmittelhersteller bisher aus.

Spezialisierungen enden keineswegs in Fachidiotie und Langeweile, wenn man das konstante Grundbedürfnis ernst nimmt: Dann nämlich ist der Innovationsprozess höchst anspruchsvoll und bedarf der Fähigkeit, Know-how aus unterschiedlichen Wissensgebieten zu kombinieren. Anders ausgedrückt: Diese Art der Spezialisierung ist ganzheitlich und höchst anspruchsvoll.

„Wer eine Bohrmaschine kauft, will keine Bohrmaschine, sondern nichts anderes als Löcher in der Wand", ist ein wohl bekannter Spruch, der eingefleischten Produktfetischisten das Denken in Problemlösungen erleichtern soll. Aus der Sicht des konstanten Grundbedürfnisses kann man den Faden noch weiter spinnen, indem man sich fragt, wozu denn diese Löcher dienen sollen. Vielleicht will der Bohrmaschinenkäufer gar kein Loch in der Wand, sondern schlicht und einfach ein Bild an die Wand hängen. Unter diesem Blickwinkel ist dann der Weg frei zu noch besseren Problemlösungen und Innovationen. Schauen wir uns noch einmal ganz prinzipiell die vier Nachteile an, die hinter der Spezialisierung stecken, und überlegen wir, wie sie sich im Lichte der konstanten Grundbedürfnisse darstellen:

Risiko

Dieses ist das am meisten gefürchtete unter allen Spezialisierungsnachteilen: das Innovationsrisiko, ausgedrückt durch die Tatsache, dass jedes Produkt und jede Dienstleistung von innovativeren Nachfolgern abgelöst werden kann und letztlich auch wird. Bei genauerem Hinsehen ist gerade dieses anscheinend bedeutendste Risiko das harmloseste von allen. Denn technologisch induzierter Wandel vollzieht sich sehr viel langsamer, als wir glauben, hoffen oder fürchten – je nachdem, auf welcher Seite wir gerade stehen. Sehr zum Leidwesen aller genialen Erfinder und wagemutigen Innovatoren kleben die Menschen mit ihrem hohen Sicherheitsbedürfnis länger als vermutet an bewährten Technologien, selbst wenn das Neue einen wirklich überzeugenden Nutzen bietet. Das Telefon benötigte fast 50 Jahre, bis die erste Million Teilnehmer erreicht war. Das Faxgerät brauchte nahezu 20 Jahre. Das Internet ist gemessen daran absoluter Akzeptanzweltmeister, denn es benötigte nur zwei Jahre für die erste Million. Alle diese Technologien verdrängten andere Technologien: Telefon, Fax und Internet gingen beispielsweise zulasten des Briefes. Doch gingen die Briefzusteller deswegen schweren Zeiten entgegen? Keineswegs! Die Deutsche Post – oder neudeutsch World Net, Spezialist für Brief- und Paketzustellungen – legt Jahr für Jahr schöne Wachstumsraten hin. Natürlich waren die Plattenspieler-Hersteller nicht von heute auf morgen arbeitslos, nachdem der CD-Player das Licht der Welt erblickte, ebenso wenig wie die Diskettenhersteller wenige Monate nach Einführung des CD-Brenners Konkurs anmelden mussten. Auch warten die Papierhersteller immer noch auf die Folgen des papierlosen Büros, das – oh Wunder! – mit zunehmender Computerisierung immer mehr Papier verbraucht.

Was ich damit sagen will: Jeder Spezialist hat in jedem Fall massenhaft Zeit, um sich mit technologischem Fortschritt anzufreunden und um Anpassungsstrategien zu entwickeln. Nichts wird so heiß gegessen, wie es gekocht wird, und ein Beispiel dafür ist der Markt für Spiegelreflexkameras. Man sollte meinen, dass diesen mit dem Siegeszug der Digitalkameras relativ rasch das Wasser abgegraben wurde. Weit gefehlt. „Totgesagte leben länger", wird Jörg Melchinger, Produktmanager von Minolta, in der *Wirtschaftswoche*[14] zitiert. Nur um 11 Prozent schrumpfte der Umsatz mit Spiegelreflexkameras zwischen 1996 (als die ersten Digitalkameras auf den Markt kamen) und 2000. Interessanterweise geht die Strategie der Hersteller bei den hochwertigsten aller Fotoapparate nicht weiter in Richtung digitaler Bedienungskomfort mit unzähligen Displays und dreifach belegten Menütasten, sondern wieder zurück zu den Wurzeln: Offensichtlich ziehen die Kunden die Bedienung über Rädchen und andere manuelle Steuerungen einem „Bedienungskomfort" vor, der nur nach Lektüre einer daumendicken Gebrauchsanleitung zu bewältigen ist. Es mag durchaus sein, dass es dennoch Einzelfälle gibt, wo der Produkt- oder Methodenspezialist vom Innovationstempo der Konkurrenz so schnell überrollt wird, dass ihm keine Zeit mehr für Ausweichreaktionen bleibt (obwohl mir selbst keiner bekannt ist).[15] Man muss sich aber bei jeder Art von Strategie deutlich vor Augen führen, dass es eine hundertprozentige Sicherheit weder im Unternehmerleben noch in irgendeinem anderen Winkel unseres Daseins gibt. Wegen eines theoretischen Restrisikos auf Spezialisierung zu verzichten und dabei das sehr viel größere Wagnis einer schlecht konstruierten Diversifikation einzugehen ist meiner Meinung nach der reine Wahnsinn. An vielen noch folgenden Beispielen werden Sie sehen, dass die Diversifikation sehr häufig nur eine Scheinsicherheit verspricht.

Festzuhalten bleibt: Einseitige Spezialisierungsstrategien bergen mitunter ein höheres Risiko. Ganzheitliche, auf konstante Grundbedürfnisse ausgerichtete Strategien bieten ein hohes Sicherheits- und Marktführungspotenzial, wenn die damit verbundene Notwendigkeit zu kluger Innovationspolitik beachtet wird. Der ganzheitliche Spezialist hat auch die weitaus besten Chancen, drohende Gefahren früher als andere zu erkennen und gegebenenfalls präventiv tätig zu werden.

Noch geringer werden die Gefahren des Spezialisten, wenn er sich nicht nur vordergründig auf ein bestimmtes Produkt oder ein Marktsegment konzentriert, sondern indem er sich auf ein konstantes Grundbedürfnis spezialisiert. Denn dann fallen praktisch alle Risiken weg. Im Gegenteil: Sie werden sogar in Chancen verwandelt. Wer sich auf Inlineskates spezialisiert, macht diese immer schöner, schneller, perfekter. Wer sich auf das konstante Grundbedürfnis – Trendsportarten – spezialisiert, ist viel schneller zu Veränderungen bereit und kann neu entstehende Märkte als Erster besetzen, ja, sie sogar selbst schaffen. K2, führender Hersteller von Inlinern, brachte beispielsweise als Erster das Kickboard auf den Markt. Aus den Risiken kann man so immer auch Chancen machen.

Ein anderes Beispiel: Manfred Bobeck war als Geschäftsführer maßgeblich dafür verantwortlich, dass die Winterhalter GmbH zum führenden europäischen Hersteller für gewerbliche Spülmaschinen aufstieg. Als ich das erste Mal ein Strategieseminar für die Winterhalter-Mitarbeiter veranstalten durfte, fragte ich die Mitarbeiter nach dem Unternehmensziel. „Wir sind der beste Problemlöser in der Spülküche für Hotellerie, Gastronomie, Bäcker und Metzger“, sagte jeder wie aus der Pistole geschossen. Keiner sagte: „Wir wollen der beste und größte Hersteller von Geschirrspülmaschinen sein und bleiben." Dazu Manfred Bobeck: „Das konstante Grundbedürfnis der Zielgruppe, das saubere Geschirr, ist unser Unternehmensziel. Im Moment ist die Lösung mit Wasser und Spülmittel die beste Lösung. Wir haben aber die Augen offen für alternative Technologien. Selbst wenn aus unerfindlichen Gründen einmal kein Geschirr mehr gespült und gewaschen werden sollte und man auf kompostierbare Behälter umstellen müsste – wie das bei Fastfood-Ketten schon angedacht wird –, dann wären wir die Ersten, die dafür die entsprechenden Anlagen anbieten würden." Und wem würden die Kunden als Erstem ein solch innovatives Produkt abkaufen? Natürlich dem Marktführer, der über Jahre hin schon bewiesen hat, dass er die Probleme seiner Zielgruppe zu lösen weiß und über viele Jahre Beziehungen zu den Entscheidern aufgebaut hat.

Langeweile

Wie Sie oben gesehen haben, ist bei Spezialisierungen auf konstante Grundbedürfnisse eine überaus kluge Innovationsstrategie erforderlich. Gerade aufgrund des steigenden Innovationstempos und des sich daraus ergebenden Drucks sind Spezialisierungen keineswegs langweilig, weil über immer neue Problemlösungen nachgedacht werden muss. Der Spezialist hat aber die Möglichkeit, schneller als andere diese Möglichkeiten zu erkennen und umzusetzen. Wenn er sich sowohl auf bestimmte Produkte als auch auf Zielgruppen spezialisiert, hat er dazu noch die Sicherheit, die Image und Kundenbindung bieten. Sie werden an vielen noch folgenden Beispielen sehen, dass es keineswegs langweilig, sondern höchst abwechslungsreich und zuweilen sehr anspruchsvoll ist, sich „richtig", nämlich auf Probleme und deren Lösungen, zu spezialisieren.

Isolation

Die Gefahr des „Fachidiotentums" ergibt sich nur bei Spezialisierungen, die Mewes als „technisch" bezeichnet: Spezialisierungen auf Verfahren, Produkte, Rohstoffe. Er empfiehlt dagegen die soziale

Spezialisierung, die sich primär auf die konstanten Probleme klar definierter Zielgruppen bezieht. Beispiel MLP: Der erfolgreichste aller Finanzvertriebe legte seinen Grundstein durch die Konzentration auf frisch examinierte Ärzte, die man umfassend bei der Existenzgründung berät. Über das reine Finanzfachwissen hinaus haben die MLP-Berater profunde Kenntnisse über die kritischen Erfolgsfaktoren ihrer Klientel, sprich: bestes betriebswirtschaftliches und strategisches Know-how rund um das Thema „Gründung und Aufbau einer Arztpraxis". Es ist natürlich völlig klar, dass MLP dieser Zielgruppe einen sehr viel höheren Nutzen bietet als „normale" Banken und Versicherungen, die sich ausschließlich auf ihre Produkte statt auf den Kundennutzen konzentrieren (das ausführliche Erfolgsbeispiel und ein weiteres Beispiel dafür, wie man dieses Prinzip auf andere Branchen übertragen kann, finden Sie in Kapitel 2.3). Soziale Spezialisierungen führen nicht zur Isolation, sondern ganz im Gegenteil zu besserer Integration und Vernetzung mit der Umwelt, weil sie zu tieferen und ganzheitlichen Problemlösungen führen.

Einschränkung

„Richtige" soziale Spezialisierungen führen ganz automatisch in eine Art von „begrenzter Vielfalt". Das hat naturgesetzliche Ursachen: Jede Art von Energiekonzentration (und nichts anderes sind Spezialisierungen) tendiert automatisch in den Zerfall und die Zerstreuung (das Entropie-Phänomen). Der Spezialist wird früher oder später immer diversifizieren. Riesige Konzerne wie Siemens, Bosch oder Coca-Cola waren am Anfang auf ein einziges Produkt spezialisiert und nutzten ihren Erfolg zu mehr oder weniger erfolgreicher Diversifikation. Sie brauchten aber die Spezialisierung, um überhaupt den Durchbruch zu schaffen. Sie können dabei genauso vorgehen: Am Anfang spezialisieren Sie sich knallhart – und wenn Sie an der Spitze stehen und weitere Expansionsgelüste haben, diversifizieren Sie auf intelligente Art. Wie das geht, erfahren Sie in Kapitel 4. Außerdem können auch reine Produktspezialisten in außerordentlichen Größenordnungen wachsen – die „Hidden

Champions" sind dafür sehr gute Beispiele. Anhänger von „Fokussierungsstrategien" zerbrechen sich gern die Köpfe darüber, wann ein Unternehmen sein (gefährdetes) Kerngeschäft verlassen muss, um in andere Märkte vorzudringen. Aus Sicht der konstanten Grundbedürfnisse ist diese Frage sehr einfach zu beantworten: immer dann, wenn es bessere Technologien/Produkte/Problemlösungen gibt, mit denen auf das konstante Grundbedürfnis reagiert werden muss. Ein Unternehmen, das es richtig machte, ist die Druckerei Giesecke & Devrient, einstmals Spezialist für das Drucken von Banknoten. Frühzeitig diversifizierte man in den Markt für Karten und Chips; denn diese decken das gleiche Grundbedürfnis ab wie Geldnoten: Sie sorgen für Transaktionsfähigkeit und Liquidität. Der Strategieberater Jörg Lüttgau sieht nur ein einziges Risiko für Spezialisten: die Selbstgefälligkeit! Der Spezialist müsse bereit sein, sein Geschäft ständig neu zu erfinden. „Gerade wenn man sich der Begrenztheit des eigenen Gebietes bewusst ist, muss man alle anderen Wissensgebiete ständig daraufhin abtasten, ob es neue Chancen oder Gefahren gibt, die sich früher oder später auf das eigene Spezialgebiet auswirken können." Doch genug der Theorie. Lesen Sie nun ein Fallbeispiel, in dem extrem hohe Spezialisierungsrisiken langfristig in Chancen verwandelt wurden.

1.6 Wie man Spezialisierungsrisiken in Chancen verwandelt

Was hat eine Bank mit einem Supermarkt gemeinsam? Beide haben ein riesiges Sortiment auf Lager! Egal, welches Risiko man eingehen möchte: Bei den schönen neuen Allfinanz-Konzernen gibt es eine schier unerschöpfliche Auswahl an Wertpapieren, Aktien, Optionsscheinen, offenen oder geschlossenen Immobilienfonds, Bausparverträgen, Lebensversicherungen und so weiter und so weiter. Ein im herkömmlichen Sinne guter Allfinanz-Dienstleister verkauft alles. Schließlich will er auf jeden Kundenwunsch reagieren können. Es kann natürlich mal sein, dass der eine oder andere Immobilienfonds keine Renditen abwirft, Aktien unter den Einstiegskurs fallen oder Lebensversicherungen klägliche Erträge erwirtschaften – doch dem Anleger ist vorher erfolgreich eingeredet worden, dass das praktisch zum Geschäft gehört. Das ist natürlich Unsinn. Der Grund, warum so viele Geldanlagen bescheidene Renditen abwerfen, liegt einfach darin, dass die Verkäufer in aller Regel wenig Ahnung von dem haben, was sie da an den Kunden bringen – ansonsten müssten sie in jedem Einzelfall die betriebswirtschaftlichen Risiken der Anlage beurteilen können. Ein schier aussichtsloses Unterfangen angesichts tausender von Finanzprodukten, die auf dem Markt sind. So ist es kein Wunder, wenn viele Anlageberater in der Regel das verkaufen, woran sie vertraglich gebunden sind oder wofür es die höchsten Provisionen gibt.

Anders macht es die Poxleitner & Kollegen Finanzdienstleistungen GmbH & Cie in der niederbayerischen Kleinstadt Eggenfelden. Wer hier Geld anlegen will, konnte dies bis vor wenigen Jahren nur für ein einziges Produkt: die Schiffsbeteiligung. Unternehmensgründer Werner Poxleitner war der renommierteste Experte für Schiffsbeteiligungen in Deutschland. Mit einem Marktanteil von 8 Prozent war er mit Abstand die Nummer eins auf diesem sehr heterogenen Markt. Zum Vergleich: Die Deutsche Bank ist mit einem Marktanteil von 5 Prozent Marktführer im Allfinanz-Geschäft. Zwischen 1985 und 2000 hat Werner Poxleitner einen Stamm von 3.000 treuen Kunden aufgebaut und für rund 1 Milliarde Euro Schiffsbeteiligungen vermittelt. Die durchschnittliche Rendite der von ihm verkauften Schiffe lag bei rund 22 Prozent pro Jahr – nach Steuern, wohlgemerkt. Zum Vergleich: Die gesamte Schiffsbranche hat eine Rendite von 11 Prozent erwirtschaftet. Einige Schiffe konnten sogar eine Nettorendite von deutlich mehr als 30 Prozent per annum hereinfahren.

Wie bekommt man eine derartige Ausnahmestellung? Im Grunde steckt kein großes Geheimnis dahinter. Es kamen zwei Dinge zusammen: hervorragendes Verkaufstalent und eine sehr gute Strategie, nämlich die Spezialisierung. Werner Poxleitner begrenzte sein „Lernfeld“ auf ein einziges Produkt und sammelte dabei ein so großes Spezialwissen, dass er besser als jeder andere die Rentabilität der Schiffe beurteilen konnte. Denn ob die im Verkaufsprospekt angepeilte Rendite tatsächlich erzielt wird oder nicht, hängt von einer ganzen Reihe von Unwägbarkeiten ab. Dazu Werner Poxleitner: „Viele Anleger sind nicht in der Lage, die Wirtschaftlichkeit eines Schiffes zu beurteilen. Und die meisten Verkäufer von Schiffsbeteiligungen, das muss man leider so sagen, haben von Tuten und Blasen keine Ahnung, weil sie noch nie ein Containerschiff von innen gesehen haben.“ Was ist nach seiner Erfahrung wichtig? „Zunächst einmal ein Reeder, der was von seinem Geschäft versteht, damit man gute Charterraten erzielt. Außerdem müssen Preis und Technik des Schiffes stimmen. Manche Frachter sind zu langsam. Die Luken lassen sich schlecht öffnen, Ersatzteile sind schwer zu beschaffen. Es sind Schiffe auf dem Markt, die vor zehn Jahren entwickelt wurden und immer weiter gebaut werden, um Kosten zu sparen.“ Bei den Preisen gäbe es Unterschiede von sage und schreibe 50 Prozent, doch die Gleichung „billig = rentabel“ gehe nur in seltenen Fällen auf. Poxleitner engagiert sich vorwiegend bei den sogenannten Feederschiffen, das sind Frachter mit 500 bis 2.500 Containerstellplätzen. In ganz große Schiffe investiert er nicht, weil die Verhandlungsposition beim Wiederverkauf zu schlecht ist: Nur eine Handvoll Reedereien kommt weltweit als Abnehmer in Frage. Entsprechend schlecht ist die Verhandlungsposition des Verkäufers. Bei den mittelgroßen Feederschiffen ist das anders: Hier konkurrieren weltweit einige tausend Abnehmer auf dem Gebrauchtmarkt, entsprechend groß ist die Chance, einen anständigen Preis beim Wiederverkauf des Schiffes zu erzielen.

So funktioniert eine Schiffsbeteiligung

Ein so genannter Initiator lässt das Schiff bauen und sammelt über ein Emissionshaus das Kapital der Anleger ein, die damit zum Miteigentümer werden. Nach Fertigstellung wird das Schiff an eine Reederei verchartert. Bereits vom zweiten oder dritten Betriebsjahr an erhält der Anleger Ausschüttungen von durchschnittlich 4 Prozent auf die Beteiligungssumme, die in den Folgejahren auf 10 Prozent oder mehr ansteigen können. Diese Ausschüttungen sind im Wesentlichen von den erzielten Charterraten abhängig. Am

Ende – in der Regel nach 8 bis 12 Jahren – wird das Schiff verkauft, wobei der Veräußerungserlös nur dem halben Steuersatz unterliegt. Über den Veräußerungserlös entscheiden der Zustand des Schiffes sowie die Nachfrage am Gebrauchtmarkt. Das Ganze förderte der Gesetzgeber bis 1996 durch eine Verlustzuweisung von 125 Prozent. Verlief alles nach Plan, bekam der Anleger nach acht Jahren für eine effektive Investition von 15.000 Euro zirka 60.000 Euro netto (nach Abzug der Steuern) zurück. Das entsprach einer Nachsteuerrendite von rund 14 Prozent. Wer also dem Spitzensteuersatz unterlag, finanzierte rund zwei Drittel seiner Beteiligung aus eingesparten Steuern.

Wie kam Werner Poxleitner auf die Idee, sich ausgerechnet auf Schiffsbeteiligungen zu konzentrieren? Zum einen, weil er sich schon immer für die Welt der mächtigen Reeder und die Geschichte der Schifffahrt interessiert hatte, zum anderen, weil der Markt für Schiffsbeteiligungen relativ kompliziert war und daher hohe Lerngewinne versprach. An diesem Beispiel kann man sehr schön sehen, dass man relativ schnell einen Wissensvorsprung bekommt, wenn man konzentriert und motiviert zu Werke geht. Nachdem die Entscheidung gefallen war, nutzte Poxleitner jede Gelegenheit, um den Schiffsmarkt kennenzulernen. Er verbrachte drei Monate damit, Schiffswerften zu besuchen und um Gespräche mit Reedern sowie Schiffs- und Frachtmaklern zu führen. Hier zeigt sich ein ganz wichtiger Aspekt der Spezialisierung: Wenn man sein Lernfeld klar begrenzt, kann man schon in kurzer, überschaubarer Zeit ein größeres und tieferes Wissen erwerben als jeder diversifizierte Mitbewerber.

Konzentration auf die Engpässe

Der nächste Schritt war die „Vermarktung" seines Spezialwissens. Das war kein ganz so einfaches Vorhaben, denn bei jeder Form der Kapitalanlage ist der größte Engpassfaktor das Vertrauen. Poxleitners wichtigste Zielgruppe waren die Steuerberater. Diese wissen als Erste, wann bei einem Mandanten Handlungsbedarf besteht, und sie sind auch die Ersten, von denen ein Anleger einen Steuerspar-Tipp verlangt oder dem er ein Angebot zur Prüfung vorlegt. Nun ist der Steuerberater normalerweise der am meisten gefürchtete Gegenspieler des Anlageberaters, weil er windige Anlagen schnell durchschaut. Andererseits haben Steuerberater aber auch das Problem, attraktive, rentable und sichere Steuersparmöglichkeiten für ihre Mandanten ausfindig zu machen. Poxleitner warb nun mit folgenden Maßnahmen um das Vertrauen:

Erstens verwies er auf prominente Investoren: Konzerne wie Dr. Oetker, Tchibo, Warsteiner oder Allianz hatten schnell herausgefunden, wie schön sich die Gewinne auf dem Seeweg steuersparend mehren ließen, und hatten schon früh etliche Milliarden Mark in große europäische Reedereien investiert. Zweitens lud Poxleitner die Steuerberater seiner Region zu einem Informationswochenende nach Hamburg ein. Dort lernten sie Reeder kennen und konnten sich von der Solidität dieser Anlageform überzeugen. Diese vertrauensbildenden Maßnahmen trugen schnell Früchte: Die ersten Kunden waren die Steuerberater selbst, die dann im Laufe der Zeit ihre Mandanten auch zu Poxleitner schickten. Dort setzte er seine Informationspolitik konsequent fort: Wer eine Schiffsbeteiligung erwarb, konnte „sein“ Schiff bei der Taufe und der Jungfernfahrt höchstpersönlich inspizieren. Durch solche Maßnahmen entstanden Vertrauen und Kundenbindung. So ließen auch die materiellen Ergebnisse nicht lange auf sich warten: Im ersten Jahr 1986 konnte Werner Poxleitner für 7 Millionen DM Schiffsbeteiligungen verkaufen, 1997 waren es schon 160 Millionen, dazu kamen 50 Millionen an anderen Beteiligungsformen.

Risiken in Chancen verwandeln

Und die Spezialisierungsrisiken? Die Konzentration auf Schiffsbeteiligungen ist eine Produktspezialisierung. Solche Spezialisierungsformen sind hoch profitabel, aber unter Umständen hoch riskant. So auch in diesem Fall: Die Steuervergünstigungen für Schiffsbeteiligungen wurden gekappt. Für Schiffe, die nach dem 25.4.1996 bestellt wurden, durften nur noch degressive Abschreibungen geltend gemacht werden. Dadurch fielen die Renditen um rund die

Hälfte. Das führte natürlich dazu, dass vor dem Stichtag noch jede Menge Schiffe in Auftrag gegeben wurden und danach erst einmal Ebbe war auf dem Schiffsmarkt. Die Folgen: Das Emissionsvolumen für Schiffsbeteiligungen ging von rund 3 Milliarden DM im Jahr 1998 auf 0,6 Milliarden DM im Jahr 1999 zurück. Drohte damit Poxleitner & Kollegen, die zum damaligen Zeitpunkt 80 Prozent ihres Geschäftsvolumens aus Schiffsbeteiligungen schöpften, das Aus?

Natürlich nicht! Denn der Wegfall der Steuervergünstigung hatte sich so frühzeitig angekündigt, dass massenhaft Zeit für Anpassungsprozesse blieb. Schauen wir uns das konstante Grundbedürfnis an, das hinter der Anlageform „Schiffsbeteiligung“ steht: Es ist die rentable, steuersparende Kapitalanlage. Und hier gibt es jede Menge Alternativen zur Schiffsbeteiligung: Fonds zur Finanzierung von Film- und Fernsehproduktionen, US-Gewerbeimmobilien, Windparks, Flugzeug-Leasingsfonds und so weiter und so fort. Auch hier gilt: Hinter jeder Investition stehen betriebswirtschaftliche Risiken. Und je besser man in den Markt des jeweiligen Produkts eingearbeitet ist, desto besser kann man diese Risiken einschätzen und diejenigen Finanzprodukte auswählen, die dem Anleger die besten Renditen versprechen. Poxleitner musste also nur das bewährte Spezialisierungsprinzip auf andere Kapitalanlagen mit betriebswirtschaftlichem Risiko übertragen. Da das Team der Poxleitner & Kollegen Finanzdienstleistungen mittlerweile auf 22 Mitarbeiter angewachsen war, konnte dies parallel bei mehreren Anlageformen geschehen. Der Erfolg: Die Umsätze stiegen trotz der Schiffskrise rasant an. Selbst das Anlagevolumen bei Schiffsbeteiligungen blieb im „Krisenjahr“ gegenüber dem Vorjahresergebnis konstant. Unter den jetzt normalen Abschreibungsbedingungen sind die Renditen zwar deutlich niedriger als zuvor, doch sehr viele von Poxleitners Kunden sind dieser Anlageform treu geblieben. Ich habe diesen Fall deswegen so ausführlich geschildert, weil man daraus viele Dinge lernen kann:

1 *Produktspezialisierungen bieten hervorragende Erfolgschancen. Sie sind aber in aller Regel mit einem gewissen Risiko behaftet.* In diesem

Fall ging die Produktspezialisierung (Schiffsbeteiligung) mit einer Zielgruppenspezialisierung (Steuerberater und Gutverdienende) einher. Neue Produktspezialisierungen (Medienfonds, Gewerbeimmobilien ...) konnten so ohne Weiteres auf die angestammte Zielgruppe übertragen werden. Das auf dem Gebiet der Schiffsbeteiligung erworbene Vertrauen übertrug sich automatisch auf die neuen Geschäftsfelder.

2 *Die Spezialisierungsrisiken kündigen sich in aller Regel rechtzeitig an.* In diesem Fall war schon seit 1995 bekannt, dass die steuerliche Förderung der Schiffsbeteiligung irgendwann einmal gekappt werden würde. Ganz generell erkennt der Produktspezialist die Risikofaktoren in seinem Markt in der Mehrzahl der Fälle schneller als andere und kann umgehend handeln, sobald eine Gefährdung seiner Geschäftsgrundlage droht.

3 *Der Spezialist kann in relativ kurzer Zeit ein überlegenes Know-how ansammeln, und er profitiert in hohem Maße von der Vernetzung mit anderen Experten auf seinem Spezialgebiet.* Werner Poxleitner musste nicht jahrelang studieren, um die wesentlichen Erfolgsfaktoren seines Marktes zu durchdringen, sondern es reichten wenige Monate intensiven Arbeitens. Hier bewährt sich die alte Volksweisheit: Unter den Blinden ist der Einäugige König! Wenn sich der gesamte Markt strategisch blind verhält, reicht schon ein kleiner Vorsprung, um einen deutlich höheren Nutzen zu bieten. Dieser Vorsprung ist natürlich im Laufe der Jahre immer weiter angewachsen. Schon nach wenigen Jahren war Werner Poxleitner mit dem Schiffsmarkt vertraut wie kein Zweiter. Und dann trat ein typischer Spezialisierungseffekt ein: Relativ schnell baute er ein Beziehungsnetzwerk von Reedern und Initiatoren auf und bekam so schneller als andere wichtige Insider-Informationen – und zwar was Chancen, aber auch was Risiken betraf. Und ihm wurden früher als anderen profitable Schiffe angeboten, da die Initiatoren wussten, dass für Schiffe, die von Poxleitner als rentabel eingestuft wurden, sehr schnell das erforderliche Kapital eingesammelt werden konnte. Hier drehte sich also eine typische Erfolgsspirale.

2 Wie man sich „richtig" spezialisiert

Wenn Sie von den Vorteilen der Spezialisierung überzeugt sind, gibt es nur noch eine recht einfach klingende Frage: Worauf sollen Sie sich (oder Ihr Unternehmen) spezialisieren? Auf ein Produkt? Eine bestimmte Dienstleistung? Ein konstantes Grundbedürfnis? Eine Zielgruppe? Einen sogenannten „strategischen Erfolgsfaktor" wie Qualität, Schnelligkeit, Zuverlässigkeit, Innovationsgeschwindigkeit, Kundennähe? Es gibt für jedes Unternehmen und jedes Individuum dutzende, mitunter hunderte von Spezialisierungsmöglichkeiten – und natürlich noch ein Mehrfaches an strategisch guten Diversifikationschancen. Für welche man sich entscheidet, hängt ab von den Stärken und der Lernmotivation einerseits und den Bedürfnissen und Problemen der Zielgruppen andererseits.

Auf den folgenden Seiten werden Sie drei Spezialisierungsrichtungen kennenlernen:

- *Primärspezialisierungen:* Das sind besonders enge Spezialisierungen auf eines oder wenige Produkte, auf Rohstoffe oder Techniken, ein ganz spezielles Know-how oder eine ganz besondere Dienstleistung – so wie beispielsweise die Schiffsbeteiligung im Fall Poxleitner. Primärspezialisierungen bieten enorme Chancen in Form von Produktivitätssteigerungen, sind aber mitunter riskant. Diese Spezialisierungen bieten sich immer dann an, wenn der Preis der größte Nachfrage-Engpass ist oder wenn sehr hohe Lerngewinne mit der Spezialisierung verbunden sind.
- *Problemspezialisierungen:* Wie der Name schon sagt, beziehen sich diese Spezialisierungen immer auf ein Problem (ein Bedürfnis, einen Wunsch ...). Diese Problemlösung kann mit unterschiedlichen, variablen Produkten oder Dienstleistungen einhergehen. Problemspezialisierungen haben ein geringes Risiko und sie sind häufig mit einer breiteren Produkt- oder Leistungspalette verbunden.

- *Zielgruppenspezialisierungen:* Dies sind Primär- oder Problemspezialisierungen, die sich auf genau definierte Zielgruppen beziehen. Diese Spezialisierung baut auf sehr starke Kundenbindung und ein partnerschaftliches Verhältnis zwischen Unternehmen und Kunde. Zielgruppenspezialisierungen sind besonders für diejenigen Unternehmen interessant, die sich in ihrer Bandbreite nicht so gern einengen lassen, aber gleichzeitig die Vorteile einer klaren Fokussierung genießen wollen. Auch wenn der Markt bereits sehr stark spezialisiert ist, bieten sich Zielgruppenspezialisierungen an, um sich vom Wettbewerb zu differenzieren.

2.1 Primärspezialisierung

Man braucht nicht besonders intensiv zu suchen, um Beispiele für erfolgreiche Primärspezialisten zu finden: Nestlé schaffte den Durchbruch mit Milchpulver, Bosch mit dem Magnetzünder, Volkswagen mit dem Käfer. Riesige Konzerne mit mehr oder weniger breiter Produktpalette legten den Grundstock für ihren Erfolg mit der Konzentration auf ein einziges Produkt. McDonald’s startete mit Hamburgern (und blieb weitgehend dabei), Daimler Benz mit Autos (und blieb zum Schrecken der Aktionäre nicht dabei), Coca-Cola wurde erfolgreich durch Coca-Cola ... und hier wollen wir die Aufzählung abbrechen.

Primärspezialisierungen sind Spezialisierungen auf Produkte (Atomkraftwerke, Zwergpinscher, Computerchips ...), Rohstoffe (Stahl, Gold, Kohle ...), Know-how und Methoden (Laser-Operationen, Java-Programmieren, Schiffsbeteiligungen, NLP ...) oder Dienstleistungen (Online-Dienste, Büroreinigung, Call-Center ...).

Primärspezialisierungen bauen auf einfache Organisation und Produktivitätsgewinne

Primärspezialisierungen bauen immer auf vereinfachte Organisation und auf Masse und in der Folge auf Produktivitätsgewinne und Kostendegression sowie (falls erwünscht) Preisführerschaft. Primärspezialisierungen in Know-how-getriebenen Unternehmen leben dagegen von Lerngewinnen und den daraus resultierenden Produktivitätsgewinnen. Im Grunde ist es den Primärspezialisten zu verdanken, dass die Spezialisierung insgesamt einen eher schlechten Ruf genießt: Sie sind naturgemäß risikoanfällig und sie gelten nicht gerade als Arbeitgeber, bei denen man seine Talente in aller Breite ausleben kann: Egal, ob bei McDonald's, bei ALDI oder in der Coca-Cola-Abfüllanlage: Primärspezialisten leben von der Multiplizierbarkeit ihrer Konzepte und stark reglementierten Arbeitsabläufen. Viele berühmte Produktkrisen (Glykol im österreichischen Wein, Nematoden im Nordsee-Fisch, Elchtest bei der A-Klasse, BSE bei Rindfleisch) haben dazu beigetragen, bei sicherheitsorientierten Unternehmern und Managern ein leichtes Schaudern beim Wort „Spezialisierung" auszulösen. Das soll Sie nicht daran hindern, genau diese Spezialisierungsform genauer unter die Lupe zu nehmen, wenn Sie sich (oder Ihr Unternehmen) „fokussieren" wollen. Denn die Risiken sind – Stichwort: konstante Grundbedürfnisse – tatsächlich überschaubar, wenn man sich ihrer in vollem Ausmaß bewusst ist, und dass Arbeitsplätze mit hochgradiger Arbeitsteilung langweilig sein müssen, gehört auch schon lange der Vergangenheit an.

Für mich sind die Primärspezialisten die wahren Helden unserer Zeit: Sie sind stark, mutig und konzentriert. Sie haben eine Mission, eine Daseinsberechtigung. Sich ganze Imperien zusammenkaufen kann jeder, der ein paar Rhetorikkurse besucht hat und Kraft dessen Heerscharen von Bankern und Anlegern von seinen „Visionen" überzeugt. Aber über viele Jahre hinweg mit einem einzigen Produkt (beziehungsweise einer ganz eng definierten Produktfamilie) Weltruhm zu erlangen – das ist wirklich beeindruckend!

Primärspezialisten können die ganze Bandbreite der Spezialisierungsvorteile nutzen: Kostendegression, einfache Organisation, einfache Qualifizierung, einfache Kommunikation, einfache Beschaffung ... Aber es bleiben Nachteile:

- Erstens: die schon oben angeführten Risiken
- Zweitens: das begrenzte Wachstum. Primärspezialisten können bei globaler Präsenz in beachtlichen Größenordnungen wachsen,

aber nicht jedermann kann sich mit dem Gedanken anfreunden, Vertriebsniederlassungen in Zaire, Paraguay oder Kasachstan zu gründen.

Size does not matter

Das alles mag den einen oder anderen abschrecken. Reifere Naturen aber wissen: Size does not matter! Stattdessen zählt Hingabe an etwas, für das man mit Leib und Seele steht, von dem man so überzeugt ist, dass allein das *Tun* und die Realisierung einer großartigen Idee genug sind (von den dabei anfallenden Gewinnen wollen wir hier nicht reden ...). Man kann ein ganzes Leben bei einer Primärspezialisierung bleiben.

Zum Beispiel Steinway Musical Instruments Inc. Steinway hat einen Marktanteil von 90 Prozent bei Konzertflügeln weltweit. Seit 150 Jahren macht man bei Steinway nichts anderes. Einen Konkurrenten in diesem Segment gibt es nicht – außer Steinway selbst. Gebrauchte Steinways werden wegen ihrer Langlebigkeit hoch geschätzt und erzielen Höchstpreise. Solche Produkte, die mit behutsamen Innovationen über Generationen hinweg nahezu unverändert auf dem Markt bleiben, existieren auch in unseren kurzlebigen Zeiten noch zuhauf. Doch das sind und bleiben natürlich die berühmten Ausnahmen von der Regel.

Kleine und mittelgroße Primärspezialisten gibt es viele, wenn man einmal sein Bewusstsein dafür schärft. Und das Schöne daran: Es gibt noch jede Menge Platz (sprich: Marktchancen) für Primärspezialisten. Neben den schon von Simon dankenswerterweise an die publizistische Oberfläche beförderten Hidden Champions wie Brita, Barth und so weiter sind mir persönlich und via Medien folgende über den Weg gelaufen:

Der New Yorker Schönheitschirurg Oliver Zong ist spezialisiert auf orthoplastische Hemiphalangektomie – er verschlankt die Zehen von Frauen, die in perfekten Sandalen perfekte Füße vorführen möchten.

Hans Kleissl und seine Firma HK Engineering in Polling sind auf die Reparatur und das Restaurieren des Mercedes-Klassikers 300

SL spezialisiert. 25 hoch qualifizierte Mitarbeiter sind bei Kleissl beschäftigt – der Jurist mit 2. Staatsexamen ist übrigens nicht selbst „vom Fach“, jedoch ein begeisterter Oldtimer-Sammler.

Bei Brötje Automation in Wiefelstede ist man spezialisiert auf Nietmaschinen für die Flugzeugindustrie und ist mit 200 Mitarbeitern Weltmarktführer in dieser Mini-Nische. Alle Flugzeugbauer weltweit stehen dort auf der Kundenliste. „Ohne die Nieten von Brötje hält heute kein Flugzeug mehr“, weiß die Frankfurter Allgemeine zu berichten.

Paschen und Compagnie aus Wadersloh ist Spezialist für hochwertige Bücherregale. Paschen fertigt die schönsten Bibliotheken passgenau für Buchliebhaber, die der IKEA-Welt entwachsen sind. „Wenn die schrullige Familie sich nicht 1991 entschlossen hätte, von nun an in Bücherregalen zu machen, dann hätte der Markt sie weggefegt wie so viele westfälische Möbelfabriken“, urteilte die FAZ. Bei der Wahl des Spezialgebiets verließen sich die Inhaber rein auf ihre Intuition – eine Marktstudie gab es nicht.

Die Kölnerin Trudel Klefisch betreibt das einzige auf Ostasiatika spezialisierte Auktionshaus, Robert Ketterers Auktionshaus in Berlin ist spezialisiert auf Expressionismus.

Kütschers Backstube in Mendig ist Spezialist für Stollen. Der Renner sind Sorten, die ohne die ungeliebten Zutaten Zitronat und Rosinen auskommen. Kütschers Stollen werden in Lizenz sogar in Japan und USA gebacken.

Fratelli Martelli & Cognate in Lari stellen die weltweit beste Pasta her. Spaghetti, Spaghettini, Maccheroni und Penne aus dem toskanischen Dörfchen nahe Pisa sind heiß begehrt bei Sterneköchen und Feinschmeckern weltweit.[16] Das Geheimnis der begehrten Kult-Nudeln liegt in der speziellen, 50 Stunden währenden Trocknungsphase, die das flüchtige Bindemittel Glutin in den Teigwaren verbleiben lässt. Martelli produziert 330 Tonnen Pasta pro Jahr – das schafft der italienische Marktführer Barilla gerade mal in fünf Stunden. Warum ist Martelli-Pasta so beliebt? Durch den hohen Glutin-Gehalt ist sie außergewöhnlich aromatisch und festkochend; und an ihrer rauen Oberäche haftet die Soße besonders gut. Wie sind die Brüder & Schwägerinnen Martelli auf diese Marktnische gestoßen? 1984 erkannte man, dass man im Preiskampf der Massenhersteller als Handwerksbetrieb nicht mithalten konnte. „Da haben wir unsere Maschine in den ersten Gang zurückgeschaltet und ganz auf Qualität gesetzt“, wird Familienoberhaupt Mario Martelli – dem der Kult um seine Nudeln selbst ziemlich bizarr erscheint – in der *Wirtschaftwoche* zitiert. Bei Martelli arbeiten ausschließlich Familienangehörige: Martelli stellt nur vier Pastasorten her. Niemals wurde bisher für Martelli-Pasta geworben. Auch Stammkunden müssen zwei Monate und mehr auf ihre Lieferung warten. Die Macht des Spezialisten ...

Martelli ist ein Beispiel dafür, dass man nicht unbedingt schöne, neue, innovative Produkte benötigt, um eine Spitzenstellung einnehmen zu können, sondern dass ganz „normale“ Produkte ein sehr großes Erfolgspotenzial bergen. Und dass das nicht nur für 12-Mann/Frau-Betriebe gilt, zeigt das nächste Beispiel:

Die Brezelbäckerei Ditsch GmbH. Das Mainzer Unternehmen ist – Sie ahnen es! – auf Laugenbrezel und -gebäck spezialisiert, und zwar schon seit 1919. Der große Durchbruch kam, als Ditsch junior vor einigen Jahren das Geschäft mithilfe von Backautomaten dezentralisierte und sich auf die Produktion schockgefrosteter Teiglinge und den Aufbau eines bundesweiten Agenturgeschäfts konzentrierte. Aus der kleinen Bäckerei wurde ein Großunternehmen mit 55 Millionen Euro Umsatz (Stand 2001) und 170 Verkaufslialen. 700 sollen es bis zum Jahr 2010 werden. Die FAZ schrieb dazu im Juli 2001: „Etliche Investmentbanken haben bereits bei Ditsch angeklopft, um ihn nach dem Vorbild des M-Dax-Bäckers Kamps an die Börse zu bringen, doch Ditsch winkt ab: ›Wir haben keinen Bedarf für zusätzliches Kapital, unsere Expansion können wir aus eigenen Mitteln nanzieren.‹ Externes Wachstum über Zukäufe lehnt er ab. Er bleibt Realist: ›Vollsortimenter werden uns viele zum Kauf angeboten, doch wir wollen ein Nischenanbieter und Spezialist bleiben.‹“

Bravo! Zwei Dinge finde ich an diesem Beispiel äußerst bemerkenswert:

- Natürlich die Tatsache, dass Peter Ditsch erfolgreich der Versuchung der ungezielten Diversifikation in das „Vollsortiment“

widerstand und dabei eine so starke Marktstellung bekam, dass er auf die üblichen Abhängigkeiten von Banken, Anteilseignern, Börsenstimmungen ... dankend verzichten konnte.

- Das Phänomen, dass auch in „ganz normalen“, traditionellen Produkten durch Spezialisierung ein enormes Wachstumspotenzial steckt. Wichtig ist aber dann der Blick für die Engpässe! Der Engpass bei Brezeln ist die Frische: Bei Trockenheit werden sie schnell hart, bei Feuchtigkeit weich. Peter Ditsch überwand diesen Engpass durch Dezentralisierung des Backens. Mit der Multiplikation des Konzepts (die bundesweite Ausdehnung) wurde aus der Super-Nische (Produktion und Vertrieb von Laugengebäck in Mainz) ein veritabler „großer“ Mittelständler.

Primärspezialisierungen sind auch für Gründer hochinteressant. Denn diesen ist in aller Regel gemein, dass sie über beschränkte Mittel verfügen und daher schon naturgemäß sehr konzentriert und effektiv zu Werke gehen müssen. Wie so etwas im Extremfall aussehen kann, zeigt folgendes Beispiel aus einer etwas innovativeren Branche:

Willert Software Tools. WST in Bückeburg war auf den Handel mit Softwaretools spezialisiert. Das sind „Werkzeuge“, die Informatiker bei der Programmierung benötigen. Diese Softwaretools sind in der Regel ebenfalls Software. Für eine effektive Softwareentwicklung benötigt man mehrere Tools, die zusammen die sogenannte Entwicklungsumgebung bilden.

Die Geschichte von WST ist ein Beispiel dafür, wie man sich eine Unternehmensgründung durch richtige Spezialisierung erheblich erleichtern kann. Der 30-jährige Andreas Willert wählte ein besonders ausgefallenes Spezialgebiet: Er konzentrierte sich auf Softwaretools für sogenannte Microcontroller (was schon relativ speziell ist) und darüber hinaus zunächst auf einen Microcontroller der Firma Siemens (was tatsächlich absolut einzigartig ist). Diese Microcontroller sind Prozessoren, die in praktisch allen „intelligenten“ Konsum- und Investitionsgütern stecken: Im Auto steuern sie die Bremsen im ABS, in Waschmaschinen optimieren sie Wasser- und Energieverbrauch, in Gameboys lassen sie Kinderherzen höher schlagen.

Konzerne wie Motorola, Intel, Siemens oder Hitachi beschränken sich auf die Produktion der Microcontroller; die Herstellung und den Vertrieb der Entwicklungsumgebung überlassen sie kleineren Spezialisten. Diese sind in aller Regel auf bestimmte Tools spezialisiert: Der Hersteller eines Compilers beispielsweise (das sind Tools, die das Programm des Microcontrollers in ein Maschinenablaufprogramm „übersetzen") bietet diesen in mehreren Varianten für Chips von Motorola, Intel, Siemens oder Hitachi an. Der Programmierer muss nun selbst herausfinden, welche Tools miteinander harmonieren und welche eine ideale Entwicklungsumgebung ergeben. Immer mehr Tools und immer kürzere Produktzyklen machen dies zu einer schwierigen und kostspieligen Aufgabe: Eine Entwicklungsumgebung kostet zwischen 8.000 und 15.000 Euro und ein Fehlgriff verschlingt nicht nur Geld, sondern auch kostbare Entwicklungszeit. Durch das hohe Innovationstempo bei Microcontrollern und Tools ist der Markt extrem unübersichtlich geworden, so dass sowohl die Toolhersteller als auch die Händler – die in der Regel reichlich verzettelt und diversifiziert sind – den Überblick verloren haben.

In Kenntnis dieser Probleme entschied sich Andreas Willert bei der Gründung seines Unternehmens, sich nicht – wie branchenüblich – auf eine bestimmte Art von Tool, sondern auf einen Prozessor zu spezialisieren, und zwar auf den SAB C16X von Siemens. Für diesen Prozessor wollte er die besten Tools analysieren und die Programmierer bei der Auswahl der richtigen Entwicklungsumgebung beraten.

Experten und Geschäftsfreunde erklärten Willert für verrückt, denn nach „gängiger Meinung" war das Umsatzpotenzial viel zu klein. Die Zielgruppe jedoch (die Programmierer) waren sehr angetan von dieser Idee[17] und so gründete er mit 20.000 DM Eigenkapital seine Firma Willert Software Tools, kurz WST. Sofort zeigte sich ein typischer Spezialisierungsvorteil: Die Akquisition ist – wenn man einen speziellen, zwingenden Nutzen bietet – sehr viel einfacher. Weil die Siemens AG die Entwicklung der Programmiertools anderen überlässt, ist sie in gewisser Weise von ihnen abhängig: Wenn es keine guten Entwicklungstools für einen Microcontroller gibt, ist er schwer zu verkaufen. Umgekehrt ist es sehr absatzfördernd, wenn

Spezialisierung der Firma Willert Software Tools				
Tools/Hersteller	Motorola	Intel	Siemens	Hitachi
CASE-Werkzeuge				
QS-Hilfen				
Compiler				
Debugger				
Hardware				

Die gängige Spezialisierung verläuft im Handel für Softwaretools horizontal, das heißt, dass die Anbieter auf eine bestimmte Art von Tool spezialisiert sind und dieses für die Microcontroller sämtlicher Hersteller anbieten. Wer eine Entwicklungsumgebung zusammenstellen will, muss sich bei verschiedenen Händlern beraten lassen. Die Spezialisierung von WST verläuft vertikal: Für einen bestimmten Microcontroller bekommt man alle Tools aus einer Hand.

Spezialisierung von WST (zielgruppenorientiert)

gängige Spezialisierung (produktorientiert)

man durch gute Tools Entwicklungszeit einsparen kann. Aufgrund seiner Spezialisierung war Andreas Willert höchst interessant für die sogenannten Zielgruppenbesitzer[18], nämlich die Vertriebsingenieure von Siemens. Willert konnte nämlich besser als andere die passenden Tools für den SAB C16X zusammenstellen und damit den Kunden einen großen Nutzen bieten. Und die Vertriebsingenieure waren für Willert interessant, weil sie ihm das brachten, was ein Unternehmensgründer dringender als alles andere braucht: die Kunden. Denn die orderten nach gemeinsamen Akquisitionsgesprächen quasi automatisch ihre Entwicklungsumgebung bei WST, wenn sie sich für den SAB C16X entschieden hatten. Eine halsbrecherische Spezialisierung? Ja, so mag es von außen aussehen: zum einen die Spezialisierung auf ein Produkt (den SAB C16X), zum anderen die Abhängigkeit von einem übermächtigen Partner, der

Siemens AG. Andreas Willert sieht die Sache anders. Zum einen kündigen sich Spezialisierungsrisiken immer frühzeitig an, zum anderen kann er das gleiche Prinzip auf Microcontroller anderer Anbieter übertragen. Dass er mit seiner Gelassenheit Recht hat, zeigte sich, als Siemens von heute auf morgen nur noch Großkunden direkt und die kleineren Kunden über Handelspartner betreute. Diese Händler kannten sich aber aufgrund ihrer extremen Diversifikation weder mit dem SAB C16X noch mit den dazugehörigen Tools aus. Mit Unterstützung von Siemens konnte sich WST auch in dieser Zielgruppe sehr schnell als Marktführer etablieren. Mittlerweile hat Andreas Willert das Unternehmen längst von einem Produkt- in einen Problemspezialisten überführt, und zwar entsprechend den konstanten Grundbedürfnissen. Seine Zielgruppe sind Entwickler von sogenannter Embedded Software, die Programme für Chips schreiben. Die Diversifikation erfolgte genau entsprechend dem Grundbedürfnis, das hinter dem Siemens-Microcontroller stand.

Mithilfe einer Primärspezialisierung kann man selbst mit bescheidenen Kräften eine sehr starke Marktstellung erreichen. Darum ist sie besonders in zwei Fällen interessant:

- Erstens in dem bereits oben angeführten Beispiel der Unternehmensgründung: Hier kann man die anfangs begrenzten Kräfte auf eine sehr enge Produktpalette konzentrieren und – wenn man Marktführer geworden ist beziehungsweise genügend Kräfte gesammelt hat – seine Leistungs- und Produktpalette sukzessive ausdehnen.
- Zweitens in Sanierungsfällen: Hier kann es sinnvoll sein, die restlichen noch verbliebenen Kräfte auf ein einziges Produkt zu konzentrieren.

Auch hier wird dann mit wachsenden Kräften expandiert und diversifiziert werden.

Ist man erst Marktführer mit allen dazugehörigen positiven Begleiterscheinungen wie Anziehungskraft, Macht und finanzielle Bewegungsfreiheit, kann man ohne Weiteres in eine sinnvolle Diversifikation gehen, wenn man den unwiderstehlichen Drang danach verspürt oder wenn es „der Markt“ (besser gesagt: die Zielgruppe) so will. Eine Primärspezialisierung kann, muss aber nicht von Dauer sein. In aller Regel ist sie nicht mehr als ein Einstieg in komplexere Spezialisierungen, zum Beispiel in eine Problemspezialisierung. Aber wie gesagt: Diversifikation ist kein Muss. Es gibt Spezialisten, die ihr Leben lang bei einer sehr schmalen Produktpalette bleiben wollen und können.

Spezialisierungen für Kommunen

Primärspezialist kann man nicht nur als Unternehmen sein – jede Art von Institution, ja selbst Kommunen können sich spezialisieren.

Der bekannteste kommunale Spezialist in Deutschland dürfte Metzingen auf der Schwäbischen Alb sein: Das Städtchen ist durch Dutzende von Outlet-Centern das Eldorado der Schnäppchenjäger. Bis zu 50.000 Käufer kommen in Spitzenzeiten täglich zum Shoppen – das ist das Doppelte der Einwohnerzahl.

Auf Bücher ist das belgische Ardennendorf Redu spezialisiert: Neben zahlreichen Antiquariaten und Buchhandlungen haben sich dort Galerien, Kunstgewerbeläden und Boutiquen angesiedelt, die Produkte und Dienstleistungen rund ums Buch anbieten. Als Vorbild für Redu diente das walisische Dorf Haye-on-Wye. Die vom Niedergang der Landwirtschaft geprägte Gemeinde wurde von seinem Bürgermeister erfolgreich als „Bücherdorf“ spezialisiert, indem er für Buchhändler und Antiquare besonders günstige Rahmenbedingungen bot. Redu kopierte die erfolgreiche Strategie von Haye-on-Wye und wurde 1985 erstmals als „Bücherdorf“ der Öffentlichkeit präsentiert. Im ersten Jahr kamen 15.000 Besucher; mittlerweile fahren jährlich 300.000 Buchliebhaber in das Ardennendorf. Bezeichnend an diesem Beispiel ist, dass sich Redu erst kurz vor der „Pleite“ zu dieser Strategie durchringen konnte: In den 80ern waren von einst 450 Bewohnern nur noch 65 übrig geblieben. Erst als der Niedergang direkt vor Augen stand, stellten die Bürger die leer stehenden Häuser den Buchhändlern, Antiquaren, Buchbindern und Gastronomen zur Verfügung und wagten die Wende.

Dieses Phänomen ist auch in der Wirtschaft zu beobachten: Erst wenn der Druck unerträglich hoch ist, wagen sich die Menschen an eine Spezialisierung. Zu groß sind immer noch die Ängste, die mit einer klaren Fokussierung verbunden sind. Bitte machen Sie es anders, und ergreifen Sie Ihre Chancen, solange noch genügend Ressourcen zur Verfügung stehen.

2.2 Problemspezialisierung

Wo liegt die Aufgabe von Unternehmen? Gewinn erzielen, werden Sie jetzt sagen, wenn Sie in der Schule gut aufgepasst haben. Falsch. Gewinnerzielung ist nur eine notwendige Nebenbedingung des Wirtschaftens. Die wichtigste Aufgabe eines Unternehmens ist, Probleme zu lösen. Je besser es dies tut, desto größer sind seine Gewinnchancen. Hinter jedem Produkt, hinter jeder Dienstleistung steht immer ein Problem, ein Wunsch oder ein Bedürfnis: Das Bier löst die Probleme „Durst“ und „Entspannung“, das Mobiltelefon löst unter anderem das Problem „Erreichbarkeit“, das Auto den Wunsch nach Mobilität und so weiter und so fort.

Wer unfähig ist, Probleme zu lösen, wird vom Markt verschwinden

Wer nichts besser tut als andere, muss sich nicht wundern, wenn er austauschbar und erpressbar ist und sich auf einen heillosen Preiskampf einstellen muss. Benzin, Atomstrom, Telefontarife – bei solchen Produkten und Dienstleistungen sind die Differenzierungsmöglichkeiten gering. Ob ich nun bei Aral, Esso oder DEA tanke: Das Auto fährt und mein Mobilitätsproblem ist gelöst. Überall dort, wo sich die Problemlösungen in nichts von anderen unterscheiden, wird der Wettbewerb über den Preis ausgetragen. Wer das vermeiden will, versucht auf der emotionalen Schiene eine Differenzierung hinzukriegen, die den Kunden zu höherer Zahlungsbereitschaft animiert. Die Existenzberechtigung der großen Werbeagenturen liegt in erster Linie darin, den Konsumenten einzureden, dass sich Produkt A von den nahezu identischen Produkten B, C und D der Konkurrenten in irgendeiner Art und Weise unterscheidet. Mit großem Erfolg: Millionen von Verbrauchern schwören auf „ihre" Marke, obwohl sie diese bei Blindtests nur in Ausnahmefällen identifizieren können. Kein Mensch kann heute einen Unterschied zwischen einzelnen Kaffee-, Waschpulver- oder Zigarettensorten feststellen, wenn man sie zuvor ihrer Verpackung beraubt. Auch eingeschworene Raucher und Kaffeejunkies versagen bei solchen Blindtests regelmäßig. Dem schönen Buch *Was Siegermarken anders machen* von Andreas Buchholz und Wolfram Wördemann kann man beispielsweise entnehmen, dass es dem Vorstand einer Brauerei nicht einmal gelang, in einem Blindtest die eigene Marke aus verschiedenen Bieren herauszuschmecken.[19]

Wenn objektiv kein Unterschied festzustellen ist – dann muss man eben via Gehirnwäsche (sprich: Dauerberieselung im TV) einen solchen herstellen. Eine der faszinierendsten Kampagnen ist für mich die von Intel. Ich vermute, dass neun von zehn PC-Benutzern keine Ahnung haben, was ein Prozessor so genau macht. Und würde man sie in einen PC hineinschauen lassen, so würden sie ihn sicherlich nicht unter den anderen „Innereien" identifizieren. Die große Mehrzahl der PC-Besitzer weiß nicht, wie ein Intel-Prozessor aussieht und weiß nicht, wie er funktioniert. Dennoch fühlen sich viele PC-Käufer nur dann so richtig wohl und sicher, wenn das berühmte intel-inside-Logo vorn auf dem Gehäuse prangt. Wie schafft man das? Indem man Milliarden Dollar in Werbekampagnen und den Gefühlshaushalt des Kunden investiert. 19 von 20 Zahnpastasorten könnten von heute auf morgen vom Markt verschwinden, ohne dass der Volksgesundheit dadurch ein nennenswerter Schaden zugefügt würde. Die Probleme, die sie je nach Marke besonders gut zu lösen vorgeben, existieren hauptsächlich in den Köpfen der Konsumenten: Angst vor Karies, Parodontose, gelbe Zähne, Zahnbeläge ... und wer hat dieses Problembewusstsein erzeugt?

Bitte verstehen Sie mich nicht falsch: Es geht hier nicht darum, die teilweise bizarren Ausformungen fortgeschrittenen Wettbewerbs lächerlich zu machen. Ich möchte nur Ihr Bewusstsein dafür schärfen, dass es eine Alternative zum Verdrängungswettbewerb und zu kostenintensiven Werbeschlachten gibt: Es ist der Weg der Einzigartigkeit, der Weg des besonderen, des zwingenden Nutzens. Wer seinen Kunden einen überragenden Nutzen bietet, der braucht sich über Renditen, Werbung, Mitarbeiter keine Sorgen zu machen. Doch wie bietet man diesen besonderen, im Extremfall sogar zwingenden Nutzen? Indem man sich auf Probleme, Wünsche und Bedürfnisse seiner (potenziellen) Kunden konzentriert. Anders ausgedrückt: indem man Problemspezialist wird.

Was ist ein Problemspezialist? Wie der Name schon sagt, ist das jemand, der sich auf eine ganz bestimmte Problemlösung konzentriert. Hier folgen ein paar Beispiele.

Der Unterschied zwischen Problem- und Primärspezialisierung

Jeder Primärspezialist ist zugleich ein Problemspezialist, denn auch er löst ja mit seinem einzigen Produkt ein Kundenproblem. Was den Primärspezialisten vom Problemspezialisten unterscheidet, ist die breitere Leistungs- und Produktpalette. Neudeutsch ausgedrückt: Er hat unterschiedliche „Tools“ (Werkzeuge) auf Lager. Ein Beispiel haben wir schon in Kapitel 1.6 kennen gelernt: die Poxleitner & Kollegen Finanzdienstleistungen. Dieses Unternehmen startete als Primärspezialist (Schiffsbeteiligungen) und konzentrierte sich dann auf das Problem „steuersparende, rentable Kapitalanlage“. Damit einher ging eine Ausweitung der Produktpalette auf Medienfonds, Immobilienfonds und so weiter. Die größte Herausforderung des Problemspezialisten liegt in der Gratwanderung von Spezialisierung und Diversifikation. Vorbildlich meistert das der allseits bekannte Hamburger-Spezialist McDonald’s, der sich ganz auf das Thema „fast food“, also schnelle, preiswerte und unkomplizierte Nahrungsaufnahme, konzentriert: Es gibt ein mehr oder weniger festes Stammsortiment, und damit es den Kunden nicht langweilig wird, ein monatlich wechselndes Zusatzangebot. Die Produktpalette ist gerade noch so klein, dass sie organisatorisch einfach zu beherrschen ist (Einkauf, Logistik ...) und relativ wenig Qualifikationsaufwand bei den Mitarbeitern erfordert. Aber sie ist auch groß genug, um die Kunden einigermaßen bei Laune zu halten und um nach außen ein unverwechselbares Profil zu bieten. In das Grundbedürfnis „fast food" passen natürlich noch unzählige andere Produkte wie Pizzas, Tacos, Sandwiches oder Grillwürstchen – doch McDonald's hat sich klug begrenzt.

Eine typische Problemspezialistin ist zum Beispiel die Unternehmerin des Jahres 2001, Waltraud Reichardt aus Erzhausen bei Darmstadt. Sie ist bestens bekannt bei Herstellern von Medikamenten und Kosmetika. Ihr Unternehmen ist Spezialist für Spezialverpackungen von Flüssigkeiten und Pasten. Es ist immer dann behilflich, wenn der Kunde Proben abfüllen und versenden lassen will oder wenn er ein Produkt neu einführt. Reichardt Verpackungstechnik übernimmt nicht nur das Abfüllen in Sondergrößen, sondern bietet komplette Problemlösungen an: von der Entwicklung und Beschaffung der Verpackung über das Abfüllen bis zum Versand. Das Problem des Kunden – der Abfüllanlagen besitzt, in denen kleine Losgrößen oder kleine Mengen nicht oder nicht profitabel abgewickelt werden können – ist ihr Geschäft.

Das Drama vieler Unternehmen besteht darin, dass sie zu viele Probleme unterschiedlicher Zielgruppen lösen oder zu lösen versuchen. Auch beim Problemspezialisten spielen die Lerngewinne eine überragende Rolle. Die befähigen ihn nämlich, die Kundenprobleme besser als andere zu lösen und dies auch mit größter Effektivität (sprich: besseren Kostenstrukturen) zu tun.

Problemspezialisierungen eignen sich für Unternehmen jeder Größenordnung

Hier zwei Beispiele für Problemspezialisierungen aus der Baubranche. Beginnen wir mit dem „Kleinen".

Der Krefelder Bauunternehmer Heinz Hambloch ist ein Problemspezialist: Er hat zu Zeiten, als alle großen Baufirmen voll im Trend auf Gigantomanie setzten, genau das Gegenteil getan: Er spezialisierte sich auf Baulücken. Dafür braucht man nämlich nicht nur besondere Geräte, sondern auch ganz besonderes Know-how. Baulücken gelten als riskante Objekte, weil die Nachbarhäuser durch die neue Bebauung beschädigt werden können. Der Spezialist kann natürlich mit diesen Risiken ganz anders umgehen, weil seine Lerngewinne systematisch aufeinander aufbauen und damit große Souveränität entsteht. Heinz Hambloch ist vor den zyklischen Schwankungen des Baugeschäfts verschont. Er kann es sich sogar leisten, seine Facharbeiter ordentlich zu entlohnen und auf die branchenüblichen Arbeiterimporte aus Osteuropa zu verzichten. Dennoch sind seine Renditen um ein Mehrfaches höher als die der weniger profilierten Konkurrenz, die Aufträge um jeden Preis hereinholen muss.

Problemspezialisierungen sind ein ebenso probates Mittel für Konzerne, um sich dem Verdrängungswettbewerb der Austauschbaren zu entziehen. Beispiel Bilfinger Berger. Der deutsche Baukonzern plant, finanziert, baut und betreibt Schulen in der südenglischen Grafschaft Wiltshire. Der Staat mietet jene für rund 1.800 Euro pro Monat von Bilfinger Berger, wobei beide Parteien ein schönes Geschäft machen: Das private Betreibermodell ist 17 Prozent billiger als vergleichbare öffentliche Schulen und Bilfinger Berger erzielt mit solchen Problemlösungen eine Rendite von mehr als 15 Prozent auf das eingesetzte Kapital.[20] Dort sieht man übrigens noch ein enormes Wachstumspotenzial für Betreibermodelle: Straßen, Tunnel, Brücken, Schienenwege, Schulen, Krankenhäuser, Gefängnisse … die gesamte öffentliche Infrastruktur könnte privat betrieben werden, wenn sich die Volksvertreter bei Bund, Ländern und Gemeinden vermehrt zu diesen innovativen und lukrativen Partnerschaften durchringen könnten.

Bei solchen Problemspezialisierungen sind die „Großen“ eindeutig im Vorteil: Sie haben die Kapitalkraft und das Renommee, um solche Projekte anschieben zu können, und sie können mit diesen Projekten Erfahrungen sammeln, die im Falle eines Misserfolgs nicht gleich das gesamte Unternehmen in den Keller reißen. Auf den ersten Blick sehen Marktsegmente wie das Betreiben von Schulen exotisch und für ein Großunternehmen wenig ergiebig aus. Dabei reicht ein Blick in die Statistik, um herauszufinden, dass Jahr für Jahr Milliarden Euro in den Bau und insbesondere in den Unterhalt der öffentlichen Infrastruktur fließen. Natürlich kann man Bilfinger

Berger nicht durch den Bau von Schulen auslasten. Aber Konzerne dieser Größenordnung können Spezialisten innerhalb des Unternehmens ausbilden, die sich auf bestimmte Projekte (Brücken, Schulen ...) und Funktionen (Finanzierung, Kapitalbeschaffung ...) konzentrieren.

Problemspezialisierung und vertikale Diversifikation

Dieses Beispiel zeigt sehr deutlich einen wesentlichen Aspekt von Problemspezialisierungen: die Entwicklung in die Tiefe der Probleme, anders ausgedrückt, in vertikale Diversifizierungen. Ein Spezialist für Hoch- und Tiefbau wächst hier in ganz neue Dimensionen, nämlich in den Dienstleistungsbereich (Finanzierung, Wartung) hinein. Eine langweilige oder riskante Spezialisierung? Nein, sondern eine Spezialisierung, bei der hohe Lerngewinne und damit hohe Produktivitätsgewinne anfallen. Gleichzeitig kommen auf derartig spezialisierte Unternehmen ganz neue Herausforderungen zu. In dem Maße nämlich, wie sie Spezial-Know-how erwerben, werden hoch qualifizierte Mitarbeiter zum wichtigsten Aktivum des Unternehmens. Wissensmanagement (und damit verbunden das Auflösen von Know-how-Monopolen) und Motivation gehören dann zu den Top-Prioritäten im Management.

Gute und schlechte Problemspezialisierungen: Beispiel Reinigungsbranche

Wie findet man eine Problemspezialisierung? Der einfachste Weg: Suchen Sie ein ungelöstes Problem und entwickeln Sie dafür eine überzeugende Lösung. Aber Vorsicht: Es gibt Problemspezialisierungen, die sehen auf den ersten Blick unglaublich gut aus, es fehlt ihnen aber die entscheidende Zugabe: die Profitabilität der Lösung und die Zahlungsbereitschaft der Zielgruppe.

Zu diesen zählte der piccobello Kleiderpflege-Home-Service in Heilbronn. Dahinter verbarg sich ein Fullservice-Konzept für Reinigungen und Wäschereien. Viele Kunden finden es nämlich ziemlich nervig, ihre Anzüge und Kostüme persönlich in der Reinigung vorbeibringen zu müssen. Inklusive Parkplatzsuche kostet so ein Reinigungsbesuch schnell eine halbe Stunde und mehr und gerade servicebewusste, gut gekleidete Spitzenverdiener (die Lieblingsklientel der Reiniger) würden sicherlich gern einen Euro für die Lösung dieses Problems ausgeben. Die Reinigungsbetriebe Gerock in Heidelberg machten die Probe aufs Exempel: In dem Heilbronner Vorort Flein wurde das sogenannte piccobello-Konzept ausprobiert. Jeweils dienstags und donnerstags sollten Gerock-Fahrer die Kunden abklappern und Reinigungsteile abholen und ausliefern. Für fünf und mehr Teile gab es diesen Service kostenlos. Die Resonanz entsprach in etwa den Erwartungen. Zuerst gab es jede Menge organisatorischer Anlaufschwierigkeiten. Das eine oder andere Teil landete beim falschen Empfänger, Rechnungen fielen zu niedrig oder zu hoch aus, Termine wurden nicht gehalten. Dennoch waren die Kunden begeistert – besonders diejenigen, denen die Teile sogar am Arbeitsplatz zugestellt wurden. Nach sechs Monaten waren 250 Stammkunden gewonnen. Doch betriebswirtschaftlich rentabel wurde das Ganze nie. Die ganze Geschichte ging für den Initiator jedoch noch relativ tröstlich aus: Er wurde für das piccobello-Konzept mit dem Marketing-Preis des Deutschen Handwerks ausgezeichnet, erfreute sich einer lebhaften PR in Heilbronn und verkaufte das Konzept für rund 20.000 Euro an den Reinigungsmaschinen-Hersteller Multimatic, der diese Idee bundesweit vermarkten wollte. Die Firma Gerock hatte damit ihre Kosten für die Konzeption und Werbung wieder drin, die serviceorientierten Gutverdiener warten indes bis jetzt vergebens darauf, dass Multimatic zum großen Rundumschlag ausholt und ihnen bundesweit den Weg zur Reinigung erspart.

Eine wesentlich bessere Problemspezialisierung schaffte die Firma Lange in Stuttgart. Ich lernte Horst Lange auf einem Strategieseminar für Reinigungsbetriebe kennen. Fast alle Seminarteilnehmer saßen mit mehr oder weniger langen Gesichtern in der Runde. Kein Wunder: Die Umsätze der Reiniger bewegen sich seit Jahren gen Süden, von ursprünglich 10.000 Betrieben sind noch knapp 4.000 übrig. Nur einer ragte schon durch seine positive Ausstrahlung aus der eher trübsinnigen Runde heraus und zwar aus gutem

Grund, wie sich schnell herausstellte: Horst Lange hatte nämlich eine überaus erfolgreiche Problemspezialisierung am Markt etabliert. Davor hatte Lange mit den gleichen Problemen zu kämpfen wie seine Kollegen: Weil es allenfalls bei der Bahn, bei Banken und Unternehmensberatern noch zum guten Ton gehört, sich „ordentlich" (sprich: Anzug oder Kostüm) zu kleiden und ansonsten legere Kleidung auf dem Vormarsch ist, haben die Reiniger immer weniger zu tun. Die Zahl der zu reinigenden Teile nahm in den letzten 10 Jahren um gut 35 Prozent ab. Und da die Preise immer weiter fröhlich steigen, verspüren die Kunden wenig Freude daran, sich anspruchsvolle Kleidung zuzulegen. Schon beim Kauf wird darauf geachtet, ob man ein Teil waschen kann oder ob es in die Reinigung muss.

Bei den Reinigern dreht sich also eine typische Abwärtsspirale: Weniger Umsatz – mehr Kostendruck – steigende Preise – noch weniger Nachfrage ... und so geht es endlos weiter abwärts. Wie reagieren die Reiniger auf dieses Schreckensszenario? Viele ergeben sich ihrem „Schicksal" und geben auf, andere schränken sich ein, wieder andere finden Zuflucht in einem Kettenbetrieb. Horst Lange gehört zu denen, die sich nicht als Opfer der Umstände betrachten, sondern die sich selbst für ihren Erfolg oder Misserfolg verantwortlich fühlen. Wenn der zu verteilende Kuchen kleiner wird, muss man sich selbst einen backen – und genau das tat er. Wer ist der größte Konkurrent der Reiniger? Es ist mitnichten die nächste Reinigung um die Ecke, sondern es ist die Waschmaschine. „Zu Hause wird viel zu viel kaputt gewaschen, was Profis besser und preiswerter können", war Horst Langes Credo. Also galt es, Teile aus der Waschmaschine in die Reinigung umzulenken. Welches Kleidungsstück verursacht zu Hause den größten Aufwand und die größten Probleme? Das Oberhemd! Und was hinderte die Kunden daran, diese Arbeit an die Reinigung zu delegieren? Der Preis! Nur die wenigsten waren bereit, zwischen 5 und 8 DM für ein gewaschenes und erstklassig handgebügeltes Hemd auf den Tisch zu legen. Es war also der Preis, der die Nachfrage behinderte – ein typisches Dilemma, das sich durch Spezialisierung lösen lässt. Horst Lange fragte zunächst seine Kunden, wie viel sie für ein gewaschenes und gebügeltes Oberhemd zu zahlen bereit waren. Preise um 2,50 DM bekam er besonders häufig zu hören, und um ganz sicher zu gehen, peilte er einen Preis von unter 2 DM an. Sodann machte er sich auf die Suche nach einer Technik, die diesen Preis ermöglichen konnte. Auf einer Fachmesse wurde er fündig. 30.000 DM investierte Lange in eine Bügelpuppe und steckte noch einmal den gleichen Betrag in die Werbung, um diese Dienstleistung bekannt zu machen – denn mindestens 200 Hemden pro Tag mussten hereinkommen, um die Maschine auszulasten. Und die Rechnung ging auf: Für nur 1,99 DM pro Hemd ließen viele Stuttgarter das heimische Bügeleisen stehen und brachten ihre Hemden zu Lange. Für diesen Superpreis akzeptierten die Kunden auch kleine Einschränkungen der Spielregeln: Die Hemden wurden nicht zusammengelegt, sondern auf Bügel gehängt; Übergrößen und -längen waren von dem Angebot ausgenommen, weil sie nicht maschinell gebügelt werden konnten. Nach Langes Kalkulation würde er selbst bei diesem geringen Preis noch einen akzeptablen Gewinn machen, wenn mindestens 30 Hemden pro Stunde auf der Maschine gebügelt würden. Außerdem war völlig klar, dass auch das Aufkommen der übrigen Reinigungsteile steigen würde, wenn mehr Frequenz im Laden wäre. Und diese Rechnung ging in jeder Hinsicht auf: Schon nach kurzer Anlaufzeit wurden durchschnittlich 250 bis 300 Hemden pro Filiale abgeliefert; an Spitzentagen waren es 500 und mehr. Rund 400.000 Hemden pro Jahr werden heute in den Stuttgarter Filialen der Reinigungsbetriebe Lange gewaschen und gebügelt. Statistisch gesehen liefert jeder erwachsene Stuttgarter dort drei Hemden im Jahr ab. Sogar die Tragegewohnheiten seiner Kunden hat Horst Lange verändert: Viele Kunden haben sich extra bis zu 20 neue Hemden zugelegt. Die Hälfte befindet sich in der Reinigung, die andere Hälfte hängt zu Hause im Schrank.

Die Reinigung Lange ist ein wunderbares Beispiel dafür, wie der Spezialist seinen eigenen Markt kreieren kann. Natürlich kennen wir das Gleiche von den zahllosen Produktinnovationen: Der Walkman von Sony oder das Faxgerät von Toshiba eröffneten riesige Märkte und bescherten den Herstellern gigantische Umsätze. Das Beispiel Lange zeigt, wie man auch in völlig unspektakulären Märkten in ganz neue Dimensionen vorstoßen kann. Ist Hemden bügeln innovativ? Mit Sicherheit nicht. Innovativ ist es, eine spezielle Problemlösung so zu organisieren, dass die Nachfrage-Engpässe (hier: der Preis) keine Rolle mehr spielen. Wie gesagt: Probleme gibt es noch wie Sand am Meer. Und nahezu unbegrenzt ist das Marktpotenzial, das sich dahinter verbirgt.

Einige Fragen schließen sich an dieses Beispiel an. Beruht nicht der gesamte Erfolg dieses Systems auf einer widerwärtigen Ausformung des Taylorismus, nämlich darin, dass spezialisierte Büglerinnen stumpfsinnige Fließbandarbeit verrichten? Horst Langes Erfahrungen sind anders: Einige Mitarbeiter lieben die Abwechslung, andere sind froh, wenn sie immer wieder am gleichen Arbeitsplatz bleiben und das Gleiche tun dürfen. Für diese ist das Bügeln keine Zumutung, sondern etwas völlig Normales. Eine andere Frage ist die nach der Dauerhaftigkeit dieses Spezialisierungserfolgs. Rein theoretisch kann jede andere Reinigung das Gleiche anbieten, denn die Technologie und die Organisation können jederzeit kopiert werden. Mehrere Konkurrenten in Stuttgart haben auch genau das gemacht – doch nach spätestens einem Jahr verschwand die Dienstleistung „Hemden bügeln für 1,99 DM" wieder aus ihrem Angebot. Wie erklärt sich Horst Lange dieses eigenartige Phänomen? „Ganz einfach – meine Mitbewerber haben nur die Technik gesehen und das dahinter liegende strategische Prinzip nicht begriffen! Die meisten Kollegen halten mich für einen Preisbrecher, der sie mit allen Mitteln kaputt machen will. Und genau so reagieren sie auch auf meine Preise: Sie sind ein notwendiges Übel, mit dem man irgendwie klarkommen muss. Zu unterbieten sind sie nicht, also muss man mehr schlecht als recht mitmachen. Aber wenn man nur 30 Hemden am Tag bügelt, ist das betriebswirtschaftlich gesehen bei einer Investition von 30.000 Mark natürlich eine Katastrophe. So etwas überträgt sich auch auf die Mitarbeiter. Was glauben Sie, wie die Ladnerinnen reagieren, wenn der Chef zähneknirschend den Hemdenpreis auf 1,99 runtersetzt? Sie verkaufen die Leistung nur sehr widerwillig, weil ihnen unterbewusst klar ist, dass der Chef diese Aufträge eigentlich gar nicht haben will. Bei uns stehen alle mit Leidenschaft hinter dem Konzept. Tage, an denen wir 800 Hemden annehmen, machen uns stolz. Und diese Freude überträgt sich auch auf die Kunden.“[21] Mittlerweile hat Lange das gleiche Prinzip auf Hosen, Pullover und andere Reinigungsteile übertragen. Auch hier gilt: Ein bewährtes Spezialisierungsprinzip ließ sich problemlos auf andere Produkte übertragen.

Wenn man sich erst einmal eines Problems annimmt (und das kann ein ganz banales, alltägliches Problem sein), kommen die Lösungsideen und die Marktchancen schon fast automatisch hinterhergelaufen. So manches Problem, das scheinbar unlösbar ist, kann durch Spezialisierung nicht nur beseitigt, sondern in eine riesige Erfolgschance verwandelt werden.

Soziale Auswirkungen von Problemspezialisierungen

Ein ganz besonders spannendes Beispiel für die unglaublichen Chancen der Problemspezialisierung sind die Vangerow System Werkstätten in Reutlingen. Der Unternehmensgründer Detlef Vangerow war ein „ganz normaler“ Fachhändler für Unterhaltungselektronik, wie es tausende in Deutschland gibt. Allen gemeinsam ist ein riesiges Problem: Sie können sich gegen die erdrückende Übermacht der großen Fachmärkte („Ich-bin-doch-nicht-blöd“-Media-Märkte und so weiter) kaum noch zur Wehr setzen. Wer mobil und fit ist, hievt seinen Fernseher beim Billigheimer auf der grünen Wiese selbst in den Einkaufswagen und nur noch Servicebewusste und/oder Ältere kaufen im kleinen Fachgeschäft. Früher konnte der „kleine“ Fernsehfachhändler noch mehr oder weniger gut am Reparaturgeschäft verdienen. Doch auch diese Umsatzquelle versiegt zusehends: Schätzungsweise 50.000 verschiedene Geräte sind heute in der Unterhaltungselektronik auf dem Markt – eine unüberschaubare Masse von Video-und DVD-Recordern, HiFi-Anlagen, CD- und MP3-Playern, Radios und so weiter und so fort. Keine Werkstatt kann bei dieser Masse von Einzeltypen noch den Überblick behalten. Darum ist das Fachgeschäft in vielen Fällen zur reinen Durchgangsstation degeneriert: Defekte Geräte werden an die Zentralwerkstätten der Hersteller weitergeleitet und dort repariert. Sehr zum Schrecken der Kunden: Diese werden nämlich nach wochenlanger Wartezeit häufig mit der Bemerkung „Reparatur lohnt sich nicht!“

abgespeist und für diese Auskunft haben sie in aller Regel noch eine Kostenvoranschlagsgebühr von 30 bis 50 Euro hingelegt. Wer lässt schon einen DVD-Rekorder für 100 Euro reparieren, wenn er ein neues, mindestens gleichwertiges Gerät für 150 Euro bekommt? Hier haben wir es also mit einem Problem zu tun, das gleich viele „Mitspieler“ in Mitleidenschaft zieht:

- *Die Konsumenten:* Sie müssen bei Defekten in den meisten Fällen für ein neues Gerät tief in die Tasche greifen.
- *Die kleinen Fachhändler:* Sie verlieren durch die Gerätevielfalt und die kurzen Produktzyklen eine wichtige Umsatzquelle, nämlich das Reparaturgeschäft.
- *Die Umwelt:* Durch die Ex-und-hopp-Politik der Hersteller wird eine unglaubliche Ressourcenverschwendung betrieben.

Der „lachende Vierte“ in diesem Drama ist die Industrie: Die hat selbstverständlich kein Interesse daran, Altgeräte preiswert zu reparieren – lieber kurbelt man den Verkauf von neuen Geräten an. Natürlich gibt es Zentralwerkstätten für die absoluten Reparatur-Hardliner unter den Kunden, die sich partout weigern, ihr Gerät in den Sondermüll zu werfen. Aber es ist natürlich klar, dass die Hersteller auch diese Minderheit am liebsten ganz abschaffen würden.

Lässt sich auch diese diffizile Problemlage durch Spezialisierung lösen? Ich wette, Sie ahnen, wie die Antwort lautet: Ja! Detlef Vangerow fand tatsächlich eine Lösung für das Problem. Die Kernprobleme im Reparaturgeschäft sind nämlich das Reparatur-Knowhow und die Lerngewinne: Wenn ein Fachhändler jeden Tag ein anderes Gerät repariert, muss er sich jeden Tag wieder neu in eine ihm mehr oder weniger fremde Materie einarbeiten. Genau deswegen sind Reparaturen so teuer: Nur 20 Prozent der Kosten gehen für das Ersatzteil drauf, der Löwenanteil entfällt auf die Arbeitszeit für die Fehlersuche. Diese Suchzeit könnte man auf ein Minimum reduzieren, wenn man Spezialisten für einzelne Gerätetypen ausbilden würde, die in kürzester Zeit Fehler aufspüren und beheben könnten. Mit dieser Aufgabe wäre ein einzelner Fachhändler allerdings überfordert, denn das würde nur funktionieren, wenn er hunderte von Mitarbeitern hätte, die sich jeweils auf die Reparatur bestimmter Geräte spezialisieren würden. In einem Netzwerk von Fachhändlern könnte dies jedoch sehr wohl gelingen.

Detlef Vangerow probierte zunächst selbst aus, ob die Lerngewinne durch die Spezialisierung tatsächlich so groß waren wie erhofft. Er suchte sich unter allen Problemgeräten die problematischsten aus: die CD-Player. Bei denen lohnt sich die Reparatur nämlich überhaupt nicht. Über die Firma ASWO, den Marktführer für Ersatzteilbeschaffung von Geräten in der Unterhaltungselektronik, bekam er die notwendige Menge von „Übungsgeräten“ und die entsprechenden Schaltpläne.[22] Die ersten Erfahrungen waren frustrierend: An manchen Geräten dokterte er zwei Tage herum, bis er den Fehler fand. Doch nach der Reparatur von rund 200 Geräten stieg die Produktivität (wie bei guten Spezialisierungen üblich) dramatisch an: Ein Pioneer-Gerät, an dem er sonst Tage gesessen hatte, reparierte er schließlich in weniger als 30 Minuten. Zu diesem Zeitpunkt war Detlef Vangerow der beste CD-Reparateur in Deutschland: Er konnte nämlich tatsächlich alle gängigen CD-Player auf dem Markt reparieren. Schließlich ging Detlef Vangerow dazu über, andere Fachhändler in das System einzubeziehen, wobei wieder die Firma ASWO bei der Anwerbung neuer Händler Hilfestellung leistete. Das Spezialisierungsprinzip wurde noch weiter verfeinert. Jeder Händler übernahm einen anderen Gerätetyp: Einer reparierte nur Sony-Geräte, andere nur Grundig/Philips, Pioneer oder Hitachi. Jeder Händler wurde eingearbeitet und partizipierte an Detlef Vangerows Erfahrungen. „Durch die noch feinere Spezialisierung haben mich die Partner schnell in Sachen Know-how überflügelt“, erinnert sich Vangerow. Schon nach wenigen Monaten arbeitete das System profitabel. Aufgrund der Erfahrungen konnte man den Kunden in 80 Prozent der Fälle einen Festpreis garantieren.

Zehn Jahre nach Gründung des Systems waren rund 80 Spezialwerkstätten und 300 kooperierende Werkstätten angeschlossen. Längst werden nicht mehr nur CD-Player angenommen, heute können auch Camcorder sowie Videogeräte innerhalb des Systems repariert werden. Jeder Händler bleibt aber auf jeweils einen Gerätetyp spezialisiert. Er kann alle Reparaturen annehmen und schickt sie per Post an den jeweiligen Spezialisten. Bisher wurden im Vangerow-System rund 400.000 Geräte repariert (Stand: Ende 2005). Davon wären 90 Prozent mit Sicherheit auf der Müllkippe gelandet. Schön für die Umwelt. Schön für die Menschen. Schön für die Fachhändler, die sich über das Reparaturgeschäft und ihre zufriedenen Kunden freuen. Und auch schön für die Firma ASWO, die das Ganze mit Rat und Tat über den Unternehmensberater Jörg Lüttgau unterstützte: Je besser nämlich das Reparaturgeschäft läuft, desto besser geht es ASWO, die vom Verkauf der Ersatzteile lebt. Übrigens: Alle „Fachleute" hatten Lüttgau und Vangerow das Scheitern prognostiziert – unter anderem, weil sie die Kooperationsfähigkeit der Händler massiv unterschätzt hatten.

Drei Dinge sind aus meiner Sicht an diesem Fall wichtig:

- Wenn Sie sich auf ein Problem spezialisieren wollen, für das es noch keine akzeptable Lösung gibt, lassen Sie sich bitte nicht von den negativen Glaubenssätzen Ihres Umfeldes beeindrucken, sondern gehen Sie selbst (selbstverständlich gemeinsam mit Ihrer Zielgruppe!) Ihren Weg.
- Suchen Sie sich bei kniffligen Problemlösungen frühzeitig Kooperationspartner, um unnötigen Ressourcenverzehr (Geld, Energie, Lebenszeit ...) zu vermeiden. Es ist fast immer so, dass außer der Zielgruppe noch andere Mitspieler Interesse an der Lösung des Problems haben – wie hier die Firma ASWO. Diese kann man frühzeitig in den Innovationsprozess einbinden.
- Problemspezialisten erfüllen in aller Regel volkswirtschaftlich wichtige Aufgaben, weil sie technische und organisatorische Innovationen beschleunigen. Bei Vangerow war dieser Effekt besonders augenfällig.

Der Vangerow-Berater Jörg Lüttgau schuf nach diesem Vorbild noch ein zweites System: den Monitor-Service. Auch hier war wieder die Ausgangsfrage: Wie kann man Fernsehfachhändlern zu mehr Umsatz verhelfen? Indem man ihnen Aufträge verschafft, die sie aufgrund ihres Know-hows gut abwickeln können und die von anderen sträflich vernachlässigt werden. Diese „Lücke“ entdeckte Lüttgau in der Reparatur von PC-Monitoren. Für die fühlen sich die „normalen“ PC-Händler nach Ablauf der Garantiezeit in den wenigsten Fällen zuständig. Für die „altmodische“, aus dem Fernseher stammende Bildröhrentechnik besitzen sie nämlich im Normalfall kein Know-how. Genau dieses hat – klarer Fall – der Fernsehfachhändler. Auch auf dem Monitor-Markt ist der Kunde der Leidtragende der „branchenüblichen“ Spielregeln: Während der Garantiezeit wird sein Gerät noch repariert und von da an lassen sich die Zentralwerkstätten der Hersteller ihre Dienste fürstlich entlohnen – selbstredend mit Bearbeitungszeiten von mehreren Wochen. Auch dieses Problem schrie nach einer Lösung: große Probleme – große Chancen. Jörg Lüttgau stieß auf diese Marktlücke über den Fernsehhändler Thomas Rafeld aus Chemnitz, der sich erfolgreich auf Monitor-Reparaturen spezialisiert hatte. Lüttgau konzentrierte sich nun mit dessen Zustimmung darauf, daraus ein bundesweites Franchisesystem zu kreieren. Der größte Engpass war dabei die Weitergabe des Reparatur-Know-hows: Jeder einzelne Fernsehtechniker erzielte nämlich bei der Reparatur der verschiedenen Marken höchst unterschiedliche Lerngewinne. Genau diese mussten jeweils dem ganzen System (allen angeschlossenen Partnern) zur Verfügung gestellt werden, damit ein Anreiz bestand, dem System überhaupt beizutreten. An eine Versandlösung an Markenspezialisten (wie im Fall Vangerow System Werkstätten) war wegen der Unhandlichkeit der Geräte nicht zu denken. Außerdem will ein Kunde seinen Monitor möglichst sofort zurückhaben, wenn er ihn am Arbeitsplatz braucht. Lüttgau entwarf ein datenbankgestütztes Informationssystem, in das alle Partner – gegen Entlohnung – ihre eigenen Lerngewinne in Form von Reparaturtipps einstellten. Hier wird das Prinzip „Wissen ist Macht“ durch die Kooperation außer Kraft gesetzt: Da alle Teilnehmer Gebietsschutz haben, hat ein egoistischer Wissensblocker (jemand, der keine Reparaturtipps weitergibt) keine Vorteile. Dieser strategische Dreh erwies sich als erfolgsentscheidend: Das Monitor-System etablierte sich binnen kurzer Zeit als Lehr- und Lerngemeinschaft. Dazu Lüttgau: „Um in Zukunft bestehen zu können, müssen sich Kleinstbetriebe auf eine

Infrastruktur verlassen können, die sie dort unterstützt, wo sie im Wettbewerb mit Großbetrieben allein hoffnungslos unterlegen wären."

„Und wie steht es mit den Spezialisierungsrisiken?", werden Sie nun zu Recht fragen. Völlig klar: Die Reparatur von klassischen Bildröhren-Monitoren ist zurzeit ein lukratives, aber aussterbendes Geschäft. Denn nach und nach hält die LCD-Technik mit formschönen Flachbildschirmen auf Deutschlands Schreibtischen Einzug. Als Spezialisierungsexperte hat Lüttgau schon vorgesorgt und sein System beizeiten auf weitere „Problemgeräte" ausgerichtet: Laptops und Notebooks. Auch hier sind Reparaturen nach der Garantiezeit extrem teuer und zeitaufwändig. Dazu kommt, dass auf diesen Geräten in aller Regel wichtige Daten gespeichert sind, die möglichst schnell wieder zur Verfügung stehen müssen. Lüttgau hat sein System erfolgreich auf diese neue Problemspezialisierung ausgerichtet. Wenn der Händler das Gerät nicht in kürzester Zeit reparieren kann, bekommt der Kunde sofort ein Ersatzgerät, auf dem alle seine Daten gespeichert sind. Der Notebook-Hersteller miro hat Ende 2001 einen Kooperationsvertrag mit dem Monitor-System abgeschlossen. Dort hat man sofort begriffen, dass es wesentlich kundenorientierter und preiswerter ist, auf ein Netz von bundesweit agierenden Spezialisten zuzugreifen, als eine kostenintensive Spezialwerkstatt zu unterhalten. Aus der Primärspezialisierung „Monitor-Reparatur" wurde das MOR Servicesystem, das sich nun für weitere Serviceaufgaben geöffnet hat (www.morservice.de).

Auch der Problemreparatur-Spezialist Vangerow baute noch „nebenher" ein zweites System auf, das innerhalb eines Jahres mit Abstand Marktführer wurde: Das Franchisesystem Check-up ist spezialisiert auf Schadensgutachten für Versicherungen rund um Unterhaltungselektronik, PC-Technik und Haushaltsgeräte. Denn wer könnte Blitz- und Überspannungsschäden besser beurteilen als derjenige, der solche Schäden repariert? Vangerow bietet den Versicherungen einen flächendeckenden und kostengünstigen Service an. Diese waren bis dato auf lokal operierende Gutachter angewiesen, die so hohe Honorare in Rechnung stellten, dass sich ihr Einsatz nur bei wirklich bedeutenden Schäden lohnte. Und seinen Spezialwerkstätten hat er eine weitere lukrative Umsatzquelle erschlossen.

Weniger Produkte – mehr Umsatz

Viele etablierte Unternehmen haben Angst vor Spezialisierungsprozessen, weil sie mit einer kleineren Produktpalette immer Einbußen bei Umsatz, Gewinn und Beschäftigung befürchten. Im Grunde wissen sie, dass sie viel zu viele unrentable Produkte und Kunden mit sich herumschleppen, doch die Angst vor dem „großen Schnitt“ und einer ungewissen Zukunft lässt das Weiterwurschteln allemal attraktiver erscheinen als eine klare Entscheidung. Häufig wartet die Führungsspitze mit den entsprechenden Umstrukturierungsmaßnahmen, bis ihnen das Wasser bis zum Halse steht und die Banken einen Strategiewechsel erzwingen. Die Rechnung „weniger Produkte = weniger Umsatz“ ist aber bei guter Spezialisierung nur eine vorübergehende: Der Umsatzverlust durch Aufgabe der schwachen Bereiche wird durch stärkeres Wachstum des „spezialisierten Restes“ mehr als ausgeglichen. Der Spruch „Weniger ist mehr“ gilt auch bei Spezialisierungsprozessen. Die auf Hochdruckreiniger spezialisierte Kärcher KG in Winnenden ist dafür ein gutes Beispiel[23], ebenso die Chemiefabrik Heinrich König & Co. aus Niederoldendorf in der Nähe von Frankfurt am Main.

Heinrich König & Co. war schon immer auf Chemikalien rund um die Holzver- und -bearbeitung spezialisiert. Im Programm befanden sich Beizen, Lacke, Grundierungen und Instandsetzungsprodukte, Pflege- und Reinigungsmittel. Auf dem Markt für Beizen, Lacke und Grundierungen war die Konkurrenz so hart, dass nur noch große Hersteller mit entsprechenden Kostenvorteilen einigermaßen profitabel arbeiten konnten. Darum entschied man sich 1972 für eine Bereinigung der Produktpalette: Man trennte sich vom größten Umsatzträger, den Beizen und Lacken, und konzentrierte sich von nun an ausschließlich auf die profitablen Instandsetzungsprodukte. Mit diesen löste man nämlich ein höchst dringliches Problem in der Möbelindustrie und im Handel: Jahr für Jahr entstehen dort Schäden in Millionenhöhe, weil Holz und Oberflächen bei der Verarbeitung und beim Transport beschädigt werden. Besonders peinlich ist das, wenn der Schaden erst beim Kunden bemerkt wird. Dann sind kostenintensive Ersatzlieferungen fällig, der Kunde muss lange Wartezeiten in Kauf nehmen oder er verlangt vom Lieferanten einen kräftigen Preisnachlass. So kosten schon winzig kleine Macken, Schrammen oder Absplitterungen den Händler oder Hersteller schnell mal einen Tausender – ganz zu schweigen von den Imageschäden. Heinrich König & Co. verfügt über eine riesige Produktpalette von Reparaturprodukten für alle möglichen Holz- und Kunststoffoberflächen, mit deren Hilfe die Oberflächen wieder „wie neu" aussehen. Durch die mutige Spezialisierung stieg der Umsatz rasant an, ohne dass es in der Übergangsphase zu nennenswerten Einbrüchen kam. Heute ist König & Co. Weltmarktführer mit einem Anteil von 30 Prozent; in Deutschland beträgt der Marktanteil 60 Prozent. Zur Zielgruppe gehören in erster Linie Möbelhäuser und Möbelhersteller sowie Schreinereien und Innenausbauer weltweit, aber auch Fensterhersteller, Treppenbauer, Hersteller von hochwertigen Radio- und Fernsehgehäusen, Messebauer und die Automobilindustrie, in der edelste Hölzer für den Innenraum verarbeitet werden.

Im Fall der Spezialchemie-Fabrik Heinrich König & Co. ist ein interessantes Phänomen zu beobachten: Was auf den ersten Blick wie eine kleine Nische aussieht (Reparatur von angeschlagenen Holzoberflächen), erweist sich als respektables Geschäftsfeld, wenn man einmal von der Problemlösungsfähigkeit (hier: Reparatur von Holzoberflächenschäden) auf die Verwendungszwecke und die Zielgruppen schließt. Bei Heinrich König & Co. erwägt man auch, irgendwann an private Haushalte zu liefern – was den Markt natürlich enorm verbreitern würde. Interessant ist hier auch der für Problemspezialisierungen typische Wechsel von Spezialisierung und Diversifikation: Zunächst engte man die Produktpalette ein (Abschied von Produktgruppen mit hartem Verdrängungswettbewerb), dann wurde sie gezielt ausgedehnt – allerdings immer streng orientiert an der speziellen Problemlösung, für die das Unternehmen (und vor allem die Zielgruppe!) steht.

Im Namen der Problemspezialisierung lassen sich natürlich die irrwitzigsten Diversifikationen rechtfertigen – immerhin verhält es sich mit den Kundenbedürfnissen und -problemen wie in dem bekannten Spruch von Wilhelm Busch:

„Mein lieber Freund, ich rate Dir, hüte Deine Zunge
ein jeder Wunsch, wird er erfüllt, kriegt automatisch Junge.“

Die Kundenwünsche sind unendlich. Und unendlich sind auch die Möglichkeiten zur Ausdehnung der Produktpalette. Die Grenze liegt immer in der Zahlungsbereitschaft des Kunden und in der Beherrschbarkeit der Prozesse: Sobald die Spezialisierungsvorteile verloren zu gehen drohen, muss man sich ernsthaft fragen, ob der Preis, den man dafür zahlt, gerechtfertigt ist.

Hier noch ein paar Beispiele für Problemspezialisierungen, um Ihnen eine Vorstellung davon zu geben, wie „speziell“ solche Spezialisierungen ausfallen können:

- Die Heinz Kipp GmbH in Kornwestheim war einst ein „ganz normaler“ Malerbetrieb und ist heute Spezialist für Markierungen in Sportanlagen und Industriegebäuden. Rund 80 Prozent aller Markierungen in deutschen Sporthallen und -außenanlagen stammen von Kipp; darüber hinaus sind die Mitarbeiter in ganz Europa, Asien und Amerika im Einsatz. Das Unternehmen besitzt ein tiefes Spezialwissen über Dutzende von Sportarten sowie die dazu passenden Spielfeldabmessungen. Damit die Sportstätten internationalen Wettbewerbsbedingen standhalten, ist millimetergenaues Arbeiten bei den Markierungen erforderlich. Zudem ist die Heinz Kipp GmbH Inhaber von Patenten spezieller Lacke und Kunststoffe, die extrem belastbar und dauerhaft sind.
- Die STS Speed Training System in Mannheim-Käfertal bringt Sportlern das Sprinten bei. Egal, ob Fussball-, Tennis- oder Hockeyspieler: zu STS kommen Profis, die explosives Antreten und schnelles Durchstarten benötigen, um noch besser zu werden.

- Der Bieberer Brillenladen in Offenbach ist Spezialist für Sportbrillen. Für 34 Sportarten bekommt man bei Lars und Gabriele Eckmann eine spezielle Brille. Zum Spezial-Know-how des Unternehmens gehört tiefes Wissen über die speziellen Anforderungen an eine Brille und Sonnenbrille in vielen Sportarten, ein spezielles Dioptrien-Berchnungsprogramm für die stark gewölbten Gläser sowie Sondermaschinen für die Anfertigung der Brillen. Fast überflüssig zu sagen, dass beide Inhaber begeisterte Sportler sind.
- Die Modutec GmbH in Au bei Freiburg ist eine ehemalige Allround-Schreinerei, die sich erfolgreich auf den Bau von Leitstellen von Polizei, Feuerwehr und Rettungsdienste spezialisiert hat. Modutec arbeitet mit 20 Mitarbeitern. Ein Viertel des Umsatzes wird im Export erzielt.
- Die Dellmax GmbH ist ein Franchisesystem, das auf das Ausbeulen von Autos ohne teure Neulackierung spezialisiert ist.
- Thomas Kipping ist Spezialist für Sportprothesen für den Hochleistungssport. Seine Kunden findet man beispielsweise auf den Paralympics und bei anderen Behinderten-Sportfesten.

Wenn Ihr Markt schon voll ist von Problemspezialisten, dann bietet sich die nächste Stufe der Spezialisierung an: die Zielgruppenspezialisierung.

2.3 Zielgruppenspezialisierung

Zielgruppenspezialisierungen sind die dritte und höchste Form der Fokussierung. Sie umfassen erstens die Ausrichtung auf ein Problem – besser: ein konstantes Grundbedürfnis – sowie zweitens die Konzentration auf genau definierte Zielgruppen. Hier ein paar Beispiele für Zielgruppenspezialisierungen:

- Der Reiseveranstalter Thomas Cook startet in die Wintersaison 2006/2007 mit dem ersten Reisekatalog für Alleinreisende.
- Der Handelskonzern REWE will seine Toom-Baumärkte stärker auf Frauen ausrichten.

- Die Wibromed GmbH und Co KG ist der erste Pharma-Versandgroßhändler in Deutschland. Das heißt, das Unternehmen fährt nicht – wie alle anderen der Branche – die Apotheken mehrmals am Tag mit einer eigenen Flotte an, sondern verschickt die Pharmazeutika preisgünstig mit normalen Paketdiensten. Dementsprechend ist das Unternehmen auf Apotheken auf dem Lande und in den Vorstädten spezialisiert, bei denen es reicht, wenn die Medikamente am nächsten Morgen verfügbar sind.
- Die Winterhalter Gastronom GmbH ist auf Hotellerie und Gastronomie spezialisiert (Problemspezialisierung „Geschirrspülmaschinen und Zubehör" für die Zielgruppe „Hotellerie und Gastronomie").

Zielgruppenspezialisierungen bieten sich besonders in zwei Fällen an:

- *Der Markt ist schon voll mit Primär- und Problemspezialisten, die alle mehr oder weniger austauschbar sind.* Optiker sind spezialisiert auf Brillen, Apotheken auf den Tausch von Arzneimitteln gegen Rezepte, Softwarehäuser auf die Lösung von IT-Problemen und so weiter. Hier bieten Zielgruppen weitere Differenzierungsmöglichkeiten über ganz spezielle, auf deren Bedürfnisse zugeschnittene Leistungen.
- *Der Markt ist zu groß, um mit den vorhandenen Kapazitäten Marktführer werden zu können.* Sie erinnern sich: Spezialisierungen sollen dazu dienen, Marktführer zu werden. Schon im vorangegangenen Kapitel (Problemspezialisierung) wurde auf die Bedeutung von Wünschen und Bedürfnissen für das Aufspüren von neuen Chancen, Marktnischen und Innovationen hingewiesen. Die sich daraus ergebenden Märkte und Geschäftsfelder können jedoch noch zu groß sein, um mit den vorhandenen Kapazitäten in einem überschaubaren Zeitraum Marktführer zu werden und/oder um sich vom Wettbewerb abzuheben. Auch in solchen Fällen empfiehlt sich eine weitere Segmentierung der Märkte durch Zielgruppen.

Zum Beispiel: Die Kärcher KG in Winnenden konzentrierte sich in den 70er-Jahren auf den Hochdruckreiniger. Zuvor hatte man sage und schreibe 18 zum Teil kurios anmutende Geschäftsfelder besetzt, aber nirgends herausragende Leistungen vollbracht. Dies sollte nun mit der Konzentration auf das erfolgversprechendste Produkt im Konzern behoben werden. Doch statt den Markt frontal anzugreifen, richtete man die Kräfte zunächst auf zwei besonders viel versprechende Zielgruppen: die Fassadenreiniger und die Kfz-Betriebe. Als man dort Marktführer war, diversifizierte die Kärcher KG ganz entsprechend ihren Kernkompetenzen sowohl hinsichtlich der Zielgruppen als auch in der Produktpalette (mehr dazu im Kapitel 4).

MLP: Marktsegmentierung durch Zielgruppenspezialisierung

Wenn Sie bis jetzt noch keinen Erfolg versprechenden Ansatzpunkt für eine Spezialisierung gefunden haben, dann hilft Ihnen mit großer Wahrscheinlichkeit das Denken in Zielgruppenkategorien, um ein Spezialgebiet zu definieren. Denn sehr oft macht erst die Zielgruppe den Weg in die Spezialisierung frei.

Der Finanzdienstleister MLP beispielsweise war zu Beginn auf frisch examinierte Akademiker, vorzugsweise Ärzte, spezialisiert. Jeder zweite deutsche Jungmediziner zählt zur Klientel des erfolgreichsten aller Finanzvertriebe, der zur Freude seiner Aktionäre Jahr für Jahr Rekordergebnisse einfährt. Anders als die Mitbewerber, die sich ganz auf die Vertragsunterschrift konzentrieren und sich darüber hinaus wenig Gedanken über das Wohl und Wehe ihrer Kunden machen, hat MLP den langfristigen Erfolg seiner Mandanten im Auge. Ärzte beispielsweise werden umfassend bei der Praxisgründung beraten. Aufgrund ihrer Spezialisierung und der entsprechenden Lerngewinne sind die MLP-Berater wahre Experten auf diesem Gebiet. Und da sie in der Regel selbst Akademiker sind, erfahren sie von ihren Kunden eine sehr viel höhere Akzeptanz als der klassische Versicherungsvertreter. Auch bei MLP sieht man die typische Erfolgsspirale des Spezialisten: Das klare Bekenntnis zu einer Zielgruppe bescherte dem Unternehmen wichtige Lerngewinne über deren Wünsche und Probleme. Das ermöglichte die Schaffung präziser Problemlösungen, und diese Problemlösungen erzeugten eine sehr hohe Anziehungskraft und positive Mundpropaganda. Dies wiederum erhöhte die Attraktivität für motivierte, gute Mitarbeiter, was zu noch größerer Kundenzufriedenheit führt, und so weiter. Übrigens ist MLP keineswegs ein Produktspezialist: Alle wesentlichen Finanz- und Versicherungsprodukte hat ein MLP-Berater im Portfolio – vorausgesetzt, das Preis-Leistungs-Verhältnis stimmt. Schon immer lag die Stärke des Konzerns in seiner Unabhängigkeit von Banken und Versicherungen. MLP-Gründer Manfred Lautenschläger widersetzte sich aus gutem Grund jedwedem Übernahmeangebot. MLP-Kunden konnten lange Zeit sicher sein, dass sie immer das beste Versicherungs- oder Finanzprodukt angeboten bekommen – und nicht das, an dem die Anteilseigner im Hintergrund am besten verdienen. Fast selbstverständlich wurde eine derart gute Strategie mit hervorragenden Zahlen belohnt: Viermal wurde die MLP-Aktie Sieger im Performance-Test des *manager magazins* und wurde Zehnjahressieger für die 90er. MLP-Aktionäre der ersten und zweiten Stunde konnten sich über eine „schier unglaubliche Performance“ (mm) freuen.

Ist irgendwo am Horizont ein Mitbewerber zu erkennen? Überraschenderweise nicht. Vielleicht liegt es daran, dass man Zeit und Engagement aufbringen muss, um eine so stabile Kundenbeziehung aufzubauen, wie MLP sie besitzt. Für Etablierte vom Kaliber einer Allianz ist so ein Weg zu mühsam, und kleineren Mitbewerbern fehlt es offensichtlich an der Fantasie, um über andere Zielgruppen eine ähnlich starke Position aufzubauen. Leichter ist es, die Versicherungsvertreter massenweise zu den Motivationsgurus zu schicken, um sie dort wahlweise über glühende Kohlen laufen oder in Scherbenhaufen springen zu lassen. Eine hochrangige Führungskraft eines Versicherungsvertriebs erläuterte mir seine Strategie noch vor wenigen Jahren folgendermaßen: „Wenn die Umsätze nachlassen, muss ich den Leuten nur kräftig in den Arsch treten, dann läuft es wieder.“ Meine bescheidene Meinung lautet, dass die Zeiten sehr schnell zu Ende gehen, in denen solche „Strategien“ zum Erfolg führen. Sog statt Druck – das ist das Erfolgsrezept der Zukunft. Und diesen Sog kann man besonders leicht durch gute Spezialisierungen und maßgeschneiderte Problemlösungen erzeugen.

MLP zeigt genau so schön die Diversifikationsrisiken: Getrieben vom Ehrgeiz, aus der Mediziner-Nische auszubrechen, erweiterte MLP seine Strategie Mitte der 90er auf die Zielgruppe „Akademiker". Doch welchen speziellen Nutzen kann MLP dieser Zielgruppe bieten? Anders als bei den Ärzten kann MLP der übrigen Akademikerwelt keinen wie auch immer gearteten Vorteil über den Verkauf von Finanzprodukten hinaus bieten. Akademiker sind viel zu heterogen, um einen gemeinsamen Nenner für einen speziellen Nutzen zu finden. Als dann noch der Grundsatz der Produktneutralität aufgegeben wurde, und MLP eigene Versicherungsprodukte einführte, war der Weg in den Verdrängungswettbewerb vorgezeichnet.

Zielgruppenspezialisierung für Kleinbetriebe

Zielgruppenspezialisierungen eignen sich ganz hervorragend für kleine und mittelständische Unternehmen. Die können sich durch diese Art der Marktsegmentierung die schönsten Rosinen aus dem Kuchen herauspicken und sich so aus dem Wettbewerb mit den „Großen" völlig ausklinken. Eines der faszinierendsten Beispiele für derartige Zielgruppenspezialisierungen war das Stadthotel in Lünen.

Auf den ersten Blick vermutet man nicht, dass sich hinter dem unscheinbaren Gebäude am Rande einer unspektakulären, vom Strukturwandel gebeutelten Kleinstadt[24] ein wahrlich spektakulärer Erfolgsfall verbirgt. Der Hotelier Wolfgang Schene konnte es sich nämlich über Jahre hinweg leisten, an die Auswahl seiner Gäste recht hohe Ansprüche zu stellen. Wer in seinem Seminarhotel ein Zimmerkontingent buchen wollte, musste auf jeden Fall fünf Tage „am Stück" von Montag bis Freitag bleiben. Und selbst wenn diese Bedingung erfüllt war, musste man sich unter Umständen bis zu einem Jahr gedulden, bis die Betten frei wurden: Das Stadthotel Lünen war nämlich regelmäßig zu über 90 Prozent ausgelastet – das sind Quoten, die ansonsten nur Hotels in Spitzenlagen wie dem Sheraton Hotel am Frankfurter Flughafen vorbehalten sind.[25]

Wolfgang Schene hat sich diese bemerkenswerte Position durch eine besonders intelligente Strategie erarbeitet. Kurz zusammengefasst verlief die Story folgendermaßen: In den 80er-Jahren erbte Schene das sehr renovierungsbedürftige, aber schuldenfreie Hotel von seinen Eltern. Normalerweise hätte er nun einen Kredit aufnehmen, das Hotel modernisieren und dann den branchenüblichen Preiskampf um jeden Gast austragen können. Doch genau das machte Wolfgang Schene nicht, denn er wollte die Frage, wie und wann er zu investieren hatte, nicht von den gängigen Glaubenssätzen der Branche abhängig machen. Stattdessen suchte er nach einer geeigneten Spezialisierung. Als aussichtsreiches Geschäftsfeld identifizierte Schene den Seminarmarkt. Doch auf diesem Markt herrschte natürlich auch vor 15 Jahren ein harter Konkurrenzkampf. Außerdem war das damals wenig attraktive Haus für einige Kunden schlichtweg indiskutabel. Die richtige Nische für das Stadthotel Lünen fand Schene schließlich über eine Zielgruppenspezialisierung. Er veranstaltete mit seinen Mitarbeitern ein Brainstorming und definierte zunächst die ideale Zielgruppe.[26] Diese:

- hatte einen großen Schulungsbedarf und kam regelmäßig, wenn möglich über mehrere Wochen,
- war nicht besonders verwöhnt und stellte keine Top-Ansprüche hinsichtlich der Einrichtung,
- verfügte nur über ein kleines Budget, denn hier konnte das Stadthotel einen besonders großen Nutzen bieten: Da weder Zinsen noch Abschreibungen finanziert werden mussten, konnte der Preis knapp kalkuliert werden. Blieben die Gäste mindestens fünf Tage, könnte auch bei einem vergleichsweise geringen Preis noch ein guter Deckungsbeitrag erzielt werden.

Nach einer methodischen Suche schälte sich die Zielgruppe „öffentlicher Dienst, soziale Institutionen und Sozialversicherungen" heraus und dort die jüngeren Auszubildenden. Diese wurden zwar in aller Regel in staatseigenen Bildungszentren ausgebildet, doch Spitzenbedarf wurde über „normale" Seminarhotels abgedeckt. Dort fungierte diese Zielgruppe mehr oder weniger als Lückenbüßer, denn das Bundesreisekostengesetz schreibt vor, dass Staatsdiener mit relativ geringen Budgets reisen müssen. Doch gerade das machte diese Zielgruppe für Wolfgang Schene interessant. Außerdem waren die jungen Gäste nicht gerade durch Luxushotels verwöhnt und fühlten sich in dem eigenwilligen Haus wohl. Auch das dritte Kriterium der Ideal-Zielgruppe stimmte: Die Ausbildungsgänge dauerten in der Regel mehrere Wochen, so dass für kontinuierliche Auslastung gesorgt war.

Eine kurios anmutende „Überspezialisierung“? Keineswegs! Denn die Zielgruppe sollte auf jeden Fall so groß (besser gesagt: klein!) ausfallen, dass sie problemlos zu den Kapazitäten passt. Für das Stadthotel Lünen mit seinen 80 Betten war diese Zielgruppe mehr als ausreichend groß. Schauen wir uns einmal an, ob sich die „klassischen“ Spezialisierungsvorteile im Stadthotel Lünen bemerkbar gemacht haben:

- *Leichteres Marketing:* Was machen „normale“ Seminar-Hotels, um ihre Betten zu füllen? Sie verschicken Mailings an Weiterbildende und Personalabteilungen, machen Telefonmarketing, gehen auf Messen, schließen sich Marketingkooperationen und Reservierungssystemen an. Wolfgang Schene musste nicht mit Kanonen auf Spatzen schießen, sondern konnte seine Zielgruppe (die Behörden) punktgenau erfassen. Er besorgte sich ein Bundesreisekostengesetz, schrieb nach diesen Vorgaben ein maßgeschneidertes Angebot und bewarb damit seine Zielgruppe mit durchschlagendem Erfolg. Heute hat Schene solche Werbeaktionen überhaupt nicht mehr nötig. Seine Kunden weisen eine bemerkenswerte Treue auf und buchen ihre Termine lange im Voraus. Neue Kunden kommen in hohem Maße über Mundpropaganda.
- *Bessere Problemlösungen:* Wer seine Zielgruppe genau definiert hat, kann für diese auch einen besonderen Nutzen bieten. Das durchschnittliche Hotel konkurriert um jeden Gast – egal, ob er eine Hochzeit oder eine Taufe feiert, ob er einfach nur Urlaub macht, geschäftlich unterwegs ist oder ein Seminar besucht. Entsprechend austauschbar sind die Hotels. Wolfgang Schene kannte

seine Zielgruppe sehr genau: Für seine junge Zielgruppe schuf er so etwas wie ein Erlebnishotel zum kleinen Preis: Die Räume sind farbenfroh gestaltet, überall stehen Spiele und Sportgeräte, in den Pausen gibt es Pizza und Eis statt der üblichen Plätzchenteller. Auch abends wird für Unterhaltung und sportliche Betätigung gesorgt.

- *Einfachere Organisation:* Die strategische Ausrichtung auf Dauergäste (Verweildauer von fünf Tagen) vereinfachte die Organisation schon ganz erheblich, da der Aufwand für Einchecken, Rechnungsstellung und Zimmerreinigung drastisch sank. Die kontinuierliche Auslastung erlaubte außerdem sehr viel günstigere Kalkulationen in der Küche und beim Personal. Als dann nach zwei Jahren die Vollauslastung erreicht war, waren gleichzeitig optimale Bedingungen für die Organisation geschaffen: Es gab keine Auslastungsschwankungen mehr mit allen negativen Folgen für Einkauf und Personalplanung, sondern Kontinuität und einfachere Abläufe auf allen Ebenen.
- *Weniger Wettbewerb:* Im Fall des Stadthotels Lünen könnte man sagen: Der Wettbewerb verschwand vollkommen. Das Hotel wurde komplett mit Seminargästen aus der Zielgruppe besetzt. Verirrte sich einmal ein Reisender zufällig dorthin, wurde ihm ein anderes Hotel empfohlen. „Als unmittelbar neben uns ein weiteres Hotel eröffnete, dachten alle, jetzt gehe es mir an den Kragen", berichtete Wolfgang Schene. Aber das war natürlich absurd, denn einen ähnlich hohen Nutzen bekamen seine Kunden so schnell nicht geboten. Außerdem hätte der Konkurrent dann genau die gleiche Strategie einschlagen müssen, was aber mit einem neu gebauten Hotel und entsprechenden Kosten in dieser Zielgruppe überhaupt nicht machbar war.
- *Steigende Gewinne:* Natürlich stiegen die Deckungsbeiträge und Gewinne mit wachsender Auslastung. Die Strategie war so erfolgreich, dass 1992 noch 18 Zimmer und zwei Seminarräume angebaut werden mussten – und das zu Zeiten, als die Hotellerie durch eine dicke Krise ging. Mittlerweile ist das gesamte Hotel renoviert und entspricht nun auch hinsichtlich Design und Ausstattung den Ansprüchen anderer Zielgruppen vollauf.

Und die Spezialisierungsrisiken? Es könnte natürlich theoretisch möglich sein, dass der öffentliche Dienst und die Sozialversicherungen ihre Aus- und Weiterbildungsaktivitäten drastisch einschränken oder dass das Lernen übers Internet (E-Learning) dem Seminartourismus ein Ende macht. Aber unter allen Hotels würde es den Spezialisten (mit dem größten Nutzen) wahrscheinlich als Letzten treffen. Und da sich solche Entwicklungen über einen langen Zeitraum ankündigen, bliebe genügend Zeit, sich andere Zielgruppen mit ähnlichen (oder anderen) Bedürfnissen zu erschließen. Besonders interessant am Fall des Stadthotels ist das Meistern der Verzettelungsgefahr. Die Kunden des Stadthotels waren nämlich so begeistert von dem Service des Hotels, dass sie dort auch Seminare für den gehobenen Verwaltungsdienst veranstalten wollten. Doch Wolfgang Schene winkte ab: Diese Zielgruppe (Akademiker zwischen 25 und 45) stellte ganz andere Ansprüche an ein Seminarhotel, und auch hinsichtlich der Altersstruktur passte sie nicht zu den jüngeren Azubis, die normalerweise das Stadthotel bevölkern. Zu einer guten Spezialisierungsstrategie gehört die Fähigkeit, zum richtigen Zeitpunkt auch einmal „Nein" zu sagen!

Ebenso interessant ist die Reaktion anderer Hoteliers auf diese sagenhafte Erfolgsstory. Ich lernte Wolfgang Schene auf einer Tagung kennen, nachdem er vor 200 Hoteliers kurz über seine Spezialisierung und seine Erfolge referierte. In der Pause war er überall das Gesprächsthema Nr. 1 – aber unisono war man der Ansicht, so ein Erfolg ließe sich nicht wiederholen, sei also in die Kategorie „Glück gehabt" oder „Zufall" einzusortieren. Von wegen! Ich wage zu behaupten, dass das Spezialisierungspotenzial in der Hotellerie nicht einmal ansatzweise ausgeschöpft ist! Gerade für Privathotels bieten sich hier noch unglaubliche Chancen.

Noch ein paar andere Spezialisierungen zum Thema „Hotel" gefällig?

- Schene selbst plante für ein verpachtetes Hotel in Garmisch-Partenkirchen eine Spezialisierung als „Doppelkopf-Hotel". Was passiert in diesem Hotel? Natürlich wird bei jedem Wetter und zu jeder Jahreszeit Doppelkopf gespielt! Und wie kommt man an

Kunden? Durch Anzeigen, Telefonmarketing, Marketingkooperationen oder Hotelmessen? Mitnichten. Der Zentralverband der Doppelkopf-Vereine ist sicher froh und glücklich, in seiner Vereinszeitschrift über dieses Hotel berichten zu dürfen. Klare Zielgruppe – klare Kooperationsmöglichkeiten – einfaches Marketing! Preisfrage: Was spielt Wolfgang Schene am liebsten in seiner Freizeit? Sie werden es kaum erraten: Doppelkopf!

- Die Hotelkette Hilton hat sich in ausgewählten Häusern in den USA der besonders ruhebedürftigen Reisenden angenommen. Dort werden Tiefschlafzimmer angeboten, die besonders gut gegen Außengeräusche isoliert sind. Die Aktion führte Hilton in Kooperation mit der National Sleep Foundation durch. Merke auch hier: Wer sich auf spezielle Probleme spezialisiert, ist besonders interessant für Kooperationspartner! Hier zeigen sich auch Spezialisierungsmöglichkeiten für größere Unternehmen: sicherlich wäre es für Hilton wenig ratsam, die gesamte Kette auf Schlafgestörte auszurichten, da diese Zielgruppe schwerlich sämtliche Betten des Konzerns füllen würde (zumindest nicht auf Anhieb). Aber man kann sukzessive in solche Zielgruppen hineinwachsen; und größeren Unternehmen fällt so etwas genau so leicht oder schwer wie kleineren. Der Zwang, quartalsweise über den Erfolg solcher Strategien berichten zu müssen, wirkt allerdings außerordentlich hemmend auf die Experimentierfreude im großen Stil.
- Einer der vielversprechenden Newcomer am US-Börsenmarkt war Extended Stay of America (WKN 898 478). Auf dem extrem umkämpften US-Hotelmarkt besetzt Extended Stay eine lukrative Nische, nämlich den Markt für Gäste, die mindestens für eine Woche oder gar für Monate eine Bleibe suchen.[27] Angeschlossene Hotels bieten weder Zimmerservice noch Restaurants, dafür gibt es in den Lodges eine Kochgelegenheit und den Vorteil, ein Zimmer zu Tagespreisen zwischen 25 und 70 Dollar mieten zu können – was bei kostenbewussten US-Unternehmen zunehmend gut ankommt. Statistisch gesehen schreiben angeschlossene Hotels schon nach sieben Wochen schwarze Zahlen.

- Das Hotel Weisseespitze im österreichischen Kaunertal ist gleich auf zwei Zielgruppen spezialisiert: auf Motorradfahrer und Rollstuhlfahrer. Hotelchef Charly Haferle ist selbst begeisterter Motorradfahrer und hat sein Hotel schon vor vielen Jahren ganz auf diese Zielgruppe zugeschnitten: Es gibt beispielsweise eine Waschanlage für Motorräder sowie eine Hebebühne mit Werkzeug. Da viele Biker lieber rustikal reisen, ist dem Hotel ein Campingplatz angeschlossen. Haferle kooperiert mit drei anderen Biker-Hotels im Alpenraum. Gemeinsam bietet man interessante Touren für die reiselustige Klientel an und profitiert so hervorragend voneinander, wenn die Gäste von einem Hotel zum anderen fahren. Auf die Zielgruppe Rolli-Fahrer stieß Haferle eher „zufällig", weil für diese auf dem nahe gelegenen Kaunertal-Gletscher regelmäßig Monoski-Kurse angeboten werden. Immer mehr Rollstuhlfahrer kamen ins Hotel Weisseespitze und so beschloss Charly Haferle, sich auch dieser Zielgruppe anzunehmen. Das gesamte Hotel wurde barrierefrei umgebaut und einige Zimmer komplett an die Bedürfnisse von Rolli-Fahrern angepasst. An der Bar und der Rezeption können Personal und Rolli-Fahrer auf Augenhöhe miteinander kommunizieren und mit vielen anderen kleinen und großen Maßnahmen wird hier der Zielgruppe signalisiert, dass man sich auf ihre Probleme und Bedürfnisse bestens eingestellt hat. Den einen oder anderen mag es überraschen, aber Zwei- und Vierradfahrer sowie „Normalos" verstehen sich glänzend im Hotel. Viele Hoteliers schrecken davor zurück, sich auf „Behinderte" einzurichten – in aller Regel weil sie Angst haben, dass diejenigen, die im landläufigen Sinne als nicht behindert gelten, das Haus dann meiden werden. Im Hotel Weisseespitze zeigt sich, dass solche Vorurteile unbegründet sind. Das mag daran liegen, dass der Chef keine Vorurteile hat – und das überträgt sich auf wundersame Art und Weise auf seine Gäste (mehr Infos: www.weisseespitze.com).

Der zwingende Nutzen: Wie man seine Machtposition verbessert

Zielgruppenspezialisierungen bieten wie keine andere strategische Variante die Möglichkeit, einen *dauerhaft* zwingenden Nutzen zu bieten, der zu sehr starker Kundenbindung und hoher Anziehungskraft führt. Sie erinnern sich: Spezialisierung allein ist kein Selbstzweck, sondern sie soll unter anderem dazu führen,

- mehr Sog auf den potenziellen Kunden auszuüben,
- sich aus der Masse der vergleichbaren Wettbewerber abzuheben
- und den eigenen Handlungsspielraum (sprich: die Machtposition) zu erhöhen.

Da die Zeiten weitgehend vorbei sind, in denen man das durch Druck erreichen konnte, gelingt es heute nur noch über einen herausragenden Nutzen. Dabei gilt die Binsenweisheit, dass die Zielgruppe diejenigen Angebote am stärksten honoriert, die auf ein ganz besonders dringendes Problem gerichtet sind. Und wie entdeckt man diese ganz besonders dringenden Probleme? Indem man sich mit den Menschen und deren Bedürfnissen intensiv auseinander setzt. Die meisten Unternehmen und Freiberufler haben viel zu heterogene Zielgruppen und tun sich daher schwer, so etwas wie einen gemeinsamen Nenner zu entdecken. Nehmen Sie das Hotel Weisseespitze: Wenn man selbst Motorradfahrer ist, weiß man aus Erfahrung, welche Wünsche und Probleme diese Zielgruppe auf Reisen hat, und es fällt dann relativ leicht, dafür spezielle Lösungen zu entwickeln. Hat man dagegen die Zielgruppe „alle Reisenden“, fällt es schon etwas schwerer, gute Profilierungsideen zu entwickeln: schönere Zimmer, bessere Küche, freundlicheres Personal, größeres Hallenbad – ein Wettbewerb, den man nie gewinnen kann, weil 99 Prozent aller Konkurrenten die gleichen Ideen haben! Aber man hat eine gute Chance, auf diese Art und Weise bei den oberen 20 Prozent mitzuschwimmen. Auch nicht schlecht. Aber sehr anstrengend.

Die wichtigste Voraussetzung dafür, einen wirklich zwingenden Nutzen zu entwickeln, ist eine Zielgruppe mit gleichen Wünschen,

Problemen und Bedürfnissen. Und wie so ein „zwingender" Nutzen aussehen kann, zeigt das Beispiel der Goblirsch Unternehmensgruppe in Münster, das einige Parallelen zum Fall MLP aufweist – nur in sehr viel stringenterer Form.

Gestartet war Firmengründer Michael Goblirsch als Finanzdienstleister, sprich: Versicherungsvertreter. Damals studierte er noch Jura und wollte sich nebenher etwas Geld verdienen. Eher zufällig – Goblirsch hatte in den Semesterferien bei der Zahnärztekammer gejobbt – konzentrierte er sich auf Zahnmediziner. Mithilfe ungewöhnlicher Akquisitionsmethoden schaffte er auf Anhieb im ersten Examenssemester einen Marktanteil von 50 Prozent, und zwar über den Verkauf von Krankenversicherungen. Richtig interessant wurden diese Kunden allerdings erst nach der Assistenzzeit, nämlich als die Niederlassung und damit die Praxisfinanzierung auf dem Programm stand. Um sich gegen die etablierte Konkurrenz durchsetzen zu können, entwickelte Michael Goblirsch in Kooperation mit einem Rechtsanwalt und einem Steuerberater eine Reihe von Workshops, in denen alle Fragen rund um die Niederlassung behandelt wurden. Da hier sehr fundierte Beratung geboten wurde, war es fast zwangsläufig so, dass auch die Finanzierung der Praxis über Goblirsch lief. Im Laufe der Jahre perfektionierte er sein Know-how rund um das Thema „Existenzgründung von Zahnärzten" immer mehr. Dabei ging es nicht nur um Finanzierung, sondern auch um Themen wie Strategie, Management, Personalführung und so weiter. Selbstverständlich ist Michael Goblirsch über diese Spezialisierung zu dem Spezialisten für Existenzgründungen von Zahnärzten schlechthin geworden. Lange überlegte er, ob er nach MLP-Vorbild in anderen Städten Niederlassungen gründen sollte. Doch statt des Marsches in die Breite entschloss sich Michael Goblirsch für den anderen Weg: die Entwicklung in die Tiefe der Probleme.

Denn mit der Niederlassung sind die Probleme des „Jungunternehmers" Zahnarzt keineswegs gelöst, sondern dann fangen sie eigentlich erst an. Selbst mit der besten Beratung im Vorfeld plagen den Zahnarzt nun diverse Ängste: Werden die Honorare ausreichen, um die laufenden Kosten zu decken? Wie steht das Unternehmen im Vergleich zu anderen da? Besteht Handlungsbedarf, und wenn ja, an welcher Stelle? Normalerweise informieren sich Freiberufler mithilfe der Monatsberichte des Steuerberaters, der betriebswirtschaftlichen Abrechnung (kurz BWA), über ihre wirtschaftliche Situation. Dazu Goblirsch: „Das, was in der BWA steht, hat mit dem Ablauf in der Praxis absolut nichts zu tun. Viele in der Finanzbuchhaltung erfassten Größen sind dafür völlig unbrauchbar. Wenn aber schon die Datenbasis falsch ist, dann sind natürlich auch die daraus entstehenden Kennzahlen falsch und Fehlentscheidungen vorprogrammiert. Wer sich auf die BWA verlässt, gerät leicht in Gefahr, sich entweder zu über- oder zu unterschätzen. Am Anfang ist es beispielsweise völlig normal, dass die BWA Verluste ausweist. Ein Existenzgründer verfällt dann leicht in Panik und drosselt die privaten Ausgaben auf ein Minimum. Dabei könnte es gut sein, dass er im Vergleich zu anderen einen hervorragenden Start hingelegt hat und locker mit seiner Familie einen schönen Urlaub genießen könnte. Doch auch das andere Extrem kennen wir: Die BWA gaukelt tolle Ergebnisse vor, doch eigentlich müssten schon die Alarmglocken schrillen, weil das Praxisergebnis bei genauerer Betrachtung nach unten zeigt.“ Darum gründete Goblirsch 1995 gemeinsam mit seinem Bruder Stephan das BRZ, ein Rechenzentrum für Zahnärzte: Es übernimmt für die Zahnärzte die Buchhaltung und leitet daraus aussagekräftige Kennzahlen ab, mit denen der Zahnarzt wirklich etwas anfangen kann. Im Großen und Ganzen lässt sich der Praxiserfolg an zwei Kennzahlen ablesen, die dem Zahnarzt sofort sagen, wie groß sein finanzieller Handlungsspielraum ist (sprich: wie viel er privat ausgeben darf) und ob die Produktivität und Wirtschaftlichkeit in der Praxis stimmen.

Mehrere Punkte sind hier bemerkenswert:

- *Konstante Grundbedürfnisse:* Michael Goblirsch ist aus seiner ersten sozialen Spezialisierung (Gründungsberatung für Zahnärzte) in eine erweiterte Spezialisierung hineingewachsen: die langfristige Sicherung des wirtschaftlichen Erfolgs seiner Zielgruppe. Diese Erweiterung des Geschäftsfeldes lag praktisch in der Verlängerung der ersten Spezialisierung und ergab sich damit fast zwangsläufig.

- *Kundenbindung:* Durch die Gründung des Rechenzentrums werden die Zahnärzte langfristig an das Unternehmen gebunden. Es ist klar, dass der Gründungsberater nach der Gründung nicht mehr allzu viel zu tun hat. Durch das BRZ wurden langfristige Kundenbeziehungen möglich.
- *Homogenität der Datenbasis:* Dadurch, dass im BRZ ausschließlich Daten einer extrem homogenen Zielgruppe erhoben werden (Zahnärzte nach der Gründungsphase), entsteht ein Datenpool von hervorragender Aussagekraft. Bei jedem seiner Mandanten kann Goblirsch sofort erkennen, wenn etwas aus dem Ruder läuft: Sei es, dass sich die Patientenzahlen unterdurchschnittlich entwickeln, dass sich die Umsätze untypisch auf die einzelnen Leistungsarten verteilen oder dass die Produktivität in der Praxis nicht stimmt. Es bleibt natürlich nicht nur bei der Diagnose der Ursachen, sondern es wird umgehend Abhilfe geschaffen. Das große Know-how der Firma Goblirsch über die Prozesse und Erfolgsfaktoren in der Zahnarztpraxis macht es möglich.
- *Anziehungskraft:* Je mehr Zahnärzte im BRZ engagiert sind, umso aussagekräftiger werden die Daten und umso größer sind der Nutzen und die Anziehungskraft des Systems. Mit jedem angeschlossenen Arzt wächst der Unternehmenswert gleich zweifach: einmal durch den höheren Deckungsbeitrag, zum anderen durch die Verbesserung der Datenbasis.
- *Nutzen:* Michael und Stephan Goblirsch haben sich nicht damit begnügt, die „normalen“ Buchhaltungsdaten zu erheben, sondern sie haben die für den Erfolg ihrer Zielgruppe relevanten Kennzahlen und Prozesse aus dem Wust der Zahlen herausgearbeitet. Kein Mensch hat Interesse daran, ellenlange Zahlenkolonnen auszuwerten, sondern er will in kurzer Zeit einen klaren Überblick über die Lage haben. Erst wenn sich Fehlentwicklungen abzeichnen, sind die Details interessant. Dies gelingt nur, wenn man ein tieferes Verständnis für die kritischen Erfolgsfaktoren seiner Mandanten hat – und das geht über Spezialisierung besonders leicht.

Mir ist bis heute schleierhaft, warum solche Zielgruppenspezialisierungen unter Steuerberatern und Buchhaltern nicht stärker verbreitet sind. Zugegeben: Es ist etwas anstrengender, sich tatsächlich mit dem wirklich Wichtigen zu beschäftigen, statt Belege zu verbuchen und Formulare auszufüllen. Doch der Nutzen eines solchen Beraters ist natürlich ungleich höher. Und natürlich hat dieser eine sehr viel größere Sicherheit und Kundenbindung als ein konventioneller Steuerberater.

Ein großer Vorteil der Zielgruppenspezialisierung ist die enge Kundenbindung. Wie bereits erwähnt, werden auch im so genannten B2B-Sektor die Kaufentscheidungen sehr viel mehr von emotionalen Faktoren abhängig gemacht als wir glauben mögen. Gute Zielgruppenspezialisierungen ermöglichen es, enge emotionale Bindungen zu den Kunden aufzubauen und dem Unternehmen darüber hinaus ein großes Sicherheitspolster zu verschaffen.

Einen der besten Zielgruppenspezialisten habe ich im bayrischen Eggenfelden kennengelernt: die Ulrich Brunner GmbH, mit 50 Prozent Marktanteil die klare Nummer eins für Kachelofeneinsätze. Firmengründer Ulrich Brunner hat sein Unternehmen Ende der 70er gegründet und hat die beiden diversifizierten und etablierten Platzhirsche Esch und Buderus innerhalb weniger Jahre auf die Plätze verwiesen – und das, obwohl die Brunner-Produkte deutlich mehr kosten. Durch das Produkt „Kachelofeneinsätze“ ist Ulrich Brunner natürlich auf die dazu gehörige Zielgruppe „Kachelofenbauer“ spezialisiert. Über seine exzellenten Produkte hinaus bietet Brunner seiner Zielgruppe einen extrem hohen Nutzen auf vielen Ebenen: 1998 ließ Brunner beispielweise von dem jungen Stararchitekten Markus Frank ein Zunfthaus bauen. In dem elliptischen, ganz in Holz und Glas gehaltenen Bau erlernen Ofensetzer den Umgang mit neuen und alten Techniken und Materialien. Im Zunfthaus wird gemeinsam gelernt, gearbeitet, gegessen, geschlafen und gefeiert. Meister, Gesellen und Azubis aus ganz Europa kommen hier tageweise zusammen, und natürlich lässt es sich der Chef nicht nehmen, bis in die Nacht mit seinen (potenziellen) Partnern am Feuer zu sitzen und zu feiern. Schon 1996 ließ Brunner vom gleichen Architekten die „Holzofen-Akademie“ entwerfen und bauen: ein wunderschönes High-Tech-Zentrum für regenerative Energien, das in seiner Art einzigartig in Deutschland ist. Hier befinden sich unter anderem die Entwicklungsabteilung sowie ein Multimedia-Vortragsaal, von dem sich in puncto Design und Ausstattung mancher Konzern eine Scheibe abschneiden könnte. In der Akademie finden Seminare für Handwerker, Meisterschüler, Bauherren und Architekten statt – allesamt Kunden oder Multiplikatoren für die Brunner-Produkte. Aus diesem engen Kontakt mit seiner Zielgruppe schöpft Ulrich Brunner die Ideen für noch bessere Problemlösungen und Produktinnovationen rund um das Thema „Holzbrand“. Ich habe noch nie erlebt, dass Kunden ein derart gutes Verhältnis zu einem Lieferanten haben wie bei Brunner. Als dieser vor einigen Jahren den luxuriösen Kreuzfahrt-Segler Sea Cloud charterte, schipperten 50 seiner Kunden (auf eigene Kosten!) mit ihm 14 Tage durch die Karibik. Legendär sind auch Brunners Sommerfeste: Alle Jahre kommen Ofensetzer mit Kind und Kegel, Zelten und Wohnwagen von weit her nach Eggenfelden, um dort drei Tage lang zu feiern. Hier kann man sich anschauen, wie „Relationship-Marketing“ wirklich funktioniert: nämlich mit Begeisterung und Hingabe für ein Produkt (den Kachelofen) und dem unbedingten Willen, seinen Kunden das Beste zu bieten.

Die Vorteile der Zielgruppenspezialisierung

Zielgruppenspezialisierungen sind die sicherste und damit langfristig profitabelste Form der Spezialisierung in den heutigen Zeiten, die von rasantem Wandel und starkem Wettbewerb geprägt sind. Hier sind in Kurzform die Gründe:

Größere Informationssicherheit und geringere Innovationsrisiken: Wer sich auf klar definierte Zielgruppen konzentriert, weiß zuverlässig, welche Leistungen von den Kunden honoriert werden und welche nicht. Das funktioniert allerdings nur dann, wenn man die Zielgruppen nach ihrer Problemgleichheit definiert. Stellen Sie sich beispielsweise vor, ein klassischer Supermarkt (alle Produkte für alle nur denkbaren Zielgruppen) würde von seiner Kundschaft in Erfahrung bringen wollen, welche Produkte zusätzlich ins Sortiment aufgenommen werden sollen. Das Ergebnis gliche mit größter Sicherheit einem heillosen Chaos: Liebhaber japanischer Küche würden mehr japanische Grundnahrungsmittel wünschen, preissensible Käufer würden sich für mehr Sonderangebote stark machen, notorisch Übergewichtige für mehr Diätprodukte und so weiter. Aus gutem Grund finden solche Umfragen nicht statt, denn ihr Aussagegehalt läge bei null. Stattdessen findet das Abstimmungsverhalten an der Kasse statt: Nur 20 Prozent aller Markenartikel im Lebensmitteleinzelhandel überleben die ersten zwei Jahre, der Rest ist unter der Rubrik „Fehlinvestition“ abzuschreiben – trotz aufwändiger Produktentwicklung, durchgestylter Verpackungen und ausgeklügelter Werbekampagnen. Nun stellen Sie sich einen Supermarkt vor, der sich auf verantwortungsvoll denkende Menschen spezialisiert und ausschließlich Frischwaren aus artgerechter Tierhaltung und biologischer Erzeugung im Programm hat. Hier braucht man nicht allzu viel Fantasie, um herauszunden, was die Kunden wollen: ein möglichst breites Sortiment von Lebensmitteln, die in diese Kategorie fallen. Jede Wette: Die Floprate unter den neuen Produkten würde gegenüber konventionellen Märkten dramatisch fallen, und zwar aus einem ganz einfachen Grund: Je besser man die Bedürfnisse und Wünsche seiner Kunden kennt, desto leichter fällt es, dafür maßgeschneiderte Lösungen zu entwickeln. Heterogene Zielgruppen haben heterogene Wünsche und Bedürfnisse; entsprechend schwierig ist es, für diese Lösungen zu entwickeln, die rentable Stückzahlen erreichen. Einige Autoren sind mittlerweile ebenso wie ich davon überzeugt, dass die Ökonomen und Manager viel von der Evolution und den Naturwissenschaften lernen können. Besonders die Experimentierfreude der Natur hat es ihnen angetan. Darum wird empfohlen, man solle in Sachen Innovation möglichst viele Varianten testen, um dann die überlebensfähigsten zu selektieren. Meiner Meinung nach ist das Unsinn: So experimentierfreudig, wie wir glauben, ist die Natur nicht. Wenn es zu Mutationen kommt, geschehen diese in aller Regel „engpassorientiert“, also an den aktuellen Umweltbedingungen und Überlebenschancen orientiert, und nicht zufällig „ins Blaue“ hinein. Natürlich muss ein Unternehmen über einen manchmal mühseligen Trial-and-error Prozess herausfinden, welches Produkt und welche

Dienstleistung von den Kunden am höchsten honoriert wird. Dieser Prozess kann wesentlich verkürzt und effektiver gestaltet werden, wenn man sich auf eine homogene Zielgruppe – also eine mit gleichen Problemen, Wünschen und Bedürfnissen – konzentriert. Denn von dieser Zielgruppe kann man klar und deutlich erfahren, mit welchen Leistungen ihre Wünsche erfüllt und Probleme gelöst werden können.

Leichteres Auffinden von Problemen und Innovationsmöglichkeiten: Je klarer man seine Zielgruppe erfasst hat, desto leichter fällt es, deren spezielle Wünsche und Probleme zu erfassen. Zur Erinnerung: In Zeiten gesättigter Märkte kommt es nicht mehr darauf an, wie viel Kapital man besitzt, sondern wie man bisher ungenutzte Bedarfspotenziale aufdeckt. Wer seine Zielgruppe und ihre Bedürfnisse genau kennt, dem fallen diese Ideen praktisch automatisch zu. Wer zu oberflächlich schaut, wird von Mutmaßungen hin- und hergerissen und findet entweder gar nichts, oder führt neue Produkte und Leistungen ein, die dann letztlich niemand braucht. Wer dagegen seine Zielgruppe genau abgegrenzt hat, dem fällt es nicht schwer, ganz spezielle Wünsche und Bedürfnisse aufzuspüren. Ein schönes Beispiel ist die zum VW-Konzern gehörende Firma Bentley, Spezialist für Fortbewegungsmittel der Upperclass. Für das britische Königshaus fertigte Bentley ein Spezialmodell mit teilweise kurios anmutenden Besonderheiten an: Das Fahrzeug ist mit weit schwingenden Türen ausgestattet, damit die Königin selbst mit ausladenden Hüten würdevoll ein- und aussteigen kann. Die Sitze im Fond sind einzeln höhenverstellbar, um zu vermeiden, dass ein größerer Sitznachbar (womöglich der Ehemann!) die Queen überragt. Motor und Getriebe sind speziell für Repräsentationsfahrten im Schneckentempo ausgelegt, wobei dann von Benzinverbrennung auf geruchlose Gasversorgung umgeschaltet werden kann, damit die Zuschauer nicht von übel riechenden Abgasen gepeinigt werden. Und damit die Königin auch einmal unbeobachtet ihre Nase schnauben kann, wurde der Innenspiegel für den Fahrer weggelassen.[28] Hand aufs Herz: Wer von uns „Normalsterblichen" wäre auf die Idee gekommen, solche „Extras" zu entwickeln? Solche Ideen bekommt man nur von der Zielgruppe selbst und vom Studium ihrer Gewohnheiten, Bedürfnisse, Ansprüche und Wünsche. Natürlich ist die Zielgruppe der „Royals“ weltweit so klein, dass es höchst fraglich ist, ob solche Investments profitabel sind – und das hier erwähnte Bentley-Modell dient natürlich in erster Linie der Steigerung des Bekanntheitsgrades. Das darunter liegende Prinzip ist jedoch wichtig: Das Spezialisieren auf Zielgruppen birgt unglaublich große Chancen, interessante Profilierungen und Ansätze zu Leistungsverbesserungen zu finden.

Leichteres Marketing: Wer alles für alle bietet, muss enorme Kräfte einsetzen, um sich mit seiner Werbebotschaft durchzusetzen, und dabei erhebliche Streuverluste einkalkulieren. Bei Massenmailings beispielsweise gelten Response-Quoten von 0,1 bis 0,5 Prozent als normal und akzeptabel. Welch gigantische Ressourcenverschwendung! Wer sich dagegen auf exakt definierte Zielgruppen konzentriert, muss nicht mehr mit Kanonen auf Spatzen schießen, sondern kann seine potenziellen Kunden punktgenau erreichen. Beispiel MLP: Der einst auf Jungakademiker (vorzugsweise Ärzte) spezialisierte Finanzdienstleister musste nicht – wie andere Mitbewerber – mit kostspieligen Anzeigenkampagnen und harten Vertriebsmethoden auf Kundensuche gehen. MLP fand seine Klientel in den Examenssemestern an den medizinischen Fakultäten. Oder denken Sie an die BVG (spezialisiert auf landwirtschaftliche Sozialversicherer) und an das Stadthotel Lünen (öffentlicher Dienst): In allen Fällen war die Zielgruppe mit geringem Aufwand zu erfassen. Aber es geht natürlich nicht nur darum, die Zielgruppe leichter zu erfassen – wesentliches Merkmal der Zielgruppenspezialisierung ist der hohe, einzigartige, maßgeschneiderte und zielgruppenspezifische Nutzen (zum Beispiel Gründungsberatung bei MLP). Dieser erzeugt einen Sog, der den Vertrieb natürlich enorm erleichtert.

Enge Kundenbindung – mehr Sicherheit: Gerade in Zeiten rasanten Wandels bietet die Zielgruppenspezialisierung eine Konstante, auf die man sich immer verlassen kann. Die Problemlösungen mögen sich verändern, doch die Bindung an die Zielgruppe bleibt bestehen. Mewes spricht in diesem Zusammenhang von einer „Hausmacht“. Wir wissen schon lange, dass es wesentlich teurer ist, einen neuen Kunden zu gewinnen, als Bestandskunden an das Unternehmen zu binden. Denken Sie an den Kachelofenspezialisten Brunner: Wer eine klar umrissene Zielgruppe hat, kann dieser einen sehr hohen Nutzen bieten und immer wieder neue, attraktive Leistungen anbieten. Es ist allerdings eine kleine, nicht unbedeutende Voraussetzung zu erfüllen: echte Sympathie und Zuneigung. Wer seine Zielgruppe lediglich als Cash-Lieferanten und Melkkuh betrachtet, wird sich schwer tun mit dauerhafter Kundenbindung.

Dazu ein Zitat von Gottlieb Duttweiler, dem Begründer des Schweizer Handelskonzerns Migros:

„Der stete Wille zu dienen hat etwas Unwiderstehliches an sich. Er verleiht geheime Kräfte über die Mitmenschen. Dieser Wille macht sehend für menschliche Zusammenhänge, die sonst verborgen bleiben. Er öffnet Wege ins Herz der Mitmenschen, die sonst verschlossen bleiben. Vor allem macht er die Bedürfnisse der Menschen sichtbar; und wer solche zu befriedigen vermag, der gewinnt von den kostbaren Substanzen ‚Achtung' und ‚Sympathie'."

Genau diese Einstellung ist notwendig, um ein guter und erfolgreicher Zielgruppenspezialist zu werden.

Kundenorientierung versus Zielgruppenspezialisierung

An dieser Stelle sei noch auf den entscheidenden Unterschied zwischen Kundenorientierung und Zielgruppenspezialisierung hingewiesen. Die „Kundenorienterung" ist ein Phänomen, das seit gut 15 Jahren durch die Wirtschaftsliteratur und die Mitarbeitertrainings geistert. Dahinter steht die ehrenvolle Zielsetzung, auf Kundenwünsche und -bedürfnisse immer besser zu reagieren und darüber Kundenbindung und steigende Gewinne zu erzeugen. Leider wird das Wort Kundenorientierung ab und an gleichgesetzt mit dem Zwang, es möglichst allen Kunden recht zu machen. Falsch verstandene Kundenorientierung ist darum der sichere Weg in die Verzettelung. Gerade technisch orientierte Unternehmen rühmen sich der Fähigkeit, jeden noch so ausgefallenen Kundenwunsch erfüllen zu können. Fragt man solche Unternehmer nach ihren Stärken, sind sie – zu Recht – von ihrer enormen Flexibilität begeistert. Diese Flexibilität geht jedoch immer zulasten der Produktivität. Auf jeden Kundenwunsch zu reagieren erfordert häufig Sonderanfertigungen oder individuelle Anpassungen, von der die Produktionsroutine gestört wird. Diese „Störungen“ sind natürlich auch willkommene intellektuelle Herausforderungen und nicht zuletzt ein möglicher Einstieg in neue Märkte. Ich kann Ihnen nur raten, solche Ausflüge in fremde Gefilde im Namen der Kundenorientierung zweimal zu prüfen. Intellektuell herausfordernd kann es auch sein, sich noch besser um die Wünsche der angestammten Zielgruppe zu kümmern. Und das Herangehen an neue Märkte sollte wohl überlegt und aus einer Position der Stärke heraus erfolgen – und nicht, weil man um jeden Preis einen neuen Auftrag braucht oder unfähig ist, einen Kunden an einen Mitbewerber abzugeben.

Für Zielgruppenspezialisten ist Kundenorientierung eine Selbstverständlichkeit. Allerdings mit einer feinen Einschränkung: nur bei denjenigen Kunden, die zur definierten Zielgruppe gehören. Wer auf Software für die Verwaltung der Tierarztpraxis spezialisiert ist, sollte bei Tierhandlungen „Nein“ sagen – Kundenorientierung hin oder her. Generell gilt: Treue zur Zielgruppe bis zur Marktführung – und erst dann diversifizieren.

2.4 Spezialisierungsformen für Wissensunternehmer

Ganz besonders die sogenannten „Wissensunternehmer“ – das sind Menschen, die in erster Linie davon leben, ihr Wissen und ihre Problemlösungsfähigkeiten zu verkaufen – können von Spezialisierungen enorm profitieren und darum sei ihnen hier ein besonderes Kapitel gewidmet. Was ist ein Wissensunternehmer? Das ist jemand, dessen größtes und wichtigstes Kapital zwischen den Ohren sitzt: sein Wissen, sein Know-how und seine Problemlösungsfähigkeiten. Sie erinnern sich: Einer der wichtigsten „Nebeneffekte“ der Spezialisierung sind die Lerngewinne. Diese sind bei wissensintensiven Leistungen naturgemäß besonders groß. Für alle Freiberufler wie

Ärzte, Anwälte, Steuerberater, Unternehmensberater oder Ingenieure (und für alle Unternehmen, die know-how-intensive Leistungen und Produkte anbieten) ist die Spezialisierung der Königsweg zum Erfolg, und zwar besonders dann, wenn man sich a) auf bestimmte Probleme und b) auf eine Zielgruppe konzentriert. Und da es ja Probleme ohne Ende gibt, gibt es gleichzeitig Spezialisierungsmöglichkeiten ohne Ende. Hier eine Auswahl:

Auf ein ganz besonderes Problem hat sich der Kölner Unternehmer Meinolf Agethen spezialisiert: Er bringt Transparenz in den sehr undurchdringlichen Markt für Gebäudereinigung. Zu seinen Kunden zählen große Finanzdienstleister, Einkaufszentren, Krankenhäuser und Kommunen. Allein dem Frankfurter Flughafen hat Agethen mit seiner Firma Clean-Consult-Concept Millionenbeträge eingespart. Das Kernproblem im Gebäudereinigungsmarkt ist in aller Regel die Vergleichbarkeit der Angebote und die genaue Definition des Begriffes „Sauberkeit“. Weil die Leistungen der Reinigungsunternehmen nur sehr schwer miteinander vergleichbar sind, geben sich viele Kunden mit der pauschalen Abrechnung über Quadratmeterpreise zufrieden und werden später für Sonderleistungen kräftig zur Kasse gebeten. Agethens Leistung besteht darin, detaillierte Leistungsverzeichnisse zu erstellen, die Angebote miteinander zu vergleichen und bestehende Verträge auf Verbesserungen zu prüfen. Clean-Consult-Concept verspricht Kostensenkungen um bis zu 30 Prozent ohne Einschränkung der Reinigungsqualität. Im Durchschnitt liegt die Ersparnisquote bei 20 Prozent. Auch hier: Je undurchsichtiger die Märkte werden, desto mehr Marktlücken tun sich für Experten auf, die sich ganz auf das Thema „Markttransparenz“ spezialisieren.

Ein anderes Beispiel: Fast schon so berühmt wie seine Mandanten ist der Hamburger Anwalt Matthias Prinz. Er ist spezialisiert darauf, die Persönlichkeitsrechte von Prominenten und Normalsterblichen zu verteidigen. Lieblingsgegner sind die Medien, die Prinz auf kräftige Schmerzensgelder verklagt, wenn diese unwahre Geschichten über seine Mandanten verbreiten oder deren Privatsphäre verletzen. Übrigens: Derartige Problemspezialisierungen sind meiner Meinung nach die besten Strategien für Anwälte. Allseits wird gern über die Juristenschwemme und die schlechte finanzielle Lage der vielen Einzelkämpfer unter den Anwälten geklagt. Noch 1997 empfahl darum Felix Busse, damals Präsident des Deutschen Anwaltsvereins, in der *WELT am SONNTAG*, die Anwälte mögen sich neue Betätigungsfelder wie Schlichtungen und Mediationen suchen, um ihre Umsätze aufzubessern. Nichts gegen Mediation – es ist sicherlich sehr sinnvoll, wenn jeder Anwalt diese Fähigkeit der Streitschlichtung erlernt. Aber als Strategie im Verdrängungswettbewerb kann das wohl kaum ausreichen und trifft auch nicht den Kern des Problems. Auch der Trend zur Billigberatung im Minutentakt zeigt nur das ganze Ausmaß der Hilflosigkeit, mit der die Anwälte auf den steten Zustrom junger Konkurrenten reagieren.

Ich bin der Meinung, dass Anwälte keineswegs ihre Geschäftsfelder ausdehnen (vor allem nicht, um erfolgreicher zu werden, denn das wird garantiert nichts) oder ihr Heil im Preiskampf suchen sollten, sondern dass sie sich vernünftige Spezialgebiete – sprich: Problemspezialisierungen – suchen sollten. Die „Spezialisierungen" unter Anwälten wie Familienrecht, Arbeitsrecht oder Steuerrecht sind noch immer viel zu allgemein, als dass sie vom Kunden (Mandanten) als solche richtig wahrgenommen werden. Monika Wagler aus Bamberg beispielsweise ist ausschließlich auf Unternehmer-Scheidungen beziehungsweise Scheidungen mit großen Vermögensauseinandersetzungen spezialisiert. Dies versteht sie besser als jeder andere in Bayern und sie hat natürlich durch diese Art der Spezialisierung sehr großes Know-how erworben. Alle anderen Aspekte des Familienrechts – wie etwa Sorgerechtsfragen – regelt sie über Kooperationspartner oder überlässt sie getrost anderen. Hier zeigt sich wieder eine typische Begleiterscheinung „richtiger" Spezialisierung: Einerseits verengt sich das Fachgebiet (hier: Scheidungen im Fachgebiet Familienrecht), andererseits wird tieferes Wissen aus angrenzenden Gebieten gefordert. Gerade in Wissensberufen führen Problemspezialisierungen immer zu ganzheitlichem, das enge Fachgebiet sprengendem Know-how.

Ein anderes schönes Beispiel ist der „eigentlich" auf Franchiserecht spezialisierte Anwalt Thomas Doeser aus Tübingen. Der leidenschaftliche Reiter veranstaltet seit dem Jahr 2004 einmal jährlich den Deutschen Pferderechtstag, an dem die größten Kapazitäten auf diesem Gebiet über die neuesten Entwicklungen berichten. Schon die erste Veranstaltung war in kürzester Zeit komplett überbucht – offensichtlich wurde hier eine sehr interessante Bedarfslücke gefunden.

Spezial-Know-how ist die beste Versicherung gegen Arbeitslosigkeit

Peter Knöß aus Bad Vilbel schafft als Berater die Quadratur des Kreises: Er ist auf Betriebskrankenkassen spezialisiert und spart dort Kosten, indem er den Versicherten einen höheren Nutzen bietet. Dass das eine das andere nicht ausschließt, hatte er schon als Geschäftsführer einer AOK unter Beweis gestellt: Dort hatte er innerhalb eines Jahres den Beitragssatz um einen Prozentpunkt senken können – und zwar nicht, indem gegenüber den Versicherten eine rigorose Sparpolitik betrieben wurde, sondern indem die Sachbearbeiter sich um die Kranken kümmerten und auf Einzelschicksale Rücksicht nahmen. Dann nämlich wurden Wartezeiten von Reha-Maßnahmen verkürzt, Heilverfahren schneller eingeleitet, Krankenhausaufenthalte verkürzt und chronisch Kranke besser beraten und betreut. Mit 51 machte sich Peter Knöß nach einer Umstrukturierung mit der Dienstleistung „Kostenmanagement für Krankenkassen" selbstständig. Auf Betriebskrankenkassen spezialisierte er sich, weil er dort – zu Recht – ein ausgeprägteres unternehmerisches Denken vermutete. Auf Anhieb war er in dieser Zielgruppe erfolgreich und schaffte es in jedem Fall, den Beitragssatz um einen Prozentpunkt und mehr zu senken. Was Peter Knöß mit seinem Konzept und seiner Arbeit leistet, mutet angesichts der verheerenden Flurschäden klassischer Kostensenkungsprogramme wie ein Wunder an. Denn alle Beteiligten profitieren: Die Sachbearbeiter der Kassen bekommen motivierendere Arbeitsinhalte (statt „Sachen zu bearbeiten", kümmern sie sich um Menschen), die Patienten werden besser betreut und vor Folgeerkrankungen bewahrt, die Mitglieder der Krankenkasse freuen sich über sinkende Beiträge. Also wieder „win-win" für alle.

Nebenbei bemerkt: 50 andere AOK-Geschäftsführer, die ebenso wie Knöß von der gleichen Umstrukturierungsmaßnahme betroffen waren, gingen in den Vorruhestand. Allein Knöß gelang es, auf seinen in der Festanstellung erworbenen Problemlösungsfähigkeiten eine erfolgreiche Beraterkarriere aufzubauen! Meiner Meinung nach gibt es keine bessere „Versicherung“ gegen die Risiken des Arbeitslebens als ein profundes Spezial-Know-how, das sich an den aktuellen Problemen und den Grundbedürfnissen einer Zielgruppe ausrichtet.

Mittlerweile dürfte sich herumgesprochen haben, dass die sogenannte Lebensstellung ausgedient hat. Die „Ich AG“ und das „prekäre Arbeitsverhältnis“ wird Experten zufolge die Arbeitsform der Zukunft sein: Die Menschen werden sich künftig in wechselnden Jobs wechselnden Arbeitgebern anbieten und sich dort bestmöglich zu vermarkten und zu verkaufen haben. Passenderweise befindet sich der Staat parallel dazu auf dem Rückzug aus dem Konzept der Rundumversorgung in allen Lebenslagen: Selbstverantwortung und Eigeninitiative soll der gute Staatsbürger künftig zeigen. Ich finde, aus solchen Forderungen spricht blanker Zynismus – zumindest so lange in den staatlichen Schulen die Kinder zu gleichgeschalteten, braven Befehlsempfängern erzogen werden, die mehr in ihren Defiziten als an ihren Stärken gefördert werden. Von Menschen, die 15 bis 20 Jahre in der Ausbildung gelernt haben, vorgekaute Aufgaben zu lösen, kann man schwerlich erwarten, dass sie blitzartig umschalten und plötzlich zum Unternehmer in eigener Sache werden. Wenn sie dazu noch von Kindesbeinen an eingetrichtert bekommen, dass eine breite Bildung das beste Rezept gegen die Unwägbarkeiten des Lebens ist, dann Prost Mahlzeit!

Die bessere Lösung liegt darin, sich seinen eigenen Stärken und Leidenschaften entsprechend auf ein Grundbedürfnis einer Zielgruppe zu spezialisieren und ein Leben lang seine Lerngewinne zu kultivieren. Solche Spezialisierungen bieten größere Sicherheiten als jede Sozialversicherung und jeder Sozialplan.

Dr. Fritz Stoebe aus Ahrensburg zeigte, dass man auch jenseits der 50 noch zum begehrten Spezialisten werden kann, und zwar selbst dann, wenn man sein Spezialwissen zu diesem Zeitpunkt erst noch entwickeln muss. Stoebe gilt als Nestor des sogenannten Outplacements in Deutschland.[29] Die von ihm gegründete Outplacement-Beratung Dr. Stoebe, Kern & Partner war bis zu seinem Ausscheiden das führende Unternehmen seiner Art in Deutschland mit Niederlassungen in allen großen Städten der Republik. Von den 100 größten Unternehmen standen mehr als die Hälfte auf seiner Kundenliste. Was veranlasste Stoebe, sich auf dieses Problem zu konzentrieren? Es war der eigene Leidensdruck. Im Alter von 54 Jahren wurde Fritz Stoebe selbst als Topmanager arbeitslos. Damals – man schrieb das Jahr 1977 – war er nach einer abwechslungsreichen und erfolgreichen Managerkarriere seit 15 Jahren Geschäftsführer eines Familienkonzerns gewesen. Als der älteste Sohn des Eigentümers in die Firma einstieg, war Stoebe überflüssig geworden. Die Trennung traf ihn unvorbereitet und wie ein Schock. Von seinen vier Kindern steckten zwei noch mitten im Studium und die Chancen, mit 54 noch eine adäquate Position zu bekommen, schienen ihm gleich null zu sein. Stoebe beschäftigte sich mit der Spezialisierungsstrategie EKS. Diese inspirierte ihn dazu, ein Beratungskonzept für genau sein Problem zu entwickeln. Denn das Schicksal der Arbeitslosigkeit traf Jahr für Jahr tausende von Führungskräften. Aus eigener Erfahrung wusste er, dass die meisten kaum in der Lage waren, diese Situation zu bewältigen. Andererseits wusste er, dass die Trennungsgespräche mit verdienten Führungskräften auch für die andere Seite, nämlich die Personalchefs und Geschäftsführer, außerordentlich belastend waren. Private Karriereberater gab es schon lange. Stoebes Konzept sah anders aus: Der Arbeitgeber sollte den Berater dafür bezahlen, die Trennungsgespräche zu begleiten und dem ausscheidenden Manager dabei zu helfen, eine neue Position zu finden. Er wusste zu diesem Zeitpunkt noch nicht, dass in den USA bereits solche Beratungen unter dem wenig geglückten Namen „Outplacement" existierten. Fritz Stoebe entwickelte aus der EKS heraus sein Konzept. In der Zwischenzeit heuerte er bei einer Beratungsgesellschaft der Dresdner Bank als Geschäftsführer an, um den Lebensunterhalt für seine Familie zu sichern und um das Konzept zu entwickeln. 1979 – Stoebe war fast 60 – wagte er dann den Schritt in die Selbstständigkeit. Als er sich 1993 aus dem

Geschäft zurückzog, hinterließ er eine florierende Unternehmensberatung mit 35 Mitarbeitern. Auch hier sieht man wieder einen typischen Spezialisten-Werdegang: Am Anfang steht ein ungelöstes Problem – hier das für Arbeitgeber und Führungskraft gleichermaßen unangenehme Thema „Lösen eines Arbeitsvertrags“. Das Spezialwissen entstand in diesem Fall durch die Konzentration auf die Problemlösung innerhalb von nur zwei Jahren.

Für eine Spezialisten-Karriere ist es nie zu spät

Es ist also nie zu spät, um eine Spezialisten-Karriere zu beginnen! Leider kursieren in unserer Gesellschaft so schwachsinnige Überzeugungen wie „Was Hänschen nicht lernt, lernt Hans nimmermehr“ und anderer Unsinn, der uns glauben machen will, dass man jenseits der 50 zu nichts anderem mehr taugt als zur Vorbereitung auf den Ruhestand (Ausnahmen bilden das Amt des Bundespräsidenten oder des Papstes – dafür ist man mit 50 zu jung!).

Bitte vergessen Sie umgehend sämtliche „Gesetze“, die bezüglich irgendwelcher Altersbegrenzungen existieren. Für eine Änderung der Strategie ist man nie zu alt. Gerade für ältere Menschen, die ihr Leben lang Know-how und Beziehungen aufgebaut haben, liegen in der Problemspezialisierung riesige Chancen – sofern sie mehr Freude daran haben, anderen zu helfen, statt dem Ruhestand zu frönen.

Spezialisierungen müssen nicht auf innovativen Produkten/Leistungen basieren

Wir haben schon am Beispiel des Stadthotels Lünen gesehen, dass man für eine erfolgreiche Spezialisierung nicht immer auf herausragende Stärken und neueste Trends setzen muss. Das Schöne an Spezialisierungsstrategien ist, dass man nicht stets das Rad neu erfinden muss (zu sehen am Beispiel des Brezelbäckers Ditsch), sondern auch auf scheinbar „ausgelutschten“ Märkten noch herausragende Ergebnisse erzielen kann. Das Gleiche gilt natürlich und ganz besonders für Wissensunternehmer. Auch diese müssen nicht auf das innovativste, exotischste und ausgefallenste Wissensgebiet spezialisiert sein, sondern sie können sich auf völlig „normalen" Märkten hervorragend positionieren.

Ein gutes Beispiel ist die BVG Gesellschaft für Unternehmensberatung im friesischen Schortens. 1989 wurde die BVG von vier ehemaligen Mitarbeitern der Unternehmensberatung ADV Orga gegründet. Es war von Anfang an klar, dass sich das Team spezialisieren wollte. Aber worauf? Das Team besaß Spezial-Know-how über IDMS-Systemkomponenten des amerikanischen Softwarehauses Computer Associates (CA). IDMS war einmal die führende Datenbanktechnologie, galt aber Ende der 80er als veraltet. Der neueste Stand der Technik waren relationale Datenbanksysteme wie sie beispielsweise von Oracle angeboten wurden. Diese hatten den Vorteil einer einheitlichen, auch von Laien erlernbaren Abfragesprache, während die älteren Systeme nur von Spezialisten beherrschbar waren. Praktisch alle IT-Berater und Systemhäuser konzentrierten sich folgerichtig auf die neuen Technologien. Doch ein Datenbanksystem kann man nicht von heute auf morgen auswechseln – besonders nicht bei Unternehmen und Institutionen, die enorme Datenmengen im Bestand haben und über Jahre Riesensummen in ihre IT-Landschaft investiert haben. Diese wollen so lange wie möglich an ihrer Plattform festhalten, weil eine Umstellung schnell einmal 10 Millionen und mehr kostet. Viele Anwender weigern sich auch, auf Standardsoftware umzusteigen, wenn sie dadurch Wettbewerbsvorteile verlieren. Auch solche individuellen Softwarelösungen müssen gepflegt und weiterentwickelt werden. Probleme gab es also mehr als genug rund um das Thema „Veraltete Software", folgerichtig musste es auch Spezialisierungs- und Geschäftspotenzial geben. Die BVG-Gründer beschlossen, sich auf die „eigentlich" veraltete IDMS-Technologie zu konzentrieren. Die sich daraus ergebende Zielgruppe lag auf der Hand: Es waren die IDMS-Anwender. Innerhalb dieser Zielgruppe spezialisierte man sich auf die Teilzielgruppe „Sozialversicherer", und zwar aus zwei Gründen: Erstens hatten diese schon erheblich in Individualsoftware investiert (Problemdruck), zweitens gab es vom ehemaligen Arbeitgeber schon einige Kontakte zu dieser Zielgruppe, und hier insbesondere zu einem landwirtschaftlichen Sozialversicherungsträger in Stuttgart, die LSV. Dieser war der erste Großkunde, der dem neu gegründeten Unternehmen einen guten Start sicherte. Die LSV war Mitglied in der Anwendervereinigung IDMS Deutschland/Schweiz (AID). Dort wurde auch die BVG Mitglied und konnte darüber viele neue Kunden gewinnen. Auch hier sieht man wieder den klaren Vorteil der Spezialisierung: Durch die Konzentration auf die IDMS-Technologie wurde die BVG für IDMS-Anwender natürlich überdurchschnittlich attraktiv – und im gleichen Maße stieg die Bereitschaft, eine Zusammenarbeit zu prüfen. Die Fokussierung auf eine genau definierte Zielgruppe zeigte sehr schnell Wege auf, diese auch punktgenau zu erreichen (über die AID). Der mit der Spezialisierung verbundene Nutzen ließ infolgedessen auch so manchen Nachteil vergessen: der Standort fern von den großen Ballungszentren und die fehlenden Referenzen. Auch im Fall der BVG waren Geschäftsfreunde, ja sogar die Mitarbeiter extrem skeptisch, ob eine derartige Spezialisierung überhaupt erfolgreich sein könnte. Doch der Erfolg spricht für sich: In den ersten zehn Jahren stieg die Zahl der Mitarbeiter von 5 auf 85 und der Umsatz von 1 auf 14 Millionen DM. Dabei hätte das Wachstum noch sehr viel dynamischer verlaufen können, wenn es möglich gewesen wäre, mehr Mitarbeiter nach Schortens zu locken. Dieses Wachstum war natürlich nicht nur durch die Konzentration auf IDMS-Datenbanken zu erzielen. Diese Primärspezialisierung (hier: Konzentration auf eine Technologie) diente lediglich dazu, den Durchbruch bei der Zielgruppe zu schaffen. Von da an entwickelte man die Bandbreite der Leistungen immer weiter: Von der Pflege und Aktualisierung bestehender Anwendungen ging es zur Beratung bei der Auswahl und Implementierung neuer Systeme, Schulung der Mitarbeiter und Beratung in Management- und Organisationsfragen. Konstant geblieben ist die Zielgruppe, nämlich die Sozialversicherungen, wobei die landwirtschaftlichen Versicherer den größten Anteil am Umsatz haben. Die BVG ist die einzige IT-Unternehmensberatung in Deutschland, die sich auf diese Zielgruppe spezialisiert hat, und sie hat zwangsläufig ein extrem profundes Branchenwissen und beste Kontakte.

Lernen kann man aus diesem Beispiel Folgendes:

- *Erst spezialisieren:* Gerade bei der Gründung eines Unternehmens ist ein sehr spezialisierter Einstieg ratsam. Die BVG orientierte sich nicht am technisch Machbaren (ein verbreiteter Fehler in IT-Unternehmen, die gern an der Spitze des Fortschritts marschieren wollen und vermeintlich auch müssen), sondern an den aktuellen Problemen einer konkreten Zielgruppe.
- *Dann diversifizieren:* Ist man erst einmal als kompetenter Problemlöser etabliert, kann man die Leistungspalette sukzessive ausdehnen. Das Wichtigste ist dann, sich in einer Zielgruppe als Marktführer beziehungsweise bester Problemlöser zu etablieren (hier: die landwirtschaftlichen Sozialversicherer) und dann in benachbarte Zielgruppen zu diversifizieren (andere Sozialversicherer).

2.5 „Gute“ und „schlechte“ Spezialisierungen

Nun haben Sie die unterschiedlichen „Spezialisierungstypen“ durchgearbeitet. Schauen wir uns darum im Lichte dieser Erkenntnisse einige Spezialisierungsbeispiele aus unserem Alltagsleben an:

Die deutsche Handwerksordnung: Maler, Elektriker, Klempner ..., das alles sind wunderbare Beispiele missglückter Spezialisierungen. Besonders die „alten“ Handwerksberufe sind auf Primärspezialisierungen aufgebaut, also auf bestimmte Rohstoffe, Techniken oder Produkte bezogen. Haben Sie schon einmal ein Badezimmer renoviert? Dann haben Sie besonders schmerzhaft die Nachteile dieser Spezialisierungsform zu spüren bekommen. Mindestens vier „Spezialisten“ müssen Sie nämlich für diese komplexe Problemlösung koordinieren: einen Installateur, einen Fliesenleger, einen Maler, einen Elektriker. Wenn Sie Pech haben, müssen auch noch Maurer und Schreiner dazukommen. Jeder dieser „Spezialisten“ kann natürlich außer in Badezimmern im ganzen Rest der Welt wirken: in Ein- und Mehrfamilienhäusern, in Gewerbebauten wie Büros, Industrieanlagen, Atomkraftwerken, Krankenhäusern und so weiter und so fort. Was wäre kunden- und damit problemgerecht? Der Badezimmer-Spezialist, der komplexe Fähigkeiten bezogen auf ein schmales Einsatzgebiet hat. In der Schattenwirtschaft soll es diese spezialisierten Allrounder angeblich schon geben. Die Nachfrage schafft sich ihr Angebot eben auf allen möglichen Wegen – und wenn sie illegal sind. Doch es ist Besserung in Sicht: Die neuen Handwerksordnungen bewegen sich zunehmend in Richtung Problemspezialisierung, wobei in der Ausbildung komplexere, „ganzheitlichere“ Qualifikationen erworben werden. Weiter so, kann man da nur sagen!

Der Gesundheitsmarkt. Auch hier schreitet die Spezialisierung immer weiter voran. Wer heute als Arzt Erfolg haben will (sprich: einen hohen Privatpatientenanteil und/oder viele Selbstzahler anstrebt), muss entweder über eine gewinnende Persönlichkeit und Verkaufstalent verfügen oder über besondere Fachkompetenz (sprich: über Spezialwissen). Gerade unter Ärzten gibt es sehr viele Spezialisten, und zwar besonders in Kliniken: Experten für Nasenkorrekturen oder Handoperationen, für Knieverletzungen oder Brandwunden. Bei den Niedergelassenen schwindet die Spezialisierungsmotivation merklich: Hier dominieren die „spezialisierten“ Allrounder (Gynäkologen, Pädiater, Internisten ...), die innerhalb ihrer Fachrichtung ein recht großes Gebiet abzudecken haben. Gibt es hier Verbesserungsmöglichkeiten? Natürlich! Auch hier würde sich mit Sicherheit so mancher leidgeprüfte Patient über eine stärkere Problemspezialisierung freuen. Nehmen wir das Beispiel Schlafstörungen: Ein Allgemeinmediziner wird erst einmal eine Veränderung der Lebensgewohnheiten empfehlen und dann ein mehr oder weniger starkes Schlafmittel verschreiben. Für einen konventionell denkenden Schulmediziner wäre es ein absoluter Blödsinn, sich auf das Thema „Schlafstörungen“ zu konzentrieren – schließlich ist es keine besonders große Kunst, unter den diversen Präparaten der Pharmahersteller das „richtige“ auf den Rezeptblock zu schreiben. Doch wie würde ein Problemspezialist, der sich voll und ganz auf das Thema „Ein- und Durchschlafstörungen“ konzentriert, vorgehen? Er würde sich selbstverständlich aus dem engen Korsett der Schulmedizin befreien und würde hohe Kompetenz für andere, alternative Heilmethoden entwickeln. Akupunktur, Akupressur, autogenes Training, Kinesiologie, Homöopathie, Geistheilung, Bachblüten, Magnettherapie, Psychotherapie ... alle diese Heilmethoden haben etwas zum Thema Schlafstörungen beizusteuern. Der Problemspezialist würde also auf einem relativ kleinen Gebiet über einen sehr gut sortierten „Werkzeugkasten“ verfügen. Eine langweilige Spezialisierung? Mit Sicherheit nicht, denn sie bietet faszinierende Erkenntnisse und die Gelegenheit, ein Leben lang dazuzulernen. Ist es im Interesse des Patienten? Natürlich! Dem wird nämlich der bekannte Ärzte-Tourismus erspart (die Reise von einem Methodenspezialisten zum anderen). Und für die Krankenkassen wäre dies ebenso ein Segen, weil das bekannte Phänomen der Doppel- und Dreifachuntersuchungen entfallen würde. Nur die Pharmaindustrie wäre wohl nicht so begeistert ob der Konkurrenz der „alternativen“ Heilmethoden.

Ganzheitlich spezialisieren – Beispiel Zahnmedizin

Einst lernte ich in einem Seminar einen Zahnarzt kennen, der auf Kaufunktionsstörungen spezialisiert ist. Der lässt seine Patienten erst einmal durch die Praxis laufen, bevor er ihnen in den Mund schaut. Viele Fehlfunktionen haben ihre Ursache nämlich im Rücken oder im Becken: Wer schief steht, kann nicht gerade kauen. Statt nun an den Zähnen (und damit am Symptom) „herumzudoktern“, überweist dieser Spezialist so manchen Patienten erst einmal zum Orthopäden. Wäre es nicht schön, wenn der „Kauspezialist“ diese Qualifikationen in einer Person vereinigen könnte? Sicherlich würde er auf so manche „klassische“ Zahnarztqualifikation verzichten können; dafür könnte er sich vermehrt im Bereich Orthopädie schlau machen.

Soziale Spezialisierung im Handwerk

Hier zwei Beispiele, wie man es als Handwerksbetrieb besser machen kann.

Der Malermeister Werner Deck aus Eggenstein hat sich auf besonders servicebewusste und ältere Privatpersonen spezialisiert. Für diese bietet er ein Super-Service-Konzept: Die Maler räumen die

Wohnung aus und wieder ein, sie hinterlassen alles sauber aufgeräumt und geputzt, es werden verbindliche Kostenvoranschläge gemacht, selbstverständlich kommen die Handwerker superpünktlich und genau dann, wann der Kunde es will – zur Not auch spät abends oder am Wochenende. Das Konzept ist so erfolgreich, dass Deck daraus ein Franchisesystem schuf, das heute rund 170 Mitglieder hat. Übrigens: Werner Deck fand den Mut zur Spezialisierung erst, nachdem er fast pleite war. Zuvor hatte er nämlich wie alle anderen Malerbetriebe jeden Auftrag angenommen, und zwar ganz besonders gern Großaufträge im Gewerbebau. Als einer seiner Auftraggeber pleite ging, wurde er beinahe mit in den Abgrund gerissen. Allein auf seine neue Strategie gab ihm seine Bank noch einen Kredit.

Ähnlich war es bei Volker Geyer aus Büdingen: Auch er war als Malerbetrieb auf Großaufträge ausgerichtet und ging über die Pleite eines Subunternehmers beinahe selbst in Konkurs. Geyer spezialisierte sich danach mit halbierter Belegschaft auf hochwertige, kreative Wand- und Deckengestaltung. Dafür wurden alte Malertechniken wieder neu erlernt und weiterentwickelt: Lasieren, Spachteln, Marmorieren und Wickeln, dazu Putztechniken, Arbeiten mit Schablonen und Zierprofilen sowie Illusionsmalerei. Seine Zielgruppe sind Menschen, die besonderen Wert auf individuelle, künstlerisch gestaltete Wohnräume legen. Relativ schnell drehte sich eine positive Erfolgsspirale: Neue Aufträge kommen über die Mundpropaganda begeisterter Kunden – das ist immer sicheres Zeichen dafür, dass die Strategie stimmt. Zunehmend bekommt Geyer Bewerbungen von Malern aus ganz Deutschland, die künstlerische Ambitionen haben und wissen, dass sie in diesem Betrieb ihre Fähigkeiten voll entwickeln können. Spezialisierung schafft Anziehungskraft – auf vielen Ebenen!

Bessere Integration in die Umwelt und ganzheitliche Lösungen durch Problemspezialisierungen

Allein am Beispiel „Ärzte" und „Handwerker" kann man sehr schön nachvollziehen, warum die Spezialisierung – ab und an zu Recht –

keinen besonders guten Ruf genießt: An dieser Stelle wurde nämlich durch „falsche“ Arbeitsteilung der Blick für das Ganze verloren. Hier sind Problemspezialisierungen immer die bessere Alternative, denn sie führen zu ganzheitlichen Lösungen, größerer Kompetenz und besserer Integration in die Umwelt. Zum Glück hat sich dies auch schon bis ins Bildungssystem herumgesprochen. Auch dort kann man die Folgen traditioneller Fehlspezialisierungen besichtigen: Biologie, Physik, Chemie, Mathe ... Disziplinen, die naturgemäß miteinander verbunden sind, werden in Einzelteile zerhackt und völlig realitätsfremd „eingepaukt“. Die jedem Menschen angeborene Lernfreude bleibt dabei zwangsläufig auf der Strecke: Frustrierte, demotivierte Schüler und „ausgebrannte“ Lehrer sind die an allen Schulen zu besichtigenden Folgen. Im Projektunterricht moderner Prägung werden die künstlichen Grenzen der einzelnen Fächer und Disziplinen aufgehoben. Dort lernen die Kinder, Probleme ganzheitlich und in allen Facetten zu lösen. Denn genau das wird in Zukunft besonders wichtig sein: den Spagat zu schaffen zwischen ganzheitlichem, systemischem Denken einerseits und tiefem Wissen über spezielle Problemlösungen andererseits[30]. Und es wird in Zukunft mehr denn je erforderlich sein, mit anderen zu kooperieren, denn die Probleme werden immer drängender und komplexer, sodass sie kaum noch im Alleingang zu lösen sind.

Fokussierung – Kerngeschäft – Spezialisierung: die Unterschiede

Wie unterscheidet sich die Strategie der „Fokussierung“ und der „Konzentration auf das Kerngeschäft“ von der hier propagierten Spezialisierung? In erster Linie durch ihre klare Definition und einfache Handhabung. Praktisch alle „Kerngeschäftsstrategien“ leiden unter ihrer diffusen Abgrenzung. Beispielhaft dazu ein Zitat aus der 1985 verfassten Dissertation *Das Prinzip der Kräftekonzentration in der Unternehmensstrategie* von Matthias zur Bonsen: „Wenn man jemandem sagt, er solle das Prinzip der Konzentration beachten, wird er kaum wissen, was er ganz genau zu tun hat. Es stellen sich sogleich eine Menge Fragen. Wann und in welcher Hinsicht soll man sich konzentrieren? Kann nicht auch das Gegenteil richtig sein? Was bewirkt überhaupt die Konzentration? Das eine Wort ‚Konzentration‘ kann all diese Fragen nicht beantworten. Es gibt keine genauen Anweisungen für seine Umsetzung in die konkrete Realität. Das Prinzip der Konzentration ist gewissermaßen offen und in hohem Maße erklärungsbedürftig.“

Genau das ist das Dilemma der „Fokussierungsstrategien“, aus dem die Experten auch 15 Jahre später keinen Ausweg gefunden haben – leicht zu erkennen bei Chris Zook und James Allen von Bain & Company in ihrem Buch *Erfolgsfaktor Kerngeschäft – Zeitlose Strategien für Wachstum und Innovation*. Dort endet der Versuch, das „Kerngeschäft“ zu beschreiben, auf das man sich zu konzentrieren habe, in folgender Definition: „Für die Zwecke dieses Buches definieren wir das Kerngeschäft als die Menge aus Produkten, Kapazitäten, Kunden, Vertriebskanälen und Gebieten, die das Wesen eines Unternehmens ausmacht und das die Basis seiner Wachstumsmission verkörpert – die nachhaltige und profitable Steigerung seines Umsatzes.“ Das ist natürlich keine Definition, wie die Autoren auch unmittelbar einsehen: „Diese Definition ist, wie wir zugeben müssen, unscharf und dürfte erhebliche Auseinandersetzungen im Management nach sich ziehen.“ Auseinandersetzungen wohl kaum – aber dafür sehr viel Unsicherheit und Beratungsbedarf! Insgesamt ist ein grundsätzliches Problem der „Kerngeschäftsdebatte“ schon allein die Begrifflichkeit: Wenn man von „Kerngeschäft“ spricht, konzentriert sich der Blick automatisch auf das Unternehmen selbst, in dem man die Rettung vermutet – ebenso wie bei allen anderen „Heilsmethoden“ wie TQM etc. Der diesem Buch zugrunde liegende Ansatz geht immer von einer extravertierten, marktgetriebenen Sichtweise aus: „Spezialist für …“ ist immer bezogen auf *Lösungen*, auf Kunden. Häufig ist es nämlich gar nicht so wichtig, was das Unternehmen im „Kern“ kann, denn dies ist immer vergangenheitsbezogen. Viel wichtiger ist, wofür das Unternehmen in Zukunft stehen *will*, was es dazulernen und dazukaufen muss, um überlebensfähig zu sein. Die Strategie ist immer wichtiger als die organisatorischen Strukturen, die sich „dem Markt“ und den Kundenbedürfnissen anzupassen haben. Insofern endet das Thema

„Kerngeschäft“ (obwohl es prinzipiell in die richtige Richtung geht) häufig in einer Selbstbespiegelung – das ist zwar als erster Schritt okay, aber kann niemals als Strategie funktionieren. Das Wesen jeder Kerngeschäftsstrategie ist die Spezialisierung: ein Produkt, ein Verfahren, eine Methode, eine (komplexe) Problemlösungsfähigkeit, die das Unternehmen besser als alle Mitbewerber beherrscht und auf spezielle Kundenwünsche gerichtet ist, wobei der Spezialisierungsgrad von der Dichte des Wettbewerbsumfeldes vorgegeben wird. Man braucht auch nicht detaillierte quantitative Analysen, um dieses Kerngeschäft zu definieren, sondern in der Regel reicht gesunder Menschenverstand und das Wissen der Mitarbeiter und Vertriebspartner, um diese Wettbewerbsposition zu bestimmen, außerdem ein konstantes Grundbedürfnis sowie die Probleme der Kunden, um dieses Kerngeschäft weiterzuentwickeln.

Doch nun genug der Theorie. Wenn Sie durch die vorangegangenen Beispiele motiviert sind, sich selbst und/oder Ihr Unternehmen besser zu positionieren und zu spezialisieren, finden Sie im folgenden Kapitel eine kurze „Gebrauchsanleitung“ für den Weg zum passenden Spezialgebiet.

3 Methodik: So finden Sie Ihr Spezialgebiet

Wie werden Sie (respektive Ihr Unternehmen) ein erfolgreicher Spezialist? Indem Sie sich auf ein Produkt, eine Dienstleistung, eine Methode, ein Problem und/oder eine Zielgruppe konzentrieren. Daneben ist es nützlich, wenn dies mit einer Mission, einer Aufgabe, einer Problemlösung verbunden ist, die Sie (und alle Ihre Mitarbeiter) über viele Jahre motiviert und antreibt; kurz: bei der Sie mit Lust und Liebe bei der Sache sind.[31] Und dann gibt es natürlich noch ein zweites, nicht ganz unbedeutendes Kriterium: Es muss etwas sein, für das sich eine hinreichend große Zahl von Kunden in Form von Zahlungsbereitschaft und Nachfrage begeistert. Schwierig? Ja und nein. Wer seine Berufung schon in sich trägt, wird „sein" Spezialgebiet einfach in sich selbst und in seinem Unternehmen finden. Wer neugierig ist, einen unbezähmbaren Forschergeist besitzt, nicht nur eine, sondern möglicherweise dutzende von Seelen in seiner Brust trägt – der wird schwerlich auf Anhieb alle seine Talente und Neigungen unter einem Dach vereinigen können. Auch in Fällen, wo die blanke wirtschaftliche Not regiert (und damit die Tendenz, jeden gerade noch verfügbaren Auftrag zu erhaschen), ist der Drang zur Einschränkung (= Spezialisierung) verständlicherweise wenig ausgeprägt. In solchen Fällen ist natürlich auch das Selbstvertrauen so sehr im Keller, dass man sich vom Thema „Marktführung durch Spezialisierung" schon weitgehend verabschiedet hat, weil zunächst einmal das nackte Überleben zählt.

Konzentration auf Stärken ist nicht genug

Die Suche nach dem „richtigen" Spezialgebiet kann innerhalb von Minuten beendet sein, andere brauchen Wochen, Monate oder Jahre, um die recht einfache Frage „Welche Probleme möchte ich in Zukunft besser lösen als alle anderen?" zu beantworten. In einem Buch über Fokussierung fand ich den auf den ersten Blick einleuchtenden Tipp, man möge sich einfach auf die profitablen Produkte und Kunden konzentrieren. Bei allem Respekt: So einfach ist es natürlich nicht. Mit dieser „Strategie“ können Sie kurzfristig die Kassenlage verbessern, aber keine zukunftsfähigen Produkte und Dienstleistungen finden und entwickeln. Denn die Kernfrage kann niemals lauten „Womit verdienen wir heute Geld?“, sondern immer: „Womit wollen wir morgen unser Geld verdienen?“ Sprich: In welche Richtung wollen, sollen oder müssen wir Produkte und Dienstleistungen innovieren? Und mit statischen, allein aus der Kostenrechnung abgeleiteten Methoden kann man nicht langfristig Marktführer mit soliden Alleinstellungsmerkmalen werden. Das bedeutet aber nicht automatisch, dass ein Spezialisierungsprozess immer langwierig und kompliziert sein muss. Im Gegenteil: Manchmal liegt die passende Spezialisierung ganz einfach auf der Hand – wobei als Ausgangspunkt (und nicht als endgültige Lösung) die Zahlen und Ergebnisse einzelner Geschäftsbereiche oder Produktgruppen eine ganz eindeutige Sprache sprechen können, aber nicht müssen.

Spezialisierung bedarf keiner Begabung

Muss man für eine Spezialisierung eine herausragende Begabung mitbringen? Überraschenderweise nein! Bei starker Konzentration auf ein eng umrissenes Aufgabengebiet treten so starke Lerngewinne ein, dass selbst schwere Wettbewerbsnachteile wieder wettgemacht werden können. Auch hier wieder ein Beispiel aus dem Sport: Die Sprint-Legende Wilma Rudolph (Olympiasiegerin und mehrfache Weltmeisterin in den 60ern) litt in der Kindheit unter spinaler Kinderlähmung. Gail Devers (Goldmedaille in Barcelona) erkrankte an der Basedow'schen Krankheit und war schwerst gehbehindert. Rudolph wie Devers überwanden durch eisernen Willen und konsequentes Training ihr schweres Handicap. Oder man schaue sich den Golfer „Tiger“ Eldrick Woods an: Mit nur 21 Jahren gewann er als erster Afroamerikaner das berühmte Masters in Augusta und führt seit 1996 unangefochten die Weltrangliste an. Ein „Jahrtausendtalent“ urteilte die FAZ nach seinem fulminanten Start im Profilager.

Tatsächlich? Wenig später konnte man im SPIEGEL nachlesen, dass der kleine Eldrick schon von Geburt an von seinem Vater Earl zum Golfstar gedrillt wurde. Dieser balancierte beispielsweise den sechs Monate alten Säugling auf seiner Handäche – und festhalten durfte sich der Kleine an einem abgesägten Golfschläger. Kaum konnte das Söhnchen laufen, durfte es die ersten Bälle schlagen. Mit fünf Jahren trat das golfende Wunderkind in US-Fernsehshows auf und so ging es munter weiter bis zur Weltspitze. Man mag über die Perversität solcher Kinderdressur trefflich streiten. Doch eines ist unbestritten: „Talent" hatte allenfalls Papi Woods, der es auf geheimnisvolle Weise schaffte, seinen Sohn konsequent auf Erfolg zu trimmen, ohne dass dieser auf die verwegene Idee kam, einmal nachzuforschen, ob es auch noch einen anderen Lebenssinn geben könne als den, die Erwartungen seines Vaters zu erfüllen.

Fest steht: Sie brauchen kein Talent und keine Stärken, um die Nummer eins zu werden. Sie brauchen nur den Willen zur Spezialisierung und – je nach Wettbewerbssituation – eine gewisse Hartnäckigkeit, bis die weniger konsequenten Mitbewerber überflügelt sind.

Apropos Wettbewerbssituation: Anders als Sportler haben die Akteure auf den Märkten einen riesigen Vorteil. Sie können nämlich ihr Wettbewerbsumfeld und ihre Spielregeln weitgehend selbst bestimmen. Wer Sprinter werden will, kann zwischen drei Kurzstrecken wählen – aber mehr nicht. Wer es im 100-Meter-Sprint nicht „bringt", kann nicht einfach so eine 130-Meter-Disziplin ins Leben rufen, um eine neue Chance auf den Olympiasieg zu bekommen. Es gibt keine Möglichkeit, sich von weltweit hunderten professionell trainierenden Konkurrenten in irgendeiner Weise abzuheben als die, einfach schneller zu sein. Im „richtigen" Wirtschaftsleben ist das anders und einfacher: Hier kann sich jeder über das passende Spezialgebiet und/oder über die Zielgruppe seinen eigenen Markt kreieren, auf dem er die Nummer eins werden will – vorausgesetzt, er gründet diesen Markt auf bisher ungelöste beziehungsweise unbefriedigte Wünsche, Probleme oder Bedürfnisse. Die Spezialisierungschancen sind also erst dann erschöpft, wenn wir alle wieder im Paradies leben.

3.1 Der Start: die Stärkenanalyse

Obwohl es nicht unbedingt erforderlich ist, für ein künftiges Spezialgebiet ein angeborenes Talent (wenn Sie sich als Individuum strategisch neu positionieren wollen) oder eine starke Marktposition (wenn Sie ein Unternehmen oder einen Unternehmensbereich spezialisieren wollen) zu besitzen, ist es schön, wenn man auf bestimmten Stärken aufbauen kann. Der erste Schritt auf dem Weg zur Marktführung ist darum eine Bestandsaufnahme aller Stärken und Wettbewerbsvorteile. Beginnen Sie also Ihre strategische Neupositionierung mit einer Stärkenanalyse. Die folgenden Checklisten bieten dafür einen ersten Einstieg.

Stärkenanalyse für Freiberufler/Individuen

1 Welche formalen Bildungsabschlüsse haben Sie?
2 Haben Sie bereits ein Spezialgebiet besetzt?
3 Über welches Spezialwissen verfügen Sie?
4 Welche Problemlösungsfähigkeiten haben Sie in Ihrem Arbeitsleben bisher erworben? (Bitte formulieren Sie hier auch, welchen konkreten Nutzen Sie bisher haben bieten können.)
5 Was trauen Ihnen andere zu – welches Image haben Sie?
6 Über welche persönlichen Stärken verfügen Sie? (Bitte beschreiben Sie hier Ihre persönliche Kompetenz und Ihre Sozialkompetenz.)
7 Wo liegen Ihre größten Erfolge?
8 Wozu sind Sie am stärksten motiviert? Was tun Sie beruflich am liebsten?
9 Was möchten Sie am liebsten dazulernen?

Die beiden letzten Fragen sind die wichtigsten! Bitte schauen Sie sich jetzt die Ergebnisse an und notieren Sie sich die fünf größten Stärken.

Stärkenanalyse für Unternehmen

Diese Analyse können Sie auf ein gesamtes Unternehmen oder auf einzelne Bereiche anwenden.

1 Welche Produkte/Leistungen stellt Ihr Unternehmen her?
2 Wie unterscheiden sich diese Produkte und Leistungen von denen der Mitbewerber (Qualität, Preis, Service, andere Möglichkeiten ...?
3 Welche Produkte/Leistungen sind die erfolgreichsten und profitabelsten?
4 Wo liegen ganz allgemein die größten Stärken des Unternehmens?
5 Welche immateriellen Werte besitzt das Unternehmen (Patente, Lizenzen, Know-how, Stammkunden)?
6 Was denken Sie: Wofür ist Ihr Unternehmen am besten geeignet?
7 Welche Kundenprobleme löst oder löste das Unternehmen?
8 Welche mittel- und langfristigen Zielvorstellungen gibt es bei Ihnen (in Zahlen und Worten)?

Wählen Sie nun aus der Vielzahl Ihrer Antworten maximal zehn Stärken aus, die Ihnen besonders wichtig erscheinen, und schreiben Sie diese Stärken auf einen Notizzettel.

Schauen Sie sich die größten Stärken genau an. Manchmal ergibt sich direkt aus den Stärken eine Spezialisierung, die im gegebenen Wettbewerbsumfeld Sinn macht. Selbst wenn Sie nach dieser ersten Analyse schon ungefähr wissen, wie und worauf sie sich spezialisieren wollen, prüfen Sie die drei Spezialisierungsformen der Reihe nach durch: Je nach Wettbewerbssituation eine Primär-, eine Problem- oder Zielgruppenspezialisierung.

Die Spezialisierungsformen im Überblick

Primärspezialisierung

(= eine Spezialisierung auf ein Produkt, eine Dienstleistung, eine Methode, eine Technologie, einen Rohstoff, ein Wissensgebiet)
Kennzeichen: sehr schmale Produkt-/Leistungspalette, diverse Zielgruppen

Wettbewerbsumfeld: viele diversifizierte Mitbewerber, wenige oder keine Spezialisten für das fragliche Produkt, beziehungsweise die Dienstleistung

Nachfrage-Engpass: Preis, Qualität, Vertrauen

Spezialisierungseffekte: große Produktivitäts- beziehungsweise Lerngewinne, stark sinkende Grenzkosten, Marktführung durch Preis- und/oder Qualitätsvorsprung

Sinnvoll besonders dann, wenn durch die Spezialisierung auf das Produkt beziehungsweise die Dienstleistung besonders preiswert angeboten werden kann und sich damit neue Märkte erschließen.

Problemspezialisierung

(= eine Spezialisierung auf ein Problem beziehungsweise ein konstantes Grundbedürfnis)

Kennzeichen: breitere Produkt-/Leistungspalette mit gemeinsamem Fokus, diverse Zielgruppen

Wettbewerbsumfeld: viele Primärspezialisten, großer Preisdruck

Nachfrage-Engpass: ungelöste Probleme

Spezialisierungseffekte: Produktivitäts- und Lerngewinne, Know-how-Vorsprung, Marktführung durch überlegenen Nutzen und maßgeschneiderte Problemlösung.

Zielgruppenspezialisierung

(= eine Spezialisierung auf eine klar definierte Zielgruppe sowie ein konstantes Grundbedürfnis)

Kennzeichen: diversifizierte Produkt- und Leistungspalette, die sowohl auf konstante Grundbedürfnisse als auch auf klar definierte Zielgruppen ausgerichtet ist

Wettbewerbsumfeld: viele Primär- und Problemspezialisten

Nachfrage-Engpass: ungelöste Probleme, unpassende Standardangebote

Spezialisierungseffekte: zielgruppenspezifische Lerngewinne, Know-how-Vorsprung, sehr starke Kundenbindung, Marktführung durch zielgruppenspezifische, ganzheitliche Problemlösungen

Wie viel Spezialisierung sinnvoll und welche Spezialisierungsform notwendig ist, hängt immer von den Umweltbedingungen ab! Kernfrage ist immer, wie hart der Wettbewerbsdruck ist.

Beispiel: Wenn Sie als Optiker in einem kleinen Dörfchen sitzen und der nächste Wettbewerber kilometerweit entfernt ist, dann macht es wenig Sinn, sich auf eine bestimmte Zielgruppe oder ein Problem zu spezialisieren (außer, Sie haben LUST dazu!). Sitzen Sie allerdings in Frankfurt in der Berger Straße (dort treten sich elf Optiker gegenseitig auf die Füße), dann ist eine Spezialisierung mehr als angeraten. Manchmal reicht schon eine Stärkenanalyse aus, um in neue Geschäftsfelder und Spezialisierungen vorzudringen.

Ein Beispiel: Der 1912 gegründete schwäbische Textilveredelungsbetrieb Daiber aus Albstadt war eines von unzähligen kleinen Textilunternehmen, die sich im Rahmen der Strukturkrise in der Textilindustrie mehr schlecht als recht am Rande der Pleite bewegten. Viele Jahre hatte man durch Besticken und Bedrucken von Textilien versucht, sich am Standort Deutschland gegen die Billigkonkurrenz aus Ostasien zu wehren. Als dann Ende der 80er die Ostgrenzen fielen und die Importquoten verschwanden, begann in Deutschland das „zweite Textilsterben". Firmeninhaber Rolf Daiber stand wie viele andere Textilunternehmer vor der Alternative, wie ein Dinosaurier unterzugehen oder eine neue Marktnische zu finden. Eine Stärkenanalyse ergab folgende Pluspunkte:

- eine gute Ausstattung an Stickautomaten
- großes Know-how im Transferdruck
- Gespür für Modetrends
- gute Kontakte nach Fernost
- Flexibilität und Kundenorientierung

Welche Art von Problemen würde man mit diesen Stärken lösen können? Ein Brainstorming förderte als potenzielle Zielgruppe die werbetreibende Wirtschaft hervor: Diese benötigte zu Werbezwecken unter anderem bedruckte und bestickte T-Shirts, Jacken, Kappen, Hosen und vieles andere. „Dafür passten unsere Ausrüstung und unser Know-how wie in keinem anderen Unternehmen in Deutschland", erinnert sich Rolf Daiber. Er konzentrierte sich von Anfang an auf das hochwertige Segment.

Schnell entpuppten sich Baseball-Caps als „der Renner". Schon im „Spezialisierungsjahr" 1995 wurden 50.000 abgesetzt, zwei Jahre später waren es schon 4 Millionen. Rolf Daiber wurde der Spezialist für Caps. Er hatte 1,5 Millionen Caps auf Lager, von denen er 10.000 Stück täglich besticken konnte. Rund 30 verschiedene Modelle in 20 Farben waren verfügbar – vom hochwertigen Standardmodell bis zu topmodischen Cord- und Ledercaps. Zwischenzeitlich wurde eine Niederlassung in Hongkong gegründet. Häufige Besuche in den USA sorgten dafür, dass nur ja kein Szenetrend verpasst wurde. Rund um die Caps gab es ein Sortiment von T-Shirts und anderen Textilien. Muss man auf Caps spezialisiert sein oder kann man dieses Geschäft auch „nebenbei" mitnehmen? Oberflächlich betrachtet ja – doch wie immer steckt der Teufel im Detail: „Jugendliche beispielsweise entscheiden nach dem ersten Aufsetzen, ob das Cap weiter getragen wird oder ob es im Schrank verschwindet", sagt Daiber. Wer unmoderne Formen und Schnitte einsetzt, wird umgehend mit Missachtung der Zielgruppe gestraft. Rolf Daiber lieferte mit seinen Produkten die Problemlösung für zwei Grundbedürfnisse: erstens für den Bedarf an ausgefallenen modischen Accessoires auf Seiten der Verbraucher und zweitens für attraktive Werbegeschenke, die auch tatsächlich benutzt werden, auf Seiten der Unternehmen. Und die Spezialisierungsrisiken? Aller Voraussicht nach wird Daiber in 50 Jahren keine Caps mehr verkaufen – doch er wird innerhalb des Grundbedürfnisses seiner Zielgruppe andere modische und innovative Produkte im Programm haben.

Bewährte Stärken auf neuen Märkten einsetzen

Das hier demonstrierte Vorgehen empfiehlt sich immer, wenn auf dem angestammten Geschäftsfeld nichts mehr zu machen ist: zunächst die Bestandsaufnahme sämtlicher Stärken, und dann die Suche nach Problemlösungsfähigkeiten. Beispiel Schweiz: Die Mikroelektronik hatten Schweizer Unternehmen weitgehend verschlafen, nicht jedoch die Mechatronik und Mikrotechnik, also die Verschmelzung von Mechanik und Elektrotechnik. Hier zählen die Eidgenossen zur Weltspitze. Zu deren begehrtesten Produkten zählen millimeterdünne Elektromotoren, die nicht mehr als 0,3 Gramm auf die Waage bringen, oder winzig kleine Kugellager. Viele hoch spezialisierte Schweizer Unternehmen aus der Uhrenindustrie haben in der Miniaturwelt ihre Stärken in der Handhabung von kleinsten Präzisionsteilen wieder voll entfalten können und sind als Zulieferer für Medizin-, Industrie- und Raumfahrttechnik Marktführer geworden.

3.2 So finden Sie eine Primärspezialisierung

Zur Erinnerung: Bei einer Primärspezialisierung handelt es sich um eine Spezialisierung auf ein Produkt, eine Dienstleistung, einen Rohstoff, eine Methode beziehungsweise ein Verfahren oder ein Wissensgebiet. Ob eine solche Spezialisierung Sinn macht, hängt zunächst einmal von vier Faktoren ab:

- *Vom Wettbewerbsumfeld:* Generell gilt: Je schlampiger die Konkurrenz strategisch aufgestellt ist, desto einfacher ist es, durch einfache Konzentration auf die erfolgversprechendsten Produkte und/oder Dienstleistungen einen echten Vorsprung zu erringen. Unter Blinden ist bekanntlich der Einäugige König. Wenn alle Mitbewerber meinen, mit einer möglichst breiten Leistungspalette alle möglichen Zielgruppen bedienen zu müssen, dann hat man ein verhältnismäßig leichtes Spiel.
- *Vom Rationalisierungs- und Kostendegressionspotenzial:* Primärspezialisierungen leben – insbesondere in der Produktion und im Handel – von der mit steigenden Stückzahlen einhergehenden Kostensenkung. Gibt man diese an die Kunden weiter, belohnen sie das im Normalfall mit steigender Nachfrage, die eine spezialisierungstypische positive Kettenreaktion in Gang setzt (gut zu sehen am Beispiel ALDI).
- *Von den Lerngewinnen:* Insbesondere Wissensunternehmer erzielen ihre Produktivitätsgewinne durch die mit der Spezialisierung verbundenen Lerngewinne. Wenn Sie zu den Wissensunternehmern zählen, sollten Sie die Wahl Ihres Spezialgebietes davon abhängig machen, wie groß die dort zu erzielenden Lerngewinne sind. Je komplexer Ihr Gebiet, umso besser. Das schreckt potenzielle Nachahmer ab. (Bitte verwechseln Sie „Komplexität" nicht mit „Größe"!)
- *Von der Nachfrage:* Jede Spezialisierung dient ausschließlich dem Zweck, noch bessere Problemlösungen zu schaffen als die etablierten Anbieter. Dies kann sich auf den Preis, die Qualität, den Service oder was auch immer beziehen. Diese Verbesserungen geschehen natürlich nicht um ihrer selbst willen, sondern sie müssen auf offenkundige oder bisher verborgene Wünsche, Probleme und Bedürfnisse der potenziellen Kunden ausgerichtet sein. Eine Spezialisierung um der Spezialisierung willen macht keinen Sinn. Sie muss immer mit steigender Nachfrage verbunden sein, denn nur dann können sich die typischen Vorteile der Primärspezialisierung entfalten. Wenn Sie die Nachfrage schätzen, rechnen Sie bitte schon ein, wie diese durch die positiven

Spezialisierungseffekte (niedrigere Preise, bessere Qualität) beeinusst wird.

Weniger wichtig ist die Frage des Innovationsgrades des Objekts Ihrer Primärspezialisierung. Zahlreiche Beispiele in diesem Buch (zum Beispiel der Brezelbäcker Ditsch, die Softwarehäuser Willert Software Tools und BVG, der Hemdenbügler Lange oder der Finanzdienstleister Poxleitner) haben gezeigt, dass es keineswegs erforderlich ist, ein neues Produkt oder eine neue Dienstleistung zu kreieren. Überraschend oft reicht es aus, sich einfach auf das zu konzentrieren, was man am besten kann und was andere am meisten schätzen.

Das methodische Vorgehen bei einer Primärspezialisierung ist relativ einfach: Man untersucht die aktuelle Leistungs- und/oder Produktpalette und fragt sich in jedem Fall, ob die Konzentration auf ein einziges Produkt/eine einzige Dienstleistung zum gewünschten Erfolg führen kann, das heißt:

- ob sie im Wettbewerbsumfeld Sinn macht,
- ob sie mit einem größeren Rationalisierungspotenzial verbunden ist,
- ob genügend Lerngewinne dabei abfallen,
- ob mit entsprechender Nachfrage zu rechnen ist.

Erst alle Spezialisierungsmöglichkeiten untersuchen – dann entscheiden

Wenn Sie unter Ihren Produkten/Leistungen keine finden, auf die es sich zu spezialisieren lohnt, sollten Sie der Vollständigkeit halber erst einmal alle theoretischen Spezialisierungsalternativen testen, bevor Sie eine Entscheidung treffen.

Ein kleines Bauunternehmen, das bisher Aufträge jeder Art im Bereich Haus- und Wohnungsbau angenommen hat, untersucht seine Spezialisierungsmöglichkeiten. Dabei kommt man rein theoretisch zu folgenden Möglichkeiten:

1. **Primärspezialisierungen:** Da gibt es Ein- und Mehrfamilienhäuser, Doppelhäuser, Reihenhäuser, Fachwerkhäuser, Schwarzwaldhäuser, amerikanische, schwedische, norwegische Holzhäuser, Niedrigenergiehäuser ... Schon eine oberflächliche Analyse ergibt, dass es bereits jede Menge Spezialisten gibt, die sich auf bestimmte Haustypen konzentriert haben. Eine weitere Suche wird hier abgebrochen.

2. **Problemspezialisierungen:** Die Frage lautet hier: Welche Probleme und Bedürfnisse existieren ganz generell rund um das Thema „Wohnen und Bauen", die bisher – wenn überhaupt – individuell gelöst werden und die bei entsprechender Spezialisierung ein großes Innovations- und/oder Rationalisierungspotenzial bieten. Hier gibt es relativ viele Ansatzpunkte. Aus der eigenen Unternehmenspraxis und aus Kundenbefragungen ergeben sich beispielsweise folgende Ansatzpunkte:

- Das Haus muss umgebaut werden, weil die Familie Zuwachs bekommt.
- Man hat ein Haus aus den 60er-/70er-Jahren geerbt oder gekauft und will dieses optisch aufmöbeln und dem architektonischen Zeitgeist anpassen.
- Überdachung von Flachdachbungalows, möglichst ohne dass die Bewohner während der Bauzeit ausziehen müssen.
- Bebauen von Baulücken
- Bauen in kürzester Zeit
- Umbau von Ferienhäusern in Landschaftsschutzgebieten mit besonderen Ver- und Entsorgungsproblemen

3. **Zielgruppenspezialisierungen:** Diese überschneiden sich beim Thema „Bau" sehr stark mit Problemspezialisierungen. Als Zielgruppen kommen beispielsweise in Frage:

- Allergiker, die ausschließlich besondere Baumaterialien benötigen
- Rollstuhlfahrer, die barrierefrei wohnen wollen

- Familien, die kindgerechte Häuser wollen
- Kooperativen, die neue Wohnformen mit privaten und gemeinschaftlich genutzten Räumen und Einrichtungen benötigen
- Extrem Sicherheitsbedürftige, die hoch gesicherte Häuser wünschen
- Große Menschen über 1,95 m, die in ihren Häusern besonders hohe Türen und Fenster sowie andere Installationen benötigen

Analysieren Sie systematisch

Bei jeder dieser Spezialisierungsformen gilt: Je intensiver man nach potenziellen Möglichkeiten sucht, desto mehr Chancen und Profilierungsmöglichkeiten finden sich. Die meisten Menschen begehen den Fehler, solche systematischen Analysen vorschnell abzubrechen oder sich mit der erstbesten Lösung zufriedenzugeben. Bei solchen Ideenfindungsprozessen sind folgende Punkte wichtig:

- *Orientieren Sie sich nach außen!* Sinn und Zweck einer Spezialisierung ist immer die bessere Anpassung an die Bedürfnisse der Umwelt. Um dies zu schaffen, muss man diese erst einmal kennenlernen! Wer also auf Anhieb und nach längerem Grübeln keine Anhaltspunkte findet, möge bitte sofort damit beginnen, Gespräche mit bereits vorhandenen oder potenziellen Kunden zu führen, und zwar so oft wie möglich!
- *Vermeiden Sie Zwangsbeglückungen!* Ungezählte Unternehmer scheitern, weil sie vermeintlich zwingende, innovative Problemlösungen entwickeln, für die sich dann – oh Wunder! – nicht genügend zahlungskräftige Nachfrager finden. „Schuld" am Untergang sind dann die ignoranten Kunden, die zu blöd sind, um den Nutzen dieser genialen Geschäftsidee zu erkennen. Der klassische Weg besteht darin, ein neues Produkt oder eine neue Dienstleistung zu kreieren und danach auf Kundenfang zu gehen. Ein klassisches Beispiel ist das bereits 1936 erfundene Bildtelefon. Bis heute hat es sich trotz intensivster Bemühungen und immer besserer technologischer Leistungsfähigkeit nicht am Markt durchgesetzt. Warum? Offensichtlich braucht der Mensch trotz

aller Segnungen der Telekommunikation einen visuellen Schutzraum, den er sich nicht so ohne Weiteres nehmen lässt. Gehen Sie den anderen Weg: Suchen Sie erst nach Problemen, erkunden Sie die Zahlungsbereitschaft und schaffen Sie dann die dazu passenden Lösungen.

- *Je mehr Optionen, desto besser!* Brechen Sie die Suche erst ab, wenn Sie eine wirklich befriedigende Lösung gefunden haben. Orientieren Sie sich bei der Selektion der erfolgversprechendsten Idee an der Natur, die nach dem Prinzip „Mutation und Selektion" vorgeht: erst möglichst viele Ideen produzieren und dann die besten aussieben. Dieses „Aussieben" geschieht nach den Kriterien Nachfrage – Marktführungspotenzial – Spezialisierungsgewinne.
- *Kein unnötiger Perfektionismus!* Wann kann man sicher sein, die beste aller Spezialisierungsmöglichkeiten gefunden zu haben? Nie! Ausgefeilte strategische Zahlenwerke können Ihnen genauso wenig wie der Blick ins Horoskop garantieren, die beste aller Zukunftsentscheidungen getroffen zu haben. Entscheiden Sie sich für die Variante, bei der Herz und Verstand (Intuition und Fakten) übereinstimmen. Den zweitbesten aller Wege zu wählen ist besser, als sich mit unnötigem Perfektionismus zu lähmen.
- *Korrigieren Sie Fehlentscheidungen!* In der Schule haben wir gelernt, Fehler um jeden Preis zu vermeiden. Das führt entweder zu Nichthandeln (wer nichts tut, kann auch nichts falsch machen) oder dazu, Fehler zu ignorieren und zu verdrängen. Weg mit diesen Angewohnheiten! Wenn Sie merken, dass die eingeschlagene Spezialisierungsrichtung falsch ist, korrigieren Sie den Kurs und probieren Sie etwas Neues.

Ob und wie man sich spezialisiert, ist eine Frage von enormer Reichweite. Dementsprechend sorgfältig sollte man bei den Analysen vorgehen. Es nutzt allerdings nichts, Tage und Wochen am Schreibtisch über alle möglichen Spezialisierungsformen zu brüten. Entscheidend für die Wahl der Spezialisierungsform und die konkrete Ausrichtung ist immer das Umfeld: die Wettbewerbssituation und das Echo der (potenziellen) Zielgruppe.

Im hier vorliegenden Fall konzentrierte sich das Unternehmen auf den Bau von Flachdachbungalows und die Schaffung zusätzlichen Wohnraums, also auf eine Problemspezialisierung. Ausschlaggebend waren:

- *die Nachfrage:* Es war relativ einfach, die potenzielle Zielgruppe zu erfassen und das Marktpotenzial zu schätzen (das für das kleine Unternehmen mehr als ausreichend war).
- *die Wettbewerbssituation:* Es gab weit und breit kein Unternehmen, das sich so klar zu einer solchen Spezialisierung bekannte.
- *die Lerngewinne:* Diese Spezialisierung versprach nicht nur große Lerngewinne in Sachen Know-how und Organisation, sondern sie bot auch die Gelegenheit, über das reine Bauen hinaus einen noch komplexeren Nutzen zu bieten – etwa indem die Kunden über Bauvorschriften beraten werden konnten, indem man Finanzierungen vermittelte, über staatliche Förderprogramme informierte und so weiter.

Wenn Sie vor einer Unternehmensgründung stehen und es noch keine Produktpalette gibt, die es zu durchleuchten gilt, studieren Sie die Leistungen und Produktpaletten Ihrer Mitbewerber und forschen Sie dort nach potenziellen Spezialisierungsobjekten – oder schaffen Sie eine ganz neue, innovative Problemlösung.

Wenn Sie meinen, dass Ihr Spezialgebiet die oben genannten Voraussetzungen erfüllt, dann legen Sie los! Aber Achtung – erst nach folgenden Vorsichtsmaßnahmen:

Ausgiebige Zielgruppenbefragungen: Dazu muss man nicht unbedingt ein Marktforschungsinstitut einschalten, sondern man kann dies gut und gern auf eigene Faust tun. Erinnern Sie sich an den Fall von Horst Lange, der sich auf das Waschen und Bügeln von Hemden spezialisierte: Er fragte einfach seine Kunden an der Ladentheke nach ihrer Zahlungsbereitschaft. („Wieviel darf das Waschen und Bügeln eines Hemdes maximal kosten, damit Sie dies auf keinen Fall mehr zu Hause tun?") Diese Methode ist übrigens nicht nur den Chefs und Chefinnen von Kleinunternehmen vorbehalten: Reinhold Würth, Gründer der auf Befestigungsmittel spezialisierten Würth

KG (immerhin ein Unternehmen mit mehreren Milliarden Euro Umsatz), ließ es sich nicht nehmen, bei seinen potenziellen Kunden in den Handwerksbetrieben persönlich vorbeizuschauen und dort nach neuen Marktchancen zu suchen. Und zwar weltweit. Wenn die Primärspezialisierung auf Produktivitätssteigerungen und damit auf Preissenkungen setzen soll, ist es unabdingbar, die Preiselastizität der Nachfrage zu testen. Ist die Zahlungsbereitschaft ermittelt, gilt es, nach technologischen und organisatorischen Rahmenbedingungen zu suchen, unter denen dieser Preis zu erreichen ist. Noch einmal zur Erinnerung: Bitte befragen Sie Ihre *Zielgruppe* und nicht Menschen, für die Ihre Leistung überhaupt nicht bestimmt ist. Deren Meinung ist irrelevant, insbesondere wenn es um das höchst umstrittene Thema Spezialisierung geht. Das heißt nicht, dass Sie auf Expertenrat verzichten sollen, was die *Umsetzung* der Strategie betrifft.

Evolutionäres Vorgehen: EKS-Begründer Wolfgang Mewes gab seinen spezialisierungswilligen Schülern stets einen sehr einprägsamen Rat mit auf den Weg: Nicht springen, sondern schreiten! Wenn Sie sich spezialisieren wollen, schneiden Sie um Himmels willen nicht alle Wurzeln ab und setzen alles auf eine Karte, sondern:

- konzentrieren Sie Ihre Kräfte auf das Spezialisierungsobjekt und lassen Sie alles andere mitlaufen und
- streichen Sie andere Leistungen nur in dem Maße aus Ihrem Angebot, wie Sie mit dem Spezialisierungsobjekt erfolgreich sind.

Und bei Spezialisierungen gilt wie bei allen anderen „Erfolgsrezepten“: Lassen Sie sich von kleinen und großen Rückschlägen nicht entmutigen, sondern sehen Sie Misserfolge als willkommene Lernanlässe: Lernen Sie, Ihre Leistungen noch besser auf die Zielgruppenwünsche auszurichten.

Typische Fragen rund um die Primärspezialisierung

Ist es erforderlich, die gesamte übrige Leistungspalette aufzugeben? Nicht unbedingt. Wenn sie eine sinnvolle Ergänzung zum Spezialisierungsobjekt sind oder den Betriebsablauf nicht weiter stören, können andere Produkte/Leistungen beibehalten werden. Beispiel: Die Reinigung Lange reinigte selbstverständlich weiter Hosen, Jacken und Röcke neben ihrer „Hemdenspezialisierung“. Werner Poxleitner, der Schiffsbeteiligungsspezialist, vermittelte seinen Kunden auch Fonds oder andere Finanzprodukte, wenn seine Kunden dies wollten.

Muss eine Primärspezialisierung aus einem einzigen Produkt oder einer einzigen Dienstleistung bestehen? Nicht unbedingt. Sie kann auch aus wenigen sich ergänzenden Leistungen/Produkten bestehen.

Wie lange soll man bei einer Primärspezialisierung bleiben?:

- Solange es Spaß macht.
- Solange „der Markt“ (sprich: die Zielgruppe) es erlaubt.
- Bis es an der Zeit ist, gemäß dem konstanten Grundbedürfnis das Produkt/die Leistung komplett infrage zu stellen und zu innovieren.
- Bis man stark und mächtig ist, um die Leistungspalette auszudehnen.

Soll ich mich auf das Produkt mit dem höchsten Deckungsbeitrag spezialisieren? Zahlen können nur einen Anhaltspunkt bieten, weil sie sich immer auf die Vergangenheit beziehen. Der beste Blick in den Rückspiegel sagt jedoch nichts über die Zukunft aus. Wenn man mit einem Produkt einen hohen Deckungsbeitrag erzielt, ist das immer ein Zeichen dafür, dass die Machtverhältnisse dort besser aussehen als anderswo. Entscheidend sind der Zuspruch der Zielgruppe und die Produktivitäts- und Kostendegressionseffekte, die sich bei höheren Stückzahlen ergeben.

Was soll ich tun, wenn eine Primärspezialisierung für mich oder mein Unternehmen nicht infrage kommt? Probieren Sie, ob eine Problem- oder Zielgruppenspezialisierung infrage kommt.

3.3 So finden Sie eine Problemspezialisierung

In meinem Lieblingsbuch *Hidden Champions* steht der kluge Satz: „Der beste Weg, um einen Markt zu ‚besitzen', ist, diesen Markt von Anfang an zu schaffen." Diese gute Ausgangsposition schaffen Sie sich, indem Sie sich auf bis dato ungelöste Probleme konzentrieren. Das ist der große Vorteil unserer Zeit: An allen Ecken und Enden wird gejammert, gibt es unerfüllte Wünsche und Bedürfnisse. Sehen Sie es andersherum: Jedes Problem, jeder Wunsch ruft nach einer Lösung. Insofern können wir uns glücklich schätzen: Je mehr Probleme, desto besser – denn umso größer sind die Chancen für innovative Problemlöser. Die Kunst der Spezialisierung besteht unter anderem darin, Probleme zu finden:

- für deren Lösung eine gewisse Zahlungsbereitschaft existiert,
- hinter der sich eine hinreichend große Nachfrage verbirgt und damit verbunden entsprechende Lern- und Produktivitätsgewinne,
- für deren Lösung Sie Engagement und Leidenschaft mitbringen,
- die Sie mit Ihren eigenen Ressourcen beziehungsweise mithilfe von Kooperationspartnern lösen können.

Suchen Sie nach ungelösten Problemen

Wenn Sie praktisch nichts haben, aus dem Sie eine Spezialisierung ableiten können – etwa weil Sie mit dem Gedanken spielen, sich selbstständig zu machen, oder wenn Ihre angestammten Märkte auch durch die beste Spezialisierung nicht wieder zu beleben sind –, dann suchen Sie sich einfach ein ungelöstes Problem und machen Sie daraus eine Spezialisierung. Unzählige Unternehmen sind entstanden, weil irgendjemand ein Problem oder einen Wunsch hatte und es bis dato niemanden gab, der dafür eine Lösung anzubieten hatte. Manchmal reicht es aus, ein Problem bei anderen zu sehen, um dann daraus eine Spezialisierung und eine Geschäftsidee zu schmieden. Hier zwei Beispiele:

Die Jung-Otto Druckluft Controlling in Kassel ist darauf spezialisiert, Druckluftanlagen zu optimieren. Die Firmengründer Michael Jung und Peter Otto, beide Ingenieure für Elektrotechnik, hatten errechnet, dass allein in Deutschland jährlich Energiekosten in Höhe von 210 Millionen Euro verschwendet werden, nur weil Druckluftanlagen fehlerhaft arbeiten oder weil schlampig mit dieser Energieform umgegangen wird. Für ganz Europa ergibt sich sogar ein Einsparpotenzial von 1,2 Milliarden Euro.[32] Jung und Otto checken die Druckluftanlagen in Unternehmen und decken Einsparpotenzial auf. Ein gutes Geschäft, denn Berater, die ein Mehrfaches dessen einsparen, was sie kosten, sind von jeher beliebt bei ihren Kunden.

Das Zentrum für Unternehmensplanung und Logistik (ZLU) in Berlin hat ein ähnliches Spezialgebiet entdeckt: Hier geht es darum, Kosten in der Kliniklogistik zu sparen. Ein Einsparpotenzial von 1,3 Milliarden Euro hat ZLU-Bereichsleiter Marco Emmermann im Beschaffungswesen der 2.200 deutschen Krankenhäuser ausgemacht – so zumindest berichtete es die FAZ: Die Ursachen liegen unter anderem darin, dass viele Artikel von mehreren Lieferanten bezogen würden und enorme Verwaltungskosten verursachten, auch blieben viele Artikel zu lange auf Lager und müssten dann wegen Ablauf des Verfallsdatums weggeworfen werden; andererseits würden rund 30 Prozent der Artikel per Express bestellt, weil sie dringend gebraucht, aber nicht am Lager seien. Auch hier: Eine derart qualifizierte Beratung kann nur ein Spezialist erbringen. Und der kann sich seine Dienste natürlich gut entlohnen lassen, denn das Engagement lohnt sich für den Kunden auf jeden Fall.

Über Problemorientierung können Nischen aufgetan werden, in denen man ein Leben lang klein, aber fein existieren kann oder die man mit entsprechendem Eifer und Ehrgeiz zu weltumspannenden Unternehmen mit gigantischem Umsatzpotenzial aufbauen kann. Nehmen Sie beispielsweise Anita Roddick, Gründerin der Franchisekette The Body Shop. 1976 eröffnete sie in dem englischen Seebad Brighton ihren ersten Laden, in dem man Kosmetika und Körperpflegemittel auf biologischer Basis kaufen konnte. The Body Shop ging früher als andere konsequent einen branchenunüblichen Weg: Man verzichtete auf Tierversuche und auf aufwändige Verpackungen sowie Werbung. The Body Shop hat heute 560 Filialen in aller Welt und machte 2001 einen Umsatz von 375 Millionen Pfund. Auch aus vermeintlich banalen Problemen kann ein weltumspannendes Unternehmen entstehen. Wer hätte vor 20 Jahren gedacht, dass die Diät-Selbsthilfegruppe Weight-Watchers zur Jahrtausendwende in 27 Ländern vertreten sein und es sogar bis zur Börsenreife bringen würde?

Spezialisierung ist nicht gleichbedeutend mit „Nische"!

Vergleichsweise bescheiden wirkt dagegen der Markt, den Daniela Schweda aus Seesen entdeckt hat. Sie hat das erste Reha-Zentrum für Tiere gegründet. Hier wird Dackeln und Katzen nach Operationen wieder auf die Beine geholfen – Frauchen und/oder Herrchen machen dafür 50 Euro pro Behandlungsstunde locker. „Hunde sind heutzutage Familienmitglieder. Immer mehr Kunden verlangen humanmedizinische Standards", weiß Daniela Schweda zu berichten.[33]

Eine Mini-Nische? Das muss nicht sein. Hunde aus ganz Deutschland kommen schon wenige Monate nach der Gründung ins Reha-Zentrum nach Seesen. Und was dort funktioniert, funktioniert sicherlich in jeder anderen Stadt auf der Welt, in der Haustiere einen hohen Stellenwert besitzen.

Probleme sind Chancen in Arbeitskleidung

Es ist die einfachste Sache der Welt, eine Problemspezialisierung zu finden: Bekanntlich leben wir in einer Gesellschaft, in der das Jammern und Wehklagen über schlechten Service und Probleme jeder Art zum guten Ton gehören. Aus Sicht des Spezialisten kann man sagen: Je mehr Probleme, desto besser! Denn jedes Problem ruft nach einer Lösung und hinter jeder Lösung verbirgt sich eine gewisse Zahlungsbereitschaft und Nachfrage. Die Kunst liegt lediglich darin, aus der Überfülle der Möglichkeiten diejenigen Probleme auszusuchen:

- deren Lösung unter Konzentration aller verfügbaren Kräfte[34] möglich ist,
- für deren Lösung man eine gewisse Begeisterung mitbringt,
- die ein ausreichendes Marktpotenzial bergen.

Eigene Probleme als Grundlage einer Spezialisierung

Gerade bei Gründern ist häufig ein eigenes Problem Ausgangspunkt einer Spezialisierung.

So zum Beispiel bei Manfred Weber, Gründer der Firma marinatec. Der musste sich im Urlaub mit einem algenüberwucherten Charterschiff herumplagen und etliche Stunden in die mühselige Unterwasserreinigung des Rumpfes investieren. Spontan kam ihm die Idee zur Konstruktion einer Waschstraße für Segel- und Motoryachten. Weber, der sich 20 Jahre lang bei Uniroyal mit Kautschuk beschäftigt hatte, konstruierte eine Anlage, deren Kern aus einer flexiblen Kautschukstange und einer rotierenden Bürste bestand. Die meisten Teile für diese Anlage konnte man als Standardware beziehen, so dass Investitionen in aufwändige Kleinserienproduktionen entfielen. Wegen des wahrlich zwingenden Nutzens fand Weber schnell die erforderlichen Geldgeber: 90 Prozent aller Yachten passen in die Waschanlage und dort werden sie binnen 15 Minuten blitzblank gereinigt – zum günstigen Preis von 6 Euro pro Meter Schiffslänge. Das erspart das kostenintensive Reinigen an Land und das Auftragen der üblichen Anti-Fouling-Lacke, die das Andocken von Muscheln und Algen verhindern sollen, dafür aber die Gewässer extrem belasten. Zielgruppe von Weber sind Betreiber von Marinas, die den Anschaffungspreis von 230.000 Euro nicht scheuen und ihren Kunden (den Bootsbesitzern) einen ganz neuen Service bieten wollen.[35]

Hier ein ausführliches Beispiel dafür, wie ein eigenes Problem eine hervorragende Basis für eine Unternehmensgründung sein kann. Anders ausgedrückt: Es zeigt, dass das Spezialgebiet in Form eines Problems mitunter direkt vor der eigenen Nase liegt. Es handelt sich um den Verlag für ergonomische Arbeitsmittel in Heidelberg. Gegründet wurde der Verlag von der nur 20-jährigen

Zahnarzthelferin Sylvia Wuttig. Sie war nämlich in ihrer Ausbildung auf das Problem „Abrechnung" gestoßen – eine der zahlreichen Aufgaben einer Arzthelferin. Bekanntlich basiert das deutsche Abrechnungssystem auf Einzelleistungen. Das heißt, der Zahnarzt rechnet nicht komplexe Arbeiten ab – zum Beispiel Backenzahn ziehen –, sondern jeder Handgriff wird gesondert erfasst und natürlich auch einzeln abgerechnet: Beratungsgespräch, Betäubungsspritze, Zahn ziehen und so weiter. Damit die Krankenkassen nicht jedes Jahr für jede Leistung neue Preise aushandeln müssen, gibt es Punktwerte, für die jedes Jahr ein anderer Geldbetrag vergütet wird. Nun ist es für die Helferin nicht damit getan, einfach in einer Liste nachzuschlagen, wie viele Punkte ein gezogener Backenzahn bringt, sondern sie muss darüber hinaus wissen,

- aus welchen Einzelleistungen sich die Maßnahme zusammensetzt,
- welche Besonderheiten der Patient aufweist – etwa ob er privat oder gesetzlich versichert ist oder ob er besonderen Berufsgruppen wie der Polizei oder der Bundeswehr angehört.

Darüber hinaus – und das ist im Zeitalter der Reformen die wichtigste Aufgabe – muss sich die Helferin über die ständigen Veränderungen auf dem Laufenden halten, die zwischen den Zahnärzteverbänden und den Kassen ausgehandelt werden. Alle diese Informationen muss sich eine Helferin aus diversen Listen, Rundschreiben und Verzeichnissen zusammenklauben. Sylvia Wuttig suchte nach einer Lösung. Und wie immer, wenn man konzentriert nach Lösungen sucht, kommen die Ideen auf magische Weise angeflogen. Als die junge Zahnarzthelferin im Büro ihres Freundes ein Karteisystem sah, war ihr sofort klar, dass hier die Lösung des Problems lag: Das zeitaufwändige Blättern in Listen und Büchern würde entfallen, wenn man alle Abrechnungsvorschriften, die sich auf einen Vorgang bezogen, auf eine Karteikarte zusammenbrächte, und zwar inklusive sämtlicher Sonderregelungen.

Diese Problemlösung brachte einen mehrfachen Nutzen: Erstens wurden rund 50 Prozent der Suchzeiten eingespart, zweitens ging dem Zahnarzt kein Umsatz mehr verloren. Denn es kam natürlich immer wieder vor, dass die Helferin in der Flut der Kennzahlen die eine oder andere aufzuschreiben vergaß – und damit war dieser Umsatz unwiederbringlich verloren.

Der Nutzen dieses Produkts war so offensichtlich, dass es Sylvia Wuttig gelang, genug Geld für die Entwicklung und den Druck des Karteisystems zusammenzupumpen. Sie gründete den Verlag für ergonomische Arbeitsmittel, der sich über viele Jahre auf ein einziges Produkt konzentrierte, nämlich das Karteisystem, das auf den Namen DAISY getauft wurde. Heute steht in fast jeder zweiten Zahnarztpraxis ein DAISY-System. Und da der Gesetzgeber einen unermüdlichen Reformeifer in Sachen Gesundheitspolitik an den Tag legt, muss das System über Ergänzungslieferungen ständig aktualisiert werden. So wurde DAISY zu einem lukrativen Dauergeschäft.

Wenige Jahre später gab es DAISY als CD, eine logische Fortentwicklung des Karteikastens mit einem ebenso großen Nutzen. Eine überaus sinnvolle Diversifikation entwickelte Sylvia Wuttig Ende der 90er-Jahre: Abrechnungsseminare für Zahnarzthelferinnen. Diese werden zwar auch von den kassenärztlichen Vereinigungen angeboten, doch diese waren nach Sylvia Wuttigs Ansicht stark verbesserungsfähig.

Es lag auf der Hand, diesen Markt auch zu besetzen, weil sich die Seminarinhalte praktisch als „Abfallprodukt" der DAISY-Aktualisierungen ergaben. Die Seminare waren von Anfang an ein Hit und sind heute praktisch Selbstläufer. Einmal jährlich werden die Termine veröffentlicht und schon zwei Tage später gehen mindestens 1.500 Anmeldungen ein – ein traumhaftes Ergebnis. Insgesamt nehmen zwischen 5.000 und 6.000 Helferinnen jährlich an den Seminaren teil. Vor allem zwei Ursachen sind dafür verantwortlich:

- Der eher trockene Lernstoff (neue Abrechnungsvorschriften) wird interessant und gehirngerecht aufbereitet und motivierend präsentiert.
- Für den Zahnarzt (der die Seminargebühr bezahlt) ist der Nutzen extrem hoch: Die Seminargebühr von wenigen hundert Euro

amortisiert sich durch das bessere Know-how der Helferin innerhalb weniger Wochen. Also auch hier: ein „zwingender" Nutzen, der sehr hohe Anziehungskraft erzeugt.

Bis hierhin ist der Verlag für ergonomische Arbeitsmittel ein typischer Problemspezialist. Doch längst hat man sich am konstanten Grundbedürfnis ausgerichtet. Hinter dem Problem „Abrechnung" steht das Grundbedürfnis „wirtschaftlicher Erfolg". Diesem entspricht man zum Beispiel durch Seminare zum Thema „Marketing von zahnärztlichen Leistungen".

Hier sieht man sehr schön, wie man:

- über eine Problemlösung mit hohem Nutzwert auch unter scheinbar widrigen Umständen (hier: kein Eigenkapital, keine unternehmerischen Erfahrungen) erfolgreich wird;
- aus der Position der Stärke heraus (Marktführung) in sinnvolle Diversifikationen hineinwächst;
- aus einer Problemlösungsspezialisierung (Abrechnungsprobleme) in eine soziale Spezialisierung (wirtschaftlicher Erfolg für Zahnärzte) hineinwächst.

Wenn Sie selbst kein Problem verspüren, aus dessen Lösung sich eine erfolgreiche Unternehmensgründung ableiten lässt, dann richten Sie Ihren Blick auf Ihr Umfeld: Welche ungelösten Probleme gibt es dort? Welche Produkte/Leistungen sind verbesserungswürdig? Dabei gilt: Je besser Sie dieses „Umfeld" kennen, desto größer ist Ihr Gespür für diese Probleme. Dabei empfiehlt es sich, ganz genau hinzusehen.

Auch hier ein Beispiel, nämlich die BELIMO Automation AG aus der Schweiz.[36] Das börsennotierte Unternehmen wurde 1975 von fünf Managern in den sogenannten „besten Jahren" gegründet. Alle fünf waren zuvor bei einem Hersteller von Klimaanlagen beschäftigt. Ihren Stärken entsprechend wollten sie sich in dem Geschäftsfeld Klimaregelung selbstständig machen. Im ersten Schritt schrieben sie sämtliche ihnen bekannten Probleme auf, die auf technischem Gebiet auftauchten. Aus diesem Wust filterten sie diejenigen heraus, die besonders wichtig und drängend waren. Dabei stieß man auf das Problem der Verstellung von Luftklappen. Bei allen größeren Lüftungs- und Klimaanlagen werden die Kanäle ganz oder teilweise durch Luftklappen abgesperrt oder geöffnet. Diese Luftklappen wurden damals mit konventionellen Elektromotoren gesteuert. Diese bargen jedoch allerhand Verbesserungsbedarf: Sie waren unter anderem zu groß und sie hatten eine unnötig große Leistung. Im nächsten Schritt überlegte man, wie die ideale Lösung für das Problem „Luftklappensteuerung" aussehen könnte:

- Wie leistungsfähig sollte der Stellmotor sein?
- Wie würde der ideale Stellmotor aussehen?
- Was würde eine deutliche Verbesserung kosten?
- Welchen Nutzen würde dieser verbesserte Motor stiften?
- Wie groß würde der Bedarf sein?

In der Folge konstruierten die fünf Ingenieure einen völlig neuen, nur für das Problem „Luftklappenregelung" konzipierten Stellmotor. Dabei „entdeckte" man ein weiteres Problem, über das die Experten selbst jahrzehntelang hinweggesehen hatten, nämlich die umständliche Montage der Motoren: Sie wurden bisher über Konsolen, Gestänge und Kugelgelenke mit der Klappenachse verbunden. Das Erkennen dieses Problems war die wichtigste Voraussetzung für die wichtigste Innovation: eine Verbindung, durch die der Motor einfach auf die Klappenachse aufgesteckt wurde. Dadurch wurde mehr an Arbeitszeit eingespart, als der ganze Motor kostete – ein wahrlich „zwingender Nutzen", der dazu führte, dass der Steckmotor „der Renner" bei den Herstellern von Lüftungs- und Klimaanlagen wurde. „Nebenbei" steuerte er auch noch die Luftmenge sehr viel präziser, er war kleiner, billiger herzustellen und zugleich weniger anfällig und leichter auszuwechseln als die konventionellen Elektromotoren. Und er war auch noch 25 Prozent billiger. Die BELIMO Automation AG ist heute unumstrittener Weltmarktführer in Sachen „Motorisierung von Luft-, Sicherheits-, Brandschutz- und Entrauchungsklappen". Innerhalb dieses Grundbedürfnisses verfügt die BELIMO über fünf Sortimentsfelder, ist also – wie es sich für einen guten Problemspezialisten gehört – bedarfsgerecht diversifiziert (man könnte auch sagen: fokussiert).

Das Beispiel BELIMO zeigt, dass man aus scheinbar winzig anmutenden Problemen und Nischen sehr respektable Unternehmen aufbauen kann. Bis zum Jahr 2005 hat die BELIMO AG mehr als 30 Millionen Elektroantriebe produziert. Sie hatte zu diesem Zeitpunkt mehr als 800 Mitarbeiter und blickte auf einen Jahresumsatz von rund 280 Millionen CHF und einen Gewinn von 32 Millionen CHF zurück. Die Netto-Umsatzrendite liegt übrigens bei BELIMO konstant über 15 Prozent.

Entwickeln Sie grundlegende Innovationen zu Altbekanntem

Zur Erinnerung: Der Ausgangspunkt dieser sagenhaften Erfolgsstory war eine akribische Sammlung und Auswertung von Problemen im Betriebsalltag! In diesem Zusammenhang sei an Goethe erinnert: „Warum in die Ferne schweifen? Sieh, das Gute liegt so nah."

Für eine Problemspezialisierung und eine erfolgreiche Unternehmensgründung braucht man keine abgehobenen Ideen. Viel wichtiger ist es, grundlegende Innovationen zu Altbekanntem zu entwickeln. Auch dies ist eine Frage der Konzentration: Wer sich auf ganz konkrete Probleme spezialisiert, dem fliegen die Ideen und Lösungsmöglichkeiten auf geheimnisvolle Art und Weise zu. Wer dagegen nur oberflächlich oder gelegentlich sucht, braucht sich nicht zu wundern, wenn die zündenden und praktikablen Geschäftsideen ausbleiben.

Die Marktforscher von J.D. Power beispielsweise haben in einer Umfrage Anfang 2002 die erschütternde Erkenntnis zu Tage gefördert, dass Autofahrer mehr Wert legen auf Reifen mit Notlauffunktionen oder Scheibenwischer, die keine Schlieren hinterlassen, als auf einen Internetanschluss im Auto! Wer hätte das gedacht? Gerade technikgetriebene Unternehmen neigen dazu, ihre Energie in völlig abgehobene Features zu stecken, statt sie auf ganz banale Alltagsprobleme zu richten. Hören Sie also erst einmal Ihren Kunden zu, bevor Sie sich auf die Lösung irgendwelcher abgehobenen Probleme konzentrieren!

Checkliste für Freiberufler, Selbstständige und Unternehmen

Wenn Sie ein Unternehmen gründen wollen oder sich freiberuflich selbstständig machen wollen, sollten Sie sich folgende Fragen stellen, um einer Problemspezialisierung auf die Spur zu kommen:

- Welche Probleme/Wünsche/Bedürfnisse sind mir selbst bekannt, für die eine innovative Lösung benötigt wird?
- Welche Probleme/Wünsche/Bedürfnisse gibt es in meinem Geschäftsfeld?
- Welche Probleme treten mit meinen/unseren Produkten und Leistungen auf?
- Welche Probleme treten mit Produkten/Leistungen der Mitbewerber auf?
- Welche Probleme/Wünsche/Bedürfnisse hat die potenzielle Zielgruppe?

Stürzen Sie sich nicht auf x-beliebige Probleme, die Sie selbst für besonders wichtig und dringend halten, sondern – es sei hier noch einmal in Erinnerung gerufen – nur auf solche,

- die genügend Marktpotenzial haben,
- für die Nachfrage und Zahlungsbereitschaft besteht
- und die genügend Rationalisierungspotenzial beziehungsweise Lerngewinne versprechen.

Doch nicht immer liegt die „richtige“ Spezialisierung in Form eines ungelösten Problems direkt vor der eigenen Nase. Gerade etablierte Unternehmen tun sich schwer, Altes loszulassen und sich bewusst auf ein vermeintlich kleineres Geschäftsfeld zu konzentrieren. In diesen Fällen empfiehlt sich folgende Vorgehensweise:

- *Stärkenanalyse:* Fragen Sie sich, was Sie (beziehungsweise Ihr Unternehmen) besser kann als andere.

- *Nutzenanalyse:* Fragen Sie sich, welchen Nutzen Sie dadurch stiften können, sprich: welche Probleme Sie dadurch lösen können.
- *Zielgruppenanalyse:* Fragen Sie sich, für wen diese Problemlösung besonders interessant sein könnte.

Spezialisierungsprozess in diversifizierten Unternehmen

Die Druckerei Robert aus Emsdetten war traditionell ein höchst innovatives Unternehmen. Firmengründer Albert Robert war ein genialer Tüftler, der eine Druckmaschine nach der anderen entwickelte. Dementsprechend diversifiziert war allerdings auch die Leistungspalette. Man machte alles, aber nichts richtig. In der Rezession 1981/82 schrammte das Unternehmen knapp an der Pleite vorbei. Als dann der Verkaufsleiter selbst eine Druckerei aufmachte und 80 Prozent der Robert-Kunden mitnahm, musste der Nachfolger Robert junior sehr schnell eine neue Strategie entwickeln. Zunächst machte man eine Stärkenanalyse und versuchte herauszufinden, was die Druckerei Robert im positiven Sinne von den Konkurrenzunternehmen unterschied. Zu diesem Zeitpunkt verfügte das Unternehmen unter anderem über eine Maschine, die wirklich einzigartig war: diese konnte bis zu 200 Originalfarbtöne gleichzeitig auftragen. Bis dato hatte man diese Maschine nur wenige Tage im Jahr genutzt: Man druckte damit Farbmusterkarten für den Farbenhersteller Glasurit. Martin Robert machte nun eine systematische Marktanalyse: Neben Glasurit kamen als Zielgruppe natürlich noch alle anderen Farbenhersteller in Deutschland und Europa infrage; daneben noch die Kosmetikindustrie. Sie mussten ihre Farbmusterkarten sehr aufwändig mit viel Handarbeit herstellen. Die Druckerei Robert konnte Farbmusterkarten mit ihrer Druckmaschine zu sehr viel günstigeren Konditionen bei absoluter Farbtreue herstellen. Man spezialisierte sich auf die exakte Wiedergabe von Farbtönen und wurde binnen kurzer Zeit Marktführer in Europa. Das Know-how verkaufte man international bis nach Japan. Wenig später diversifizierte man, indem man sogenannte Farbton-Haftetiketten druckte (das sind Aufkleber, wie man sie beispielsweise für Farbdosen und

Schuhputzmittel benötigt). Auch hier wurde die Druckerei Robert sehr schnell die Nummer eins in Europa. Aus dem konventionellen Druckbereich zog man sich völlig zurück – und damit aus dem Preiskampf. Denn durch ihre starke Marktstellung und den sehr großen Nutzen konnte die Druckerei Robert wieder hervorragende Renditen erzielen.

Häufig werden Stärkenanalysen viel zu oberflächlich gemacht. Je schwieriger und aussichtsloser die Lage, desto genauer lohnt sich eine ganz exakte Analyse, bei der wirklich alle Faktoren erfasst werden. Selbst schwere Nachteile und Handicaps können in diese Bestandsaufnahme einfließen, denn es ist praktisch ein Naturgesetz, dass sich hinter jeder Stärke eine Schwäche verbirgt und umgekehrt.

Ein Beispiel ist die 28-jährige Silke Schwarz aus Bramsche. Die junge Diplom-Landschaftspflegerin hatte kurz nach dem Studium einen Sportunfall und sitzt seitdem im Rollstuhl – ein schwerer Nachteil gegenüber den Kollegen, jedoch ebenso eine Stärke: Silke Schwarz kennt nämlich besser als jeder andere Landschaftsgärtner die Bedürfnisse und Probleme der Rolli-Fahrer und so lag es nahe, sich auf das Thema „Barrierefreie Gestaltung von Außenanlagen" zu spezialisieren. Zielgruppen sind Kommunen und Institutionen jeder Art. Über ein Kooperationsnetzwerk hat Silke Schwarz ihr Geschäftsfeld auf die Beratung in Bezug auf barrierefreie Gestaltung von Innenräumen ausgedehnt und berät Hotels und Freizeitindustrie bei Neu- und Umbaumaßnahmen.

Sanierung durch Problemspezialisierungen

Problemspezialisierungen sind nicht nur besonders gut geeignet für Gründungen, sondern auch für Umstrukturierungen und Sanierungen. Ausgangspunkt nach der Stärkenanalyse ist die sehr einfache Frage, welchen Nutzen man aufgrund der Stärken bieten kann. Diese Vorgehensweise ist besonders dann ratsam, wenn Sie mit Ihren etablierten Produkten keine Spezialisierungsvorteile mehr erkennen können und wenn über eine innovative Leistung ein neuer Markt kreiert werden muss.

Die Wilhelm Kraft KG in Frankfurt am Main war ein Sanitärfachhandel, wie es viele in Deutschland gibt: zehntausende von Artikeln von der Badewanne bis zur Rohrschelle, aber leider komplett austauschbar und darum mittendrin im Preiskrieg. Als absehbar war, dass mit dem Sanitärfachhandel nicht mehr viel Geld zu verdienen war, nahm Diethelm Rahmig, Geschäftsführer und Eigentümer der Kraft KG, auch noch Küchen ins Programm auf. Wie zu erwarten, ging es damit noch schneller bergab, denn an Küchenfachhändlern herrschte ebenfalls kein Mangel in Frankfurt. Kurz vor dem Konkurs verkaufte Diethelm Rahmig 1986 seine Lagerbestände an einen Konkurrenten und sann auf eine neue Strategie. Welche Problemlösungen konnte er aufgrund seiner Stärken bieten?

Nach intensivem Nachdenken und vielen Gesprächen kam die rettende Idee: Er übertrug sein Wissen, das er bei der Küchenplanung erworben hatte, auf das Problem „Badrenovierung". Anders als in Küchen, in denen jeder Quadratzentimeter sinnvoll verplant wird, dominierten im Badezimmer bis dahin fantasielose Einheitslösungen. Spezielle Beratungen für die optimale Raumausnutzung gab es nicht. Hier war der Kunde ganz auf die spärlichen Ratschläge der Installateure und der Fachhändler angewiesen. Als erfolgversprechendste Zielgruppe identifizierte Diethelm Rahmig die Renovierer von Badezimmern zwischen 3 und 6 Quadratmetern. Renovierer deshalb, weil bei diesen im Gegensatz zum „Neubauer" größere Budgets zur Verfügung standen. Und Kleinstbäder, weil es dort naturgemäß besonders schwierig war, komfortable Lösungen zu realisieren. Was aussah wie eine Nische, erwies sich bei näherem Hinsehen als wahre Schlucht: Rund 80 Prozent aller Wohnungen in Frankfurt hatten Bäder zwischen 3 und 6 Quadratmetern. Mit ein wenig Fantasie findet man natürlich auch im Neubau unglaublich viele Einsatzmöglichkeiten für Kleinstbäder: In Kreuzfahrtschiffen, in Schaustellerwagen, in Appartementhäusern, Hotels, Krankenhäusern und so weiter – also überall dort, wo Platz knapp ist. Doch aus dem oben genannten Grund konzentrierte sich Rahmig zunächst auf die Renovierer von Eigentumswohnungen.

Der größte Engpass war das Fehlen von passenden Produkten – also platzsparende Bade- und Duschwannen sowie Waschtische und

Schränke. Mithilfe eines Planers und eines Innenarchitekten ließ Rahmig eine Produktlinie für Kleinstbäder entwickeln, für die er ohne Probleme einen Hersteller fand. Rahmig selbst entwickelte aus dem gesamten Paket das Franchisesystem miniBagno – den Problemspezialisten für Kleinstbäder und unangefochtener Marktführer in diesem ganz neu geschaffenen Marktsegment. Heute ist miniBagno in 60 Städten vertreten und hat keinen nennenswerten Mitbewerber, der seinen Kunden einen ähnlich hohen Nutzen bietet. Und erfreulich hoch sind natürlich auch die Renditen, die im miniBagno-System erzielt werden.

Checkliste: Problemspezialisierung bei Unternehmen

- Welche Probleme können Sie aufgrund der Stärken Ihres Unternehmens lösen?
- Welchen speziellen Nutzen können Sie mit diesen Problemlösungen bieten?
- Welche dieser Problemlösungen ist auf ein besonders dringendes Zielgruppenproblem gerichtet?
- Welche dieser Problemlösungen birgt ein besonders großes Marktpotenzial?
- Welche dieser Problemlösungen birgt ein besonders großes Rationalisierungspotenzial beziehungsweise besonders große Lerngewinne?
- Welche dieser Problemlösungen verschafft Ihnen einen größeren Wettbewerbsvorteil?

Checkliste: Problemspezialisierung bei Freiberuflern/Selbstständigen

- Welche Probleme/Aufgaben können Sie aufgrund Ihrer Stärken am besten lösen?
- An welchen Problemlösungen sind Sie selbst am meisten interessiert?
- Wenn Sie sicher wären, nicht zu scheitern – welche Probleme würden Sie am liebsten lösen?
- Welche dieser Problemlösungen bietet den größten Nutzen?
- Welche dieser Problemlösungen birgt das größte Marktpotenzial?
- Welche dieser Problemlösungen ist auf ein besonders dringendes Zielgruppenproblem gerichtet?
- Welche dieser Problemlösungen verspricht besonders große Lerngewinne?
- Welche dieser Problemlösungen verschafft Ihnen einen größeren Wettbewerbsvorteil?

Zielgruppenanalyse – auch bei Problemspezialisierungen ein „Muss"

Auch wenn Sie „nur" eine Produkt- oder Problemspezialisierung planen, sollten Sie sich ganz genau mit dem Thema „Zielgruppe" beschäftigen. Häufig verfügt der Problemspezialist über mehrere Zielgruppen – wie zum Beispiel im Fall miniBagno. Deswegen ist es immer sinnvoll, die Zielgruppen zu differenzieren, denn es gibt mit Sicherheit Teilzielgruppen, die einen höheren Problemdruck (und damit eine höhere Zahlungsbereitschaft) haben als andere. Da praktisch jedes Unternehmen und jeder Freiberufler dafür sorgen muss, seine Leistungen mit dem geringstmöglichen Energieaufwand an den Kunden zu bringen, ist eine möglichst genaue Zielgruppendifferenzierung (egal, bei welcher Spezialisierungsform) schon eine Frage des gesunden Menschenverstandes.

3.4 So finden Sie eine Zielgruppenspezialisierung

Zur Erinnerung: Eine Zielgruppenspezialisierung ist eine Spezialisierung auf konstante Grundbedürfnisse einerseits und eine genau definierte Zielgruppe andererseits. Beispiele dafür waren MLP (Grundbedürfnis finanzieller Erfolg von Jungakademikern, insbesondere Ärzten), Stadthotel Lünen (Seminare für Azubis im öffentlichen Dienst) oder Winterhalter Gastronom GmbH (bester Problemlöser in der Spülküche für Hotellerie und Gastronomie).

Wie findet man „seine" erfolgversprechendste Zielgruppe? Die beste Methode zur Zielgruppendifferenzierung kann man aus der schon häufig zitierten EKS (engpasskonzentrierten Strategie) übernehmen. Dort habe ich auch die überzeugendste Zielgruppendefinition gefunden.

Zielgruppen sind Menschen mit gleichen Wünschen, Problemen und Bedürfnissen

Normalerweise teilt man Zielgruppen gern nach ihrer Kaufkraft ein („alle, die sich uns leisten können", „A-, B- oder C-Kunden", „Großverbraucher"), nach Branchen oder anderen Äußerlichkeiten. Diese und andere Definitionen richten sich gern danach, was man der Zielgruppe abnehmen kann: der Kunde als Objekt, das man vampirmäßig aussaugen kann. Das Abgrenzungskriterium „Problem- und Bedürfnisgleichheit" weist in eine andere Richtung: So identifizieren Sie Kunden, denen Sie zunächst einmal möglichst viel geben können (um dann das angemessene Entgelt dafür zu bekommen). Die erfolgversprechendste Zielgruppe finden Sie durch Tests, Befragungen und streng extrovertiertes, also nach außen gerichtetes Verhalten.

Zielgruppen testen – statt spekulieren

Ein Beispiel dafür, dass die Zielgruppenanalyse mitunter ein ganz genaues Hinsehen erforderlich macht, ist die Fachbuchhandlung Holzer aus Rottweil. Deren Gründer Raymund Holzer war „eigentlich" gelernter Betriebswirt und erlernte das Metier des Buchhandels eher zufällig, nämlich als er bei einer Fortbildung für seine Lehrgangskollegen die Fachbücher beschaffte. 1974 gründete Holzer nebenberuflich eine Versandbuchhandlung. Seine Zielgruppe waren Berufsschulen, die er mit Schulungsmaterialien und Büchern belieferte. Dabei nutzte er seine Kontakte aus den Betriebswirte- und Bilanzbuchhalter-Lehrgängen, denn viele der Dozenten waren gleichzeitig Berufsschullehrer. Bei Holzer schätzten sie, dass sie von ihm volle Aufmerksamkeit und guten Service bekamen. Bei den normalen Buchhandlungen rangierten die Berufsschulen häufig unter „ferner liefen", obwohl sie sehr gute Umsätze machten. 1981 wurde aus der Nebentätigkeit dann der Hauptberuf: Raymund Holzer machte sich selbstständig – und zwar zu denkbar ungünstigen Bedingungen: Die Familie war um zwei Kleinkinder und einen verschuldeten Neubau reicher, aber nun ohne regelmäßiges Einkommen und in einer großen finanziellen Zwangslage. Verschärfend kam hinzu, dass der Schulbuchmarkt nur nach den Sommerferien Hochkonjunktur hatte. Nun war Winter und die Nachfrage war praktisch zum Erliegen gekommen. Unter diesem Druck machte Holzer einen schweren, aber weit verbreiteten Fehler. Wegen der finanziellen Belastung verhielt er sich genau so, wie man es nicht machen sollte: Er schnappte nach jedem Auftrag, übernahm noch zwei Verlagsvertretungen und arbeitete rund um die Uhr. In einer stillen Stunde beschloss Holzer, seine Strategie zu ändern. Er machte zunächst eine Zielgruppenanalyse, indem er seine Bestandskunden etwas näher unter die Lupe nahm:

1 Die Berufsschulen waren die größten Umsatzträger.
2 Zu Steuerberatern hatte Holzer den besten Kontakt, weil er viele noch aus seinen Bilanzbuchhalterkursen kannte.
3 Eine sehr kleine, aber sehr zufriedene Zielgruppe waren staatliche und halbstaatliche Schulungsstätten, die Facharbeiter in Elektronik weiterbildeten.

Ihnen gemeinsam war ein ganz besonderes Problem, das Holzer bisher überzeugend gelöst hatte: Die Schulungsunterlagen bestanden aus umfangreichen Buchpaketen, die von den Schulen mühsam bei den unzähligen Verlagen zusammengesucht werden mussten. Da die exakte Zahl der Lehrgangsteilnehmer eigentlich immer erst dann feststand, wenn der Kurs tatsächlich begann, gab es immer Ärger bei den Bestellungen: Entweder gab es zu viele oder zu wenig Buchpakete. Folgerichtig mussten die Bücher zurückgegeben werden (was viele Verlage ablehnten) oder kurzfristig nachbestellt werden (was lange dauerte). Holzer löste dieses Problem, und zwar indem er die Bücher von den Verlagen in Kommission nahm und seinen Kunden erlaubte, überzählige Bücher zurückzugeben. Das hätten diese auch direkt mit den Verlagen aushandeln können. Holzer vereinte jedoch ein größeres Nachfragepotenzial und damit größere Einkaufsmacht auf sich. Daher waren die Verlage eher bereit, ihre Konditionen zu verbessern.

Auf welche dieser Zielgruppen sollte sich Raymund Holzer nun spezialisieren? Vom bestehenden Umsatzvolumen her waren die

Schulungszentren gegenüber den Berufsschulen und Steuerberatern „kleine Fische". Doch Holzer hatte das Gefühl, dass bei ihnen die größten Probleme und daher die größten Marktchancen lagen. Endgültige Sicherheit konnte nur ein Zielgruppentest geben. Ein erstes selbst gestricktes Mailing ergab eine Response von 12,5 Prozent mit einer Umwandlungsquote von 40 Prozent. Von nun an konzentrierte sich Holzer ausschließlich auf diese Zielgruppe und trennte sich von den Steuerberatern und Berufsschulen. Schnell machte er eine für Spezialisten ganz typische Entdeckung: Trotz anfangs geringerer Gesamtumsätze stieg der Gewinn. Denn mit wenigen Kunden, denen man eine überzeugende Leistung bietet, verdient man mehr Geld als mit einer großen Zielgruppe, um die sich zahllose Wettbewerber drängeln. Raymund Holzer wurde innerhalb kurzer Zeit Marktführer bei Schulungszentren und legte Jahr für Jahr hervorragende Umsatz- und Ergebnissteigerungen hin. Neben Elektroniklehrgängen belieferte Holzer auch diverse andere Bereiche, etwa Lehrgänge für Industriemeister, Marketing und viele andere. Mit der Wiedervereinigung wurde der Markt noch einmal dramatisch größer und auch dort wurde Raymund Holzer in kurzer Zeit souveräner Marktführer. Als er sein Unternehmen wenige Jahre später verkaufte, war er ein „gemachter Mann".

Unter Spezialisierungsgesichtspunkten ist es sehr wichtig, dass die Zielgruppe möglichst homogene, also gleichartige Wünsche und/oder Probleme hat: Diese können Sie dann in großer Stückzahl und unter gleichen Bedingungen lösen – die Grundvoraussetzung für das Eintreten der Kostendegression und von Produktivitäts- und Lerngewinnen. Zur Erinnerung: Wer immer wieder neue Probleme löst, lernt dabei viel, bekommt aber nur in seltenen Fällen diese Lernerfahrungen angemessen bezahlt. Wer immer wieder die gleichen Probleme löst, gewinnt nicht nur traumhafte Sicherheit, sondern auch traumhafte Renditen.[37]

Druck erzeugt Bewegung

Ein Beispiel, wie einfach Spezialisierungsprozesse laufen können, ist das Softwarehaus Actis aus Stuttgart, das 1989 an die französische

SLIGOS-Gruppe verkauft wurde. Actis wurde 1976 von dem promovierten Wirtschaftsingenieur Günter Stübel und dem Informatikprofessor Hans-Jochen Schneider gegründet. Actis (Angewandte Computertechnik für Informationssysteme) hatte den großen Vorteil, dass seine Gründer für jedes Problem eine Lösung kannten. Egal, aus welcher Branche der Auftraggeber stammte, welches Problem er hatte und welche Hardware er benutzte – Stübel, Schneider und deren Mitarbeiter strickten die passende Software zusammen. So entstanden nach und nach 40 verschiedene Softwarepakete. Doch diese „Strategie" rächte sich bald: Der Aufwand war viel zu groß und es gab riesige Wartungsprobleme. Weil jeder Auftrag immer gleichbedeutend mit einer kompletten Neukonstruktion war, mussten viele Kinderkrankheiten beim Kunden auskuriert werden. Im Fachjargon nennt man so etwas „Bananen-Software" – sie reift beim Kunden. So verbrachten die Mitarbeiter die Hälfte ihrer Arbeitszeit auf der Autobahn, beim Kunden herrschte wegen der Nachbesserungen stets schlechte Stimmung und all das schlug sich langsam, aber sicher auf die Motivation der Leute nieder. Die Fluktuation stieg, und es drehte sich eine typische Abwärtsspirale. Besonders Günter Stübel wusste, dass ein Ausweg nur in einer Spezialisierung und einer konsequenten Nutzung von Lerngewinnen liegen könnte. Doch es blieb bei guten Vorsätzen: „Wenn wir dringend 100.000 DM Umsatz benötigten, um die Gehälter zu zahlen, dann nahmen wir eben jeden Auftrag an, der diese Summe garantierte – egal, aus welcher Branche der Auftraggeber kam. Oft hat uns das Projekt dann statt der per Festpreis zugesagten 100.000 DM mehr als 200.000 DM gekostet. Und so hangelten wir uns von Auftrag zu Auftrag weiter", erinnert sich Günter Stübel. So brachte man es acht Jahre nach der Gründung auf 50 Mitarbeiter, Filialen in Stuttgart, Frankfurt und Berlin, 5,6 Millionen Mark Umsatz und einen Gewinn von null. Angesichts der nahen Pleite kam es dann endlich zum konsequenten Strategiewechsel. Systematisch suchte man nun aus den existierenden Softwarepaketen nach Lösungen, die sich in größerer Stückzahl vertreiben lassen würden. Eine Analyse ergab zwei Erfolg versprechende Zielgruppen, mit denen man schon mehrere erfolgreiche Projekte absolviert hatte: die Automobilzulieferer und die

Privat- und Auslandsbanken. Aus diesen Projekten entwickelte man drei Softwarepakete:

- FORS, eine Spezialsoftware für die Auftragsabwicklung, Produktionsplanung und -steuerung für die Automobilzulieferer in der Niederlassung Stuttgart
- DFÜ-Box, ein Kommunikationspaket aus Hard- und Software für den Datenaustausch zwischen Automobilzulieferer und -hersteller in der Niederlassung Berlin
- PABA, ein Softwarepaket für Spezialaufgaben von Privat- und Auslandsbanken in der Niederlassung Frankfurt

In allen drei Fällen stand eine konkrete Zielgruppe im Vordergrund. Aus deren gemeinsamen Wünschen und Problemen einerseits und den schon im Unternehmen vorhandenen Problemlösungen andererseits entstanden neue Produkte, die sich in genügender Anzahl und ohne großartige individuelle Anpassungsleistungen verkaufen ließen. Mit einem Schlag ging die Entwicklung der ganzen Firma in die richtige Richtung. Die Kundenzufriedenheit stieg dramatisch. Durch den Verkauf bereits bestehender Softwarepakete (statt der permanenten Neuentwicklung) stieg die Produktivität der Mitarbeiter. Alle betriebsinternen Probleme verschwanden automatisch: Die Abhängigkeit von wenigen Spezialisten war beseitigt, weil alle das gleiche Know-how hatten, die Motivation stieg, die Fluktuation ging zurück. Und last not least wurden endlich ordentliche Gewinne erzielt.

Die Zielgruppensuche

Bei der Suche und Definition der Zielgruppe sollten Sie drei Kriterien beachten:

Die Zielgruppe sollte Ihren Kapazitäten entsprechen: Die meisten Unternehmen machen den Fehler, ihre Zielgruppe viel zu weit zu fassen! Wer sich als Internet-Dienstleister auf die Zielgruppe „Mittelstand“ konzentriert, muss schon mehrere tausend Mitarbeiter haben, um in dieser Zielgruppe Marktführer werden zu können.

Erlauben Sie sich den Luxus, Ihre Zielgruppe so weit einzugrenzen, bis Sie mit Ihren derzeitigen Kapazitäten dort tatsächlich Marktführer werden können. Aus dieser Position der Stärke heraus können Sie dann Ihre Zielgruppe erweitern.

Die Zielgruppe muss homogene, also gleiche Probleme, Wünsche oder Bedürfnisse haben: Bleiben wir beim oben genannten Beispiel. Die Zielgruppendefinition „Mittelstand“ ist allein schon deshalb völlig untauglich, weil es weder ein Wunsch noch ein Bedürfnis oder Problem ist, Mittelständler zu sein. Es gibt praktisch keine gemeinsamen Merkmale, aus denen sich spezielle Problemlösungen gleich welcher Art ableiten ließen. Ein wenig besser ist da schon „Handwerker“, noch besser „Existenzgründer im Handwerk“ oder – wenn das Unternehmen ganz klein ist – „Existenzgründer im Garten- und Landschaftsbau“. Je klarer die Zielgruppe definiert ist, desto leichter fällt es, maßgeschneiderte Problemlösungen zu entwickeln. Absolut nichts fällt uns an maßgeschneiderten Lösungen beim Thema „Mittelstand“ ein. Bitte bedenken Sie immer, dass Sie sich an die Wünsche und Bedürfnisse Ihrer Zielgruppe anzupassen haben – und nicht umgekehrt!

Sie sollten Engagement und Interesse für Ihre Zielgruppe haben, oder anders ausgedrückt: Sie sollten sie mögen! Zielgruppenspezialisierungen leben von einer sehr engen Vernetzung zwischen Anbieter und den Kunden: Man pflegt, wenn möglich, persönliche Beziehungen, besucht deren Veranstaltungen, ist in deren Vereinigungen aktiv, besucht deren Messen, liest deren Zeitungen und so weiter. Kurz: Man nutzt jede nur denkbare Möglichkeit, um mehr über Wünsche und Bedürfnisse der Zielgruppe zu erfahren. Das geht nur, wenn man ein echtes Interesse an ihr hat, das über das reine Geldverdienen hinausgeht.

Die ideale Zielgruppe:

- passt von der Größe her zu Ihren Kapazitäten,
- hat homogene Wünsche, Bedürfnisse oder Probleme,
- hat einen hinreichend großen Problemdruck (und erzeugt damit eine entsprechend große Nachfrage),
- ist so klar definiert, dass man sie gut erfassen und erreichen kann.

Methodisch finden Sie diese Zielgruppe durch ausführliche Analysen und Brainstormings. Jede Zielgruppe besteht aus unzähligen Teilzielgruppen. Erfassen Sie diese in allen Einzelheiten zunächst auf dem Papier und sieben Sie dann die weniger erfolgversprechenden aus. Am Ende machen Sie mit den wenigen verbliebenen einen Test, denn alle Theorie nutzt Ihnen nichts. Ausschlaggebend für die Wahl der „richtigen“ Zielgruppe ist immer deren Echo auf Ihre Leistungen.

Checkliste: Zielgruppenanalyse für Unternehmen und Freiberufler

- Welche Zielgruppen stehen ganz prinzipiell hinter Ihrem Spezialgebiet?
- Welche Teilzielgruppen stehen hinter diesen Zielgruppen?
- Wie sieht die ideale Zielgruppe aus?
- Welcher Teilzielgruppe können Sie den größten Nutzen bieten?
- Welche Teilzielgruppe hat den größten Bedarf?
- Zu welcher Teilzielgruppe haben Sie die besten Verbindungen?

Beurteilen Sie die Zielgruppen dann nach folgenden Kriterien:

- Welcher Zielgruppe können Sie den größten Nutzen bieten?
- Bei welcher Zielgruppe ist die größte Nachfrage zu erwarten?
- Zu welcher Zielgruppe haben Sie die besten Beziehungen oder wollen diese aufbauen?

Haben Sie nun Ihr Spezialgebiet gefunden? Dann machen Sie sich mit viel Freude und Energie daran, auf diesem Gebiet den größten Nutzen zu bieten und die Nummer eins zu werden. Wenn Sie das geschafft haben, können Sie im nächsten Kapitel erfahren, wie Sie richtig diversifizieren.

4 Marktführer – was dann? Diversifikationsstrategien

Für jeden erfolgreichen Spezialisten stellt sich zwangsläufig irgendwann die Frage, wie es weitergehen soll. Natürlich kann man eine regionale oder nationale Marktführerposition „einfach" beibehalten und sich darauf beschränken, durch zielgerichtete Innovationen die Marktstellung zu verteidigen und auszubauen. Dabei werden dann die Spezialisierungsvorteile noch stärker ausgebaut: Steigende Absatzmengen führen zu sinkenden Grenzkosten und weiterem Ausbau der Preisführerschaft, die Lerngewinne werden größer, die Sicherheit nimmt zu – und so weiter. Doch es gibt auch eine Menge „vernünftiger" Gründe, die Leistungspalette auszudehnen. Hier eine Auswahl:

Erfolg macht Spaß: Und wenn dem Spaß auf dem angestammten Markt eine Grenze gesetzt wird, weil weiteres Wachstum nur unter großem Aufwand oder gar nicht möglich ist, dann liegt nichts näher, als sich eine neue Spielweise zu suchen.

Erfolg muss (manchmal) sein: Gerade Kapitalgesellschaften stehen unter Expansionszwang, weil die Anleger mehr Wachstum und Gewinne als selbstverständlich voraussetzen. Man stelle sich vor, der neue VW-Chef Martin Winterkorn gäbe auf der VW-Hauptversammlung zum Besten, man sei mit dem Erreichten zufrieden und werde von nun an auf hohem Niveau konsolidieren. Eine absurde Vorstellung, selbst wenn der permanente Wachstumszwang ebenso absurd ist.

Imagetransfer: Es ist eine ans Schändliche grenzende Verschwendung, wenn man Image, Kundenbindung und Know-how des Spezialisten einfach so brachliegen lässt. Sie erinnern sich an den Übertragungseffekt: Wer auf einem Gebiet große Kompetenz bewiesen hat, dem traut man das Gleiche automatisch auf anderen Gebieten zu. Die Markenartikler machen vor, wie man das einmal gewonnene Vertrauen der Kunden auf andere Produkte überträgt: Wer Nivea-Creme vertraut, greift auch zur Nivea-Bodylotion, zum

Nivea-Schaumbad, zur Nivea-Anti-Aging-Creme und zum Nivea-Lippenstift. Wer die lila verpackte Milka-Schokolade liebt, greift auch gern zur Lila Pause, zum Lila Müsliriegel, zum Lila Osterhasen und zu Lila Weihnachtskugeln. Ein Spezialistenimage lässt sich leicht auf andere Produkte beziehungsweise Leistungen übertragen.

Diversifikationszwänge: Und dann gibt es noch den schon fast vorprogrammierten Zwang zur Diversifikation: Sie erinnern sich an das Entropie-Phänomen, nach dem jede Energiekonzentration dem Zerfall zustrebt. Spezialisierungsstrategien erfordern eine enorme Energiebündelung und -konzentration. Es ist kein Wunder, wenn man dieser Konzentration durch Ausdehnung der Leistungspalette entfliehen will.

Es gibt eigentlich nur einen einzigen Grund, der gegen die Diversifikation spricht: der Verlust der Spezialisierungsvorteile! Natürlich gibt es viele erfolgreiche Konglomerate, die extrem diversifiziert sind. Bekanntestes Beispiel war wohl General Electric mit seinem charismatischen CEO Jack Welch. GE hatte zu Welchs Amtszeit nur „fokussierte" Unternehmen im Portfolio, die auf ihrem Markt die Nummer 1 oder die Nummer 2 waren. Jack Welch hat meiner Meinung nach am besten gezeigt, wie man ein diversifiziertes Konglomerat führt: Indem man Spezialist für Management und Führung wird. „Eine der größten Leistungen von Welch ist die Entwicklung von neuen Managementtalenten", schrieb die FAZ im September 2001, als Welch aus Altersgründen den GE-Vorsitz abgab. Bei GE rannte man nicht verzweifelt irgendwelchen Synergien hinterher und man beschränkte den Zentralismus auf das Notwenige. Manager bei GE wurden durch ihre Ausbildung befähigt, die ihnen anvertrauten Tochterunternehmen unabhängig und selbstständig zu führen. Einzige Restriktion: Sie mussten die Zahlenvorgaben erfüllen.

Wachstum ist kein „Muss"

Natürlich muss Diversifikation in gewissem Rahmen sein. Rein theoretisch kann man auch darauf verzichten, und es sich – wenn der Markt „erschöpft" ist – etwas gemütlicher einrichten und durch permanente soziale oder technische Innovationen (immer gemäß dem konstanten Grundbedürfnis) ungefähr die gleiche Unternehmensgröße beibehalten. Gut so. In der Natur gibt es Wachstumsgrenzen und vielleicht sollte man sich auch in der Unternehmensführung langsam ein Beispiel daran nehmen. Von solch fortschrittlichen Unternehmenslenkern kann man auch in Simons *Hidden Champions* erfahren: Dort wird beispielsweise Peter Barth zitiert, Chef der Firma Joh. Barth, Weltmarktführer für Hopfen und Hopfenprodukte: „Einige unserer Konkurrenten haben in andere Agrarprodukte diversifiziert, wie zum Beispiel in Malz und Gerste. Wir haben davon Abstand genommen, das Gleiche zu tun, und bleiben beim Hopfen, nichts als Hopfen. Durch diese Spezialisierung haben wir eine Perfektion erreicht, mit der sich kaum jemand vergleichen kann."

Für alle, die diese geistige Reife noch nicht erreicht haben, mag Fredmund Malik die rechten Worte parat haben. Er hat zum Thema Wachstumsgrenzen und Wachstumszwang etwas sehr Bemerkenswertes zu sagen: „Wachstum rein um des Wachstums willen ist einer der schwerwiegendsten Managementfehler. Wachstum sollte immer benutzt werden, um andere Ziele zu erreichen. Wenn der Grund darin liegt, die Marktstellung des Unternehmens zu stärken, dann ist Wachstum notwendig. Wachstum, das jedoch nur zur Größe führt, ist im günstigsten Falle Fettsucht, im ungünstigsten Krebs." Also: Wenn Sie Ihren Markt richtig im Griff haben, gönnen Sie sich ruhig den Luxus des qualitativen Wachstums: bessere Leistungen, bessere Produktivitäten, bessere Kundenbindung.

Doch damit kann sich nicht jedermann anfreunden, zu stark ist die – besonders Männern – angeborene Dominanzinstruktion, die uns zum „höher – weiter – besser – größer" anstiftet. Also los: Der eigene Markt ist erschöpft, der Marktanteil nähert sich der magischen 100-Prozent-Grenze. Was tun?

4.1 Diversifikation: Was absolut verboten ist

Doch wie soll man diversifizieren? Natürlich möglichst so, dass die Spezialisierungsvorteile weitgehend erhalten bleiben.

Doch bevor wir dieses Thema auswalzen, erst einmal die Gründe, aus denen man unter gar keinen Umständen diversifizieren sollte:

Diversifizieren, um dem Kunden einen Gefallen zu tun: Ich habe oben schon erwähnt, dass man dem Spezialisten die unglaublichsten Dinge zutraut, wenn er erst einmal auf einem Gebiet Kompetenz bewiesen hat. Macht er seinen Job wirklich gut, wird er sich vor Anfragen kaum retten können. Dazu Simon: „Der schwierigste Teil ist, der Versuchung zu widerstehen, hier und dort ein Gelegenheitsgeschäft zu machen. Super-Nischenanbieter könnten oft ein zusätzliches Geschäft auf angrenzenden Gebieten einfahren, besonders, wenn das Geschäftsklima günstig ist." Ich würde sagen: Das gilt nicht nur für Super-Nischenanbieter, sondern für jedes Unternehmen. Und zwar nicht nur, wenn das Geschäftsklima günstig ist, sondern ganz besonders, wenn es ungünstig ist.

Diversifizieren, um Umsatzlöcher zu stopfen: In Zeiten der Rezession verfahren viele Unternehmen (egal, ob die Belegschaft aus einem oder 1.000 Mitarbeitern besteht) nach einem relativ einfachen Schema: Jeder Auftrag wird um fast jeden Preis hereingenommen – Hauptsache, die Kapazitäten werden ausgelastet. Ich vermute, dass auch hier evolutorische Kräfte am Werk sind: Das Überleben muss gesichert werden, koste es, was es wolle. Gerade in Zeiten sinkender Umsätze wäre es angebracht, die Kräfte noch stärker zu „fokussieren", also auf besonders große Engpässe bei der Zielgruppe zu konzentrieren, um noch attraktiver zu werden, oder – wie viele Beispiele gezeigt haben[38] – auch mitten in der Krise ganz neue Märkte zu kreieren. Doch stattdessen breiten wir die Arme noch stärker aus und pressen jeden Kunden an die Brust, der sich im Vertrauen auf gute Behandlung nähert. Egal, ob er mit seinen Sonderwünschen die Organisation auf den Kopf stellt und uns Anpassungsleistungen abverlangt, die jeden Controller blass werden lassen: Hauptsache, der Umsatz stimmt. Angst und Gier besiegen die Ratio – ein bekanntes Phänomen.

Diversifizieren aus Sicherheitsgründen: Bitte verfallen Sie nicht dem Irrglauben, durch den Einmarsch in fremde Geschäftsfelder oder durch überzogenes Wachstumstempo Ihre Existenzängste beseitigen zu können. Noch einmal Malik: „Diversifikation führt fast immer zu einer Risikoakkumulation statt zu einer -streuung." Hinzuzufügen wäre: Sie führt ebenso häufig zu Unproduktivität und Mehrarbeit.

Diversifikation aus Sicherheitsgründen ist immer eine schlechte Wahl, denn sicherer ist es in jedem Fall, alle Kräfte für *eine* herausragende Leistung einzusetzen – auch wenn dies sehr komplexe Anstrengungen erfordert.

Zu den negativen Auswirkungen der Diversifikation ein Beispiel: In den 70er-Jahren arbeiteten drei junge Ingenieure bei der Firma Wienerwald: Siegfried Meister, Roland Pflüger und Herbert Obermaier. Die erste deutsche Fastfood-Kette (Spezialist für Grillhähnchen[39]) unterhielt damals eine Tochterfirma, die für die Weiterentwicklung und Produktion von Grillöfen und anderen Großküchengeräten zuständig war. Alle drei machten sich selbstständig: Meister gründete 1973 eine Firma in Landsberg am Lech, Pflüger und Obermaier in Maisach nahe München. Zunächst stürzten sich beide auf ein Gerät mit vermeintlich besten Zukunftschancen: den so genannten Air-Frit, mit dem man Pommes frites ohne Fett backen konnte. Beide Unternehmen erlitten damit Schiffbruch, und zwar aus einem ganz einfachen Grund: Beraubt man Pommes des Geschmacksträgers Fett, schmecken sie mehr oder weniger langweilig und fade. Weiter ging es im Gleichschritt: Beide Unternehmen entwickelten Geräte für die Gastronomie. Jedoch mit höchst unterschiedlichem Erfolg: Die von Siegfried Meister gegründete Rational AG ist heute Weltmarktführer für sogenannte Kombidämpfer. Dämpfer sind wahre Allroundgenies unter den Küchengeräten: Mit ihnen kann man große Speisemengen garen, regenerieren oder braten. In jeder Profiküche steht heute ein Kombidämpfer, und zwar in der Mehrzahl der Fälle einer aus dem Hause Rational, das mit einem Anteil von 44 Prozent unangefochten die Weltmärkte beherrscht.

Rational ist das Maß aller Dinge, an dem sich alle Wettbewerber zu messen haben. Rational ist Zielgruppenbesitzer, das heißt, alle Chefköche in Hotel- und Restaurantküchen schwören auf Kombidämpfer aus Landsberg. Rational machte im Jahr 2005 rund 260 Millionen Euro Umsatz mit 800 Mitarbeitern und zweistelliger Nettorendite. Die Rational AG stellt ausschließlich Kombidämpfer her, und das besser als jedes andere Unternehmen auf dem Markt. Anders sieht es aus bei der von Pflüger und Obermaier gegründeten Eloma GmbH: Dort gibt es zwar auch diverse Kombidämpfer im Sortiment, doch daneben eine Vielzahl unterschiedlicher Edelstahlgeräte: Backöfen für Backshops, Wärme- und Garschränke, Zubehör für Bankett-Systeme und so weiter. Eloma spielt auf keinem Markt eine große Rolle: Bei Kombidämpfern ist man hinter Rational und dem ewigen Zweiten Convotherm gemeinsam mit Lainox und Electrolux die Nummer drei mit einem Marktanteil von weniger als 10 Prozent, bei Backöfen dominieren die beiden Marktführer Miwe und Wiesheu, auch hier ist Eloma ein „kleiner Fisch“. Eloma gehört mittlerweile zur Palux-Gruppe, die ebenso diversifiziert ist wie ihr Töchterchen Eloma. Ihre Gründer sind oder waren Angestellte im eigenen Unternehmen. Ja, Eloma ist ein erfolgreiches Unternehmen, auf das die Mitarbeiter stolz sein können. Die Verdienste ihrer Gründer sollen hier in keinster Weise geschmälert werden.

Doch Hand aufs Herz: An welchem Unternehmen, liebe Leserin und lieber Leser, würden Sie am liebsten Anteile besitzen? Wo wären Sie lieber als Verkäufer beschäftigt: beim unangefochtenen Marktführer oder beim ewigen Dritten? Auf meine Frage, wie er denn die Strategie seines großen Mitbewerbers und ehemaligen Kollegen Siegfried Meister im Nachhinein beurteile, antwortete Roland Pflüger: „Wir fanden es immer zu riskant, uns zu spezialisieren, und hielten unseren Weg für den sichereren.“ Was mag Siegfried Meister wohl dazu sagen? Ich vermute, dass er das Risiko der Eloma-Diversifikationsstrategie um keinen Preis der Welt eingegangen wäre und dass er sich in seiner Spezialisierung zu jeder Zeit äußerst sicher fühlte.

Die Strategie macht den Unterschied

Zwei Unternehmen. Beide hatten exakt die gleichen Ausgangsbedingungen. Beide verfügten über das gleiche Know-how. Beide hatten engagierte, motivierte Chefs mit beachtlichen Führungsqualitäten und dem unbedingten Willen zur Kundenorientierung. Doch zwischen ihnen liegen Welten – nicht nur was die nackten Zahlen angeht, sondern auch bezogen auf immaterielle Faktoren wie Marktmacht, Innovationskraft, Bewegungsfreiheit, Image, Kundenbindung, Zugang zu lebensnotwendigen Ressourcen wie Kapital und fähigen Mitarbeitern. Was macht den Unterschied zwischen beiden Welten aus? Es ist ein winzig kleiner und doch riesengroßer: Allein die richtige Strategie macht den Unterschied, die Frage von Spezialisierung oder Diversifikation.

4.2 Ungeeignet: Diversifikation, weil's alle tun

Häufig werden Diversifikationsstrategien mit dem Hinweis auf die Konkurrenz begründet: Wenn alle Mitbewerber systematisch die Produktpalette erweitern, scheint man geradezu verdammt zu sein, es ihnen gleich zu tun – ganz nach dem Motto: Esst Mist, denn Millionen Fliegen können nicht irren.

Von einer gewissen Größe an scheint man vor den Gefahren derart motivierter Diversifikationsgelüste sicher zu sein. Schauen wir uns die Volkswagen AG an: ein Unternehmen, das – wie der Name schon sagt – auf Autos fürs Volk spezialisiert ist. Oder soll man sagen: war? VW steht für Massenmotorisierung: vom Käfer über den Golf und Polo zu den Familienkutschen Sharan, Passat und VW-Bus. Ausflüge ins dunkle Mittelalter der Diversifikationsstrategien überstand man einigermaßen schadlos – der Kauf der Schreibmaschinenfabrik Triumph-Adler (ein Pleitekandidat ersten Ranges) war schnell vergessen. Natürlich diversifizierte der Marktführer für „Volkswagen" weiter – diesmal in die „richtige" Richtung, nämlich Automobile, die in einer ähnlichen Liga spielen wie VW: erst Audi, später Seat und Skoda. Audi zeigt wunderbar, wie man evolutionär in eine höhere Spielklasse hineinwachsen kann: Aus dem Auto mit dem Spießerimage wurde durch gezielte Produktinnovation und Imagepflege eine sportliche Marke, die es sogar mit BMW aufnehmen konnte – zumindest bezogen auf die 3er- und 5er-Reihe. Doch der Audi A8 hat es nie geschafft, als ernsthafter Wettbewerber neben der S-Klasse von Mercedes oder dem 7er-BMW zu bestehen (ganz zu schweigen von Jaguar). Der sportliche Achtzylinder war immer ein Underdog in seiner Liga und hatte niemals auch nur den Hauch einer Marktführungschance. Daran konnte auch Ex-VW-Aufsichtsrat Gerhard Schröder nichts ändern, der werbewirksam mit einem A8 bei „Wetten, dass ..?" vorfuhr. Macht nichts! Autos bauen macht Spaß und ganz große (und teure) Autos bauen macht ganz viel Spaß. Also muss VW raus aus der zweiten Bundesliga und gleich rein in die Champions League. Der Reinfall mit Rolls Royce (die maroden Fabriken erbte VW, der kostbare Markenname blieb bei BMW) war schnell vergessen, also ging es flott weiter mit Bugatti, Lamborghini und Bentley. Warum? Ist doch klar! Mercedes hat den Maybach (das macht bei einem Hersteller von Luxusautos durchaus Sinn) und dem muss VW selbstredend etwas entgegensetzen. Denn alle anderen verhalten sich ebenso: BMW wertete sich mit Rolls Royce auf, Ford schmückte sich mit Jaguar und Aston Martin. Fachleute sind sich einig: So viele Luxusautos verträgt der Weltmarkt nicht. Enzo Ferrari arbeitete nach der Devise: „Immer ein Auto weniger anbieten als nachgefragt wird". Ferraris waren immer knapp und zwangsläufig teuer. Wie rechtfertigt der biedere Mittelklasse-Produzent VW seine bizarren Exkursionen ins Premiumsegment? Natürlich nicht mit der Aussicht auf Gewinne, denn so blöd ist kein Mensch, um das zu glauben. Nein, der Imagetransfer ist es! Millionen von Käufern, die bisher zwischen dem Kauf eines VW, Opel oder Toyota schwankten, werden sich – glauben wir den VW-Experten – für ein Modell aus Wolfsburg entscheiden, weil sie sich als Fahrer eines Lupo oder Polo praktisch als Markengefährte des Bugatti-Eigners fühlen.[40]

Man weiß nicht, ob man als VW-Aktionär angesichts solcher Spekulationen aus Verzweiflung oder Galgenhumor in Tränen ausbrechen soll. Denn man kann nur inständig hoffen, dass kein Golf-/Polo-/Lupo-Fahrer sich ernsthaft fragt, mit wie viel Euro er jene Handvoll Superreiche subventioniert, die seit dem Jahr 2004 mit 24 VW-Zylindern an den Uferpromenaden von Cannes und Monte Carlo dahingleiten. 300 Bugatti zum Stückpreis von 1,2 Millionen Euro wollte VW in die Welt setzen – da kann man sich an fünf Fingern abzählen, dass diese recht bescheidenen Umsätze niemals zur Kostendeckung ausreichen werden. Und so könnte der VW-Käufer zu dem Schluss kommen, dass sein Geld in einem anderen Auto besser investiert ist. Denn ähnlich traurig beurteilten Experten die Absatzchancen eines weiteren VW-Experiments mit dem Titel „Phaeton", das BMW, Daimler und Audi in der Oberklasse Konkurrenz machen sollte. Nachdem das Fahrzeug jedes Jahr die Absatzziele weit verfehlte, hielten sich im Jahr 2006 die Gerüchte, die Produktion werde eingestellt. Offensichtlich hat es sich noch nicht bis nach Wolfsburg herumgesprochen, dass Autos primär der Persönlichkeitsverstärkung und erst dann der Fortbewegung dienen. Und ganz unter uns: Wer demonstriert seinen Erfolg schon gern mit einem Auto namens Volkswagen?[41]

„Keiner wird gewinnen", orakelte das *manager magazin* im September 2001. Nicht nur für VW, sondern auch für DaimlerChrysler, BMW und Ford soll die automobile Hochrüstung zumindest finanziell ein Fiasko sein. Rund 13 Milliarden Euro werden laut mm bis 2008 in die Produktion von Luxusfahrzeugen investiert: „In der Branche hat ein Wettlauf begonnen, bei dem das betriebswirtschaftliche Einmaleins außer Kraft gesetzt wird. Die Akteure schaukeln sich beim Bau superteurer Autos gegenseitig hoch. Es geht um Prestige, um das Image von Marken und Konzernen – und es geht um die Profilierungssucht übereifriger Manager. Keiner der Hersteller glaubt, sich dem Zug zum Superluxusmobil entziehen zu können. So machen alle mit – und werden am Ende allesamt draufzahlen, respektive ihre ganz gewöhnliche Kundschaft zahlen lassen." „Wenn in unserer Industrie alle das Gleiche machen, dann ist das sicher falsch", wird Ex-VW-Chef Bernd Pischetsrieder zitiert. Dem sei hiermit aus vollem Herzen zugestimmt. Wer macht es richtig? Laut mm nur Porsche, ohnehin als Spezialist für schnelles Spielzeug prädestiniert für Ausflüge ins Highend. Der für 2003 angekündigte Carrera GT bekam erst dann grünes Licht, als 1.000

feste Vorbestellungen vorlagen – nur dann werden die Entwicklungskosten wieder eingespielt.

Überprüfen Sie Ihre Expansionsmotive!

Der Kleinwagenspezialist VW ist groß genug, um luxuriöse Selbstverwirklichungstrips und Spielereien seiner Vorstände zu verkraften (hoffentlich!). Wenn Sie selbst, liebe Leser, mit vergleichbaren Diversifikationsspielchen liebäugeln, fragen Sie sich bitte ganz genau, ob Ihr Unternehmen solche Ausflüge aus der Portokasse bezahlen kann. Vor allem ist wichtig, dass Sie sich Ihrer Motive sicher sind. Geht es „nur" darum, Spaß zu haben oder zu zeigen, dass man auch bei den großen Jungs mitspielen kann? Dann sagen Sie es laut und deutlich, und zwar besonders dann, wenn Sie dabei das Geld anderer Leute benutzen. Mit Ihrem eigenen Geld können Sie selbstverständlich tun und lassen, was Sie wollen. Wenn Sie aber unter anderem deswegen diversifizieren wollen, um den Wert des Unternehmens zu mehren oder um anderen einen Nutzen zu bieten, dann sollten Sie im Zweifelsfall erst einmal den gesunden Menschenverstand (und Ihre Zielgruppe!) befragen. Zum Schluss noch einmal Fredmund Malik: „Es gibt einige Beispiele von funktionierenden Diversifikationen, aber sie sind sehr selten. Der weitaus größte Teil der Diversifikationsstrategien ist entweder gescheitert oder hat nur zu marginalen Erfolgen geführt. Alle wirklichen Unternehmenserfolge sind Konzentrationserfolge. In den vergleichsweise wenigen Fällen, in denen Diversifikation gut ging, lagen entweder außerordentlich günstige Umstände vor, wie beispielsweise lang anhaltende Phasen ungestörter wirtschaftlicher Prosperität, oder sie geschah auf dem Hintergrund einer ganz präzisen Logik." Um genau diese Logik geht es im nächsten Abschnitt.

4.3 Wie man richtig expandiert und diversifiziert

Die Frage der „richtigen" Expansion und Diversifikation ist ebenso anspruchsvoll wie die der „richtigen" Spezialisierung. Soll man seine

Produkte/Leistungen an andere, benachbarte Zielgruppen verkaufen und den Markt darüber erweitern? Soll man seiner Strategie treu bleiben (Produkt/Zielgruppe bleiben gleich) und das gleiche Konzept international, womöglich global verbreiten? Soll man neue/fremde Produkte oder Services aufnehmen und darüber die Leistungspalette erweitern? Und wenn ja, mit welchen? Gibt es so etwas wie eine Leitlinie zur „richtigen" Expansion?

Drei Diversifikationsstrategien

Schauen wir uns die verschiedenen Strategien einmal an:

1 *Einmarsch auf internationale Märkte:* Praktisch alle Hidden Champions gingen nach dieser Strategie vor, um das begrenzte Umsatzpotenzial des heimischen Marktes zu erweitern. Brita (Wasserfilter), Barth (Hopfen) ... blieben ihrer Ein-Produkt-Strategie im Wesentlichen treu und strebten nach globaler Marktführung. Für diese Strategie benötigt man eine absolut globale Einstellung, Kooperationsfähigkeit, Freude am Kennenlernen anderer Kulturen sowie die Fähigkeit, sich fremden Verhältnissen anzupassen. Und noch eine Zugabe: ein Produkt beziehungsweise eine Dienstleistung, die entweder unverändert oder mit marginalen Anpassungen international absetzbar ist.

2 *Einmarsch auf andere Zielgruppenmärkte:* Diese Strategie macht Sinn, wenn das Kernprodukt entweder unverändert oder mit überschaubaren Risiken an neue Zielgruppen angepasst werden kann. Geeignet ist diese Strategie insbesondere für diejenigen, die eine Problem- und Zielgruppenspezialisierung eingeschlagen haben. Zielgruppendiversifikationen liegen zum Beispiel vor beim Herrenschneider Hugo Boss, der zur Jahrtausendwende auch die Damenwelt mit speziellen Kreationen beglückte, oder bei der Designerin Jil Sander, die ihr Schaffen von der Damen- auf die Herrenmode ausweitete. In beiden Fällen lag der Reiz ausschließlich im Imagetransfer, denn andere, „vernünftige" Gründe sind in beiden Fällen schwerlich zu entdecken: Sowohl auf dem Markt für gehobene Herren- als auch für Damenoberbe-

kleidung herrscht ein munterer Verdrängungswettbewerb, den man nur durch aufwändige Materialschlachten in Hochglanzmagazinen und durch Präsenz auf den Edelmeilen dieser Welt gewinnen kann. Und die Angebote unterscheiden sich bei aller Individualität kaum voneinander, so dass das Label das einzige signikante Unterscheidungsmerkmal ist. Sei's drum – bei Boss und Sander wird man wissen, was man tut. Wenn Sie meinen, in einen bereits hart umkämpften Zielgruppenmarkt expandieren zu müssen, dann prüfen Sie bitte zuvor gründlich, ob die Ressourcen und die Wettbewerbsvorteile tatsächlich ausreichen, um dort einen nennenswerten Erfolg zu erzielen.

Die Mehrzahl der mir bekannten Zielgruppenspezialisten wählen indes den dritten Weg der Expansion:

3 *Marsch in die Tiefe gemäß den konstanten Grundbedürfnissen:* Diese Diversifikationsstrategie eignet sich für alle Spezialisierungsformen. Dabei folgt man dem mit dem Kernproblem verbundenen Grundbedürfnis (auf das man sich spezialisiert hat) und dehnt die Leistungspalette auf damit zusammenhängende Probleme aus. Beispiel: Die bereits erwähnte Winterhalter Gastronom GmbH, Marktführer für Spülmaschinen in der Hotellerie und Gastronomie. Dieses Unternehmen verfügt innerhalb des Grundbedürfnisses „Sauberes Geschirr in der Hotellerie" über eine recht breite Produktpalette: Es gibt Spülmaschinen unterschiedlicher Größe sowie spezielle Gläserspülmaschinen (davon eine für Maßkrüge in Biergärten), daneben Wasseraufbereitungsanlagen und ein spezielles Winterhalter-Spülmittel für ein optimales und dekorschonendes Spülergebnis. Dieser Weg ist der allgemein verbreitetste: Beim Brezelbäcker Ditsch gibt es längst nicht nur Brezeln zu kaufen, sondern jede Menge anderes „Fingerfood", das irgendwie den gemeinsamen Nenner „Laugenteig" besitzt (Grundbedürfnis: Essen unterwegs). Der Suppengewürz-Spezialist Maggi blickt heute auf eine breite und ständig variierende Palette von Tütensuppen, Gewürzen und Fertigsoßen, die allesamt dem Grundbedürfnis „Einfaches Kochen/ Vorratshaltung" dienen.

Die Ressourcen bestimmen das Tempo

Auch hier gilt wie (fast) immer nicht die Devise „Entweder-oder" sondern „Sowohl-als-auch". Alle drei Wege sind erfolgversprechend und gleichzeitig zu beschreiten, wenn die Unternehmensressourcen dazu ausreichen. Man wähle sich denjenigen aus, der den eigenen Fähigkeiten und Neigungen (beziehungsweise denen des gesamten Teams) am besten entspricht und der zur Wachstumsphilosophie am besten passt. Last not least hat natürlich die Zielgruppe das alles entscheidende Wörtchen mitzureden. Wenn diese nämlich zur Konkurrenz abwandert, weil dort eine ganzheitliche und umfassende Problemlösung wartet, kann der Spezialist zwar auf eine höchst stringente Strategie verweisen, aber dennoch in Schönheit sterben. Fest steht: Es gibt keinen wie auch immer gearteten Zwang zur Diversifikation – außer wenn die Zielgruppe es fordert. Wer sich zu diesem Weg entschließt, muss sich in Abstimmung mit seiner Zielgruppe für eine bestimmte Variante entscheiden. Wie immer gibt es auch in der Frage nach der „richtigen" Diversifikation keine allein selig machende Alternative. Der eine mag damit zufrieden sein, mit einer sehr engen Produktpalette auf dem heimischen Markt die Nummer eins zu sein. Das ist selbstredend genauso okay, wie die Globalstrategie. Ein Expansionszwang existiert nur in unseren Köpfen und bei den bemitleidenswerten Vorständen, die den Gesetzen des Anlagemarktes unterliegen und um praktisch jeden Preis zum Wachstum verdammt sind. Ansonsten gilt: Auch und ganz besonders in Sachen Diversifikation und Expansion sind wir nicht Opfer, sondern Gestalter unserer Welt. Hier noch einige Beispiele für die verschiedenen Expansionsszenarien:

Einmarsch auf andere Zielgruppenmärkte: Ein Musterbeispiel dafür ist die Firma Kärcher in Winnenden. Auch dort hatte man mit der ungeordneten Diversifikation so manch leidvolle Erfahrung gesammelt. In den 70ern galt die Verteilung der Aktivitäten auf voneinander unabhängige Märkte als Allheilmittel. Unter den Mitarbeitern wurden Prämien ausgelobt, um neuen und Erfolg versprechenden Märkten auf die Spur zu kommen. Und das taten sie mit Erfolg: Katamaranrümpfe, Heizkessel und Klavierstühle zählten unter anderem zu den Produkten aus dem Hause Kärcher. Der Erfolg: Die Renditen näherten sich langsam, aber sicher dem Nullpunkt. 1974 wurde dann der junge Vertriebsingenieur Roland Kamm in die Geschäftsführung des ehrwürdigen Familienbetriebs berufen. Dieser hatte gerade bei Wolfgang Mewes die EKS und damit die Vorteile der Spezialisierung kennengelernt. Doch statt nun von heute auf morgen das Ruder herumzureißen und zu entdiversifizieren, ging Kamm sehr behutsam vor. Zunächst ermittelte er, wo die wahren Stärken des Unternehmens und seine Alleinstellungsmerkmale lagen. Das war – oh Wunder! – der Hochdruckreiniger, der schon zuvor das erfolgreichste Produkt im Unternehmen war. 1950 schon hatte Firmengründer Alfred Kärcher den ersten Heißwasser-Hochdruckreiniger Europas konstruiert und produziert. Roland Kamm konzentrierte nun die Kräfte auf den Hochdruckreiniger (Primärspezialisierung auf ein Produkt) und ließ die anderen Geschäftsbereiche ganz allmählich auslaufen. Mit dem Hochdruckreiniger spezialisierte man sich zunächst auf die Zielgruppen Fassadenreiniger sowie Autowerkstätten und Tankstellen. (Achtung: Auch als Primärspezialist ist es sinnvoll, zunächst die erfolgversprechendsten Zielgruppen zu identifizieren und die Marketingaktivitäten auf diese zu konzentrieren – selbst wenn das Produkt keiner zielgruppenspezifischen Anpassung bedarf!) Später entwickelte man bei Kärcher Hochdruckreiniger für alle möglichen anderen gewerblichen Zielgruppen bis hin zu privaten Haushalten. Je nach Zielgruppenbedürfnissen wurden die Hochdruckreiniger angepasst und variiert: Ein Hochdruckreiniger für den Privatgebrauch muss natürlich weniger anspruchsvollen Belastungen genügen als ein Profigerät. Kärcher ist weltweit die Nummer eins für Hochdruckreiniger. Im Schwäbischen existiert gar der Ausdruck „kärchern“ für den Frühjahrsputz von Gehwegen, Hauswänden und Geräten. Kärcher hat durch seine Produktspezialisierung einen riesigen Massenmarkt geschaffen, auf dem sich mittlerweile viele Nachahmer drängeln. Doch es blieb bekannterweise nicht bei der Produktspezialisierung. Kärcher beschritt alle Expansions- und Diversifikationswege:

Erstens: Expansion über den Export: Kärcher-Hochdruckreiniger sowie andere Reinigungsgeräte kann man heute auf der ganzen Welt kaufen, wobei 80 Prozent des Umsatzes auch heute noch in Europa erzielt werden.

Zweitens: Diversifikation in andere Zielgruppen: Bei Kärcher wurden unter der Regie von Roland Kamm 26 ganz klar definierte Zielgruppen bedient. Es gab spezielle Reinigungslösungen für die Lebensmittelindustrie, Metzgereien, Sportstätten, Supermärkte, Installateure und so weiter. Hochinteressant ist hier die sehr ausgeprägte Differenzierung der Zielgruppen. Je genauer man nämlich die Zielgruppen differenziert, desto besser kann man deren spezielle Bedürfnisse erkennen und desto besser kann man maßgeschneiderte Lösungen entwickeln. Mit dem Hochdruckreiniger war man in den Kernzielgruppen fest verankert und genoss dort ein hervorragendes Image. Was lag also näher, als die Kontakte in die Zielgruppe noch intensiver zu nutzen und das Image auch auf andere Produkte zu übertragen? Die Antwort auf die Frage, welche neuen Produkte neben dem Hochdruckreiniger in das Sortiment aufgenommen werden sollten, lieferten die aktuellen, nicht oder nur mangelhaft gelösten Reinigungsbedürfnisse der jeweiligen Zielgruppe.

Drittens: Diversifikation in die Tiefe gemäß den konstanten Grundbedürfnissen, also die Ausdehnung der Produkt- und Leistungspalette gemäß den Wünschen und Bedürfnissen einer klar definierten Zielgruppe (wobei das konstante Grundbedürfnis hinter der ursprünglich etablierten Problemlösung als Leitfaden dient). Wie sieht dies nun im Fall Kärcher aus? Die Primärspezialisierung von Kärcher war der Hochdruckreiniger, das hinter diesem Produkt stehende Grundbedürfnis das Reinigen von gewerblichen Flächen und Gütern. Dies führte beispielsweise zu folgenden Zielgruppenlösungen:

- Für Fuhrparks bietet Kärcher Waschstraßen für LKW und Busse an, daneben Lösungen für die Innenreinigung von Tank- und Silofahrzeugen.
- Für Busunternehmen gibt es spezielle Durchfahr-Waschanlagen und diverse Lösungen für die Innenraumreinigung (Polster, Böden, Fenster) der Busse. Für Hallen- und Wartungsflächen gibt

es Kehrmaschinen, Scheuer-Saug-Maschinen, Hochdruckreiniger und so weiter.
- Für Kfz-Betriebe hat man Spezial-Spülmaschinen für Teile im Programm, daneben Hochdruckreiniger für Heiß- und Kaltreinigung, Waschanlagen, Kehrmaschinen und vieles andere rund um deren spezielle Reinigungsbedürfnisse.

Die Fähigkeiten zur Produktion dieser breiten Produktpalette erwarb man über gezielte Zukäufe und gute Integration der Unternehmen in den Gesamtkonzern. Hier sieht man, wohin eine Spezialisierung in die Tiefe der Probleme führen kann: zu einer breiten Produktpalette rund um ein Grundbedürfnis innerhalb fest umrissener Zielgruppen.

Als Roland Kamm zum 1. Juli 2001 in den wohlverdienten Ruhestand ging, konnte er auf ein ordentliches Lebenswerk zurückblicken: Der Umsatz stieg während seiner 26-jährigen Amtszeit von knapp 20 Millionen auf 2 Milliarden Euro, die Zahl der Mitarbeiter von wenigen hundert auf mehr als 5.400. Kärcher ist heute im Sinne der Produktspezialisierung kein spezialisiertes Unternehmen mehr (obwohl noch ein großer Umsatzanteil auf den Hochdruckreiniger entfällt). Aber Kärcher ist ein Unternehmen, auf das der Begriff „Fokussierung“ hervorragend zutrifft. Kärcher zeigt auch, dass „Spezialisierung“ nichts mit „Nische“ zu tun haben muss, sondern dass es bei entsprechendem Expansionswillen nach oben praktisch keine Grenzen gibt.

Zielgruppenbesitz ist die größte Form der Sicherheit

Natürlich ist Variante drei, nämlich die Diversifikation in die Tiefe, die anspruchsvollere und komplexere. Sie hat einen ganz entscheidenden Vorteil, führt sie doch – richtig angewendet – zu besseren Problemlösungen und größter Kundenbindung. Das von Mewes propagierte Ziel des Zielgruppenbesitzes (also ein sehr hohes Maß an Kundenbindung über einen zwingenden, quasi monopolartigen Nutzen) ist die größte Konstante in den unsicheren und vom steten Wechsel geprägten Zeiten. Die größere Sicherheit und Kontinuität hat allerdings ihren Preis: Sie geht auf Kosten der organisatorischen Stringenz. Größere Komplexität in der Leistungspalette kostet größere Aufwendungen in der Entwicklung, in der Produktion, in der Beschaffung, in der Mitarbeiterqualifizierung etc. Das Gleiche gilt natürlich auch für die Produktion von Dienstleistungen.

Der „Marsch in die Tiefe" ist selbstverständlich nicht nur dem produzierenden Gewerbe vorbehalten. Ganz besonders Wissensunternehmen (also diejenigen, die vom Verkauf ihres Know-hows leben und deren größtes Kapital zwischen den Ohren der Mitarbeiter liegt) sind prädestiniert dazu, über ihre Anfangsspezialisierung hinaus in immer bessere und tiefere Problemlösungen zu diversifizieren. Dazu muss man nicht erst in Größenordnungen wie Kärcher & Co. hineinwachsen, sondern kann das schon als Kleinunternehmen leisten.

Übersicht: Richtig diversifizieren und expandieren

- Variante 1: Regionale/internationale Expansion

Voraussetzungen: Nachfrage vorhanden, keine oder geringe Anpassung des Produkts/der Dienstleistung, „internationale" Firmenkultur
Vorteile: steigende Stückzahlen, sinkende Grenzkosten, Ausbau der Kosten- und Marktführerschaft
Know-how-Unternehmen: tieferes Know-how

- Variante 2: Expansion über Diversifikation in benachbarte Zielgruppenmärkte

Voraussetzungen: geringe Anpassung des Produkts/der Dienstleistung und/oder Image- und Know-how-Transfer
Vorteile: Image- und Know-how-Transfer, bei wenig veränderten Produkten/Leistungen steigende Stückzahlen, sinkende Grenzkosten

- Variante 3: Expansion über Ausdehnung der Produktpalette gemäß konstantem Grundbedürfnis

Voraussetzungen: starke Marktstellung, Imagetransfer auf neue Produkte/Leistungen, ungelöste Probleme bei der Zielgruppe
Vorteile: starke Kundenbindung, komplette Problemlösungen aus einer Hand
Risiken: Verlust der Spezialisierungsvorteile, insbesondere der organisatorischen Stringenz und der Kostenvorteile

5 Strategie ist nicht alles – was man sonst noch braucht

Was ist wichtiger – die Strategie oder der Stratege? Ist die Brillanz der Geschäftsidee entscheidend oder die persönliche, fachliche und soziale Kompetenz derjenigen, die sie in die Tat umzusetzen haben? Sie kennen mittlerweile meine Lieblingsantwort: Sie lautet: „Sowohl-als-auch". Mit einer eindeutigen Gewichtung: Nach vielen Jahren Arbeit an der Frage: „Was macht Menschen und Unternehmen erfolgreich?", bin ich ganz persönlich zu dem Ergebnis gekommen, dass der Mensch immer wichtiger ist als die Strategie. Es gibt unglaublich erfolgreiche Unternehmer und Manager, die mit den irrsinnigsten Verzettelungen sehr gut zurechtkommen – und auf der anderen Seite gibt es Menschen, die eine geniale (Spezialisierungs-) Strategie nach der anderen entwerfen, aber nicht einmal ansatzweise aus dem (Umsatz-)Loch kommen.

Der Mensch entscheidet über den Erfolg

Am wichtigsten sind immer die Menschen, die hinter einem Erfolg stecken. Strategien allein können nicht erfolgreich sein. Genau aus diesem Grund boomt der Markt für mentale Erfolgsrezepte. Ganz nach dem Motto: Erfolg ist einzig und allein eine Frage der richtigen Einstellung. Und die kann man bekanntlich innerhalb einer Sekunde verändern (zumindest behaupten das die NLP-Gurus wie Anthony Robbins). Ganz so einfach ist es zwar nicht, aber dennoch steckt ein wahrer Kern in diesem Versprechen. Das, was wir erleben, ist ausschließlich Resultat dessen, was wir denken und fühlen. Ob wir Erfolg oder Misserfolg haben, ob wir 100 Millionen auf dem Konto haben oder 100.000 Miese, ob wir im siebten Himmel schweben oder in tiefsten Depressionen stecken: Immer sind wir es selbst, die durch unser Fühlen, Denken und Handeln dafür die Verantwortung tragen.

Neulich hörte ich von einer schönen Theorie: Angenommen, der gesamte Wohlstand der Welt und alle Ressourcen würden demokratisch auf alle Erdbewohner gleich verteilt – sagen wir: 10.000 Dollar pro Nase. Schon nach Ablauf der ersten 24 Stunden würde es Menschen geben, die keinen Cent mehr besäßen, andere dagegen würden ihr Vermögen verdoppelt und verdreifacht haben. Und nach Ablauf weniger Jahre wäre die gleiche „ungerechte" Verteilung wiederhergestellt, die heute viele Kritiker bemängeln. Warum? Weil die „Reichen" intelligenter sind? Weil sie Glück haben? Weil sie über Beziehungen verfügen oder einfach über das richtige Maß an Habgier? Keineswegs: Weil sie anders denken – und damit anders handeln als „die Armen". Rund 80 Prozent aller Lotto-Hauptgewinner haben einer US-Studie zufolge binnen zwei Jahren wieder Schulden. Hatten sie Pech? Nein – sie hatten die „falsche" Einstellung. Was hat auf der anderen Seite so viele „Tellerwäscher" zu Millionären werden lassen? Es ist in jedem Fall die gelungene Mischung aus richtiger Strategie und richtiger Einstellung.

Hinter jedem außergewöhnlichen Erfolg steht eine außergewöhnliche Einstellung. Schauen Sie sich beispielsweise Ellen MacArthur an: Die 24-jährige Britin erreichte bei ihrem Debut bei der härtesten Segelregatta der Welt, dem Einhandwettbewerb Vendée Globe Challenge, einen sensationellen zweiten Platz. In 94 Tagen war sie nonstop um die Welt gesegelt und hatte am Ende nur 24 Stunden Rückstand auf den Sieger. Im Jahr 2005 verwirklichte sich ihr Lebenstraum. Sie umrundete die Welt in Rekordzeit. In der FAZ durfte man nachlesen, wie solche Leistungen zustande kommen: Schon nach ihrem ersten Segeltörn mit ihrer Tante beschloss die achtjährige Ellen, einmal Segelprofi zu werden. Sie sparte drei Jahre lang das Geld fürs Schulmittagessen, um sich ihre erste Jolle zu kaufen. „Mit 18 umrundete sie einhand die britischen Inseln, sie lebte drei Jahre in einem Baucontainer und schrieb derweil 2.500 Bittbriefe an Sponsoren, um an einem Transatlantikrennen teilnehmen zu können."

Mentale Voraussetzungen für den Erfolg

Da dies ein Buch über Strategien ist, will ich hier das Thema „Die mentalen Voraussetzungen für den Erfolg" nicht allzu breit auswalzen – schließlich gibt es schon eine Flut von Büchern und Seminaren zu diesem Thema. Aber ich will zumindest ein paar spezialisierungsspezifische Aspekte ausbreiten. Was benötige ich auf der mentalen Seite, um ein erfolgreicher Spezialist zu werden?

Voraussetzung Nr. 1: Begeisterung und Hingabe für das, was man tut. Erinnern Sie sich an den Fall der Reinigungsbetriebe Lange (Hemden waschen & bügeln für 1,99 DM). Das im Grunde einfache Konzept erwies sich als „unkopierbar", weil alle Konkurrenten zwar die Technik, die Dienstleistung und den Preis nachahmten, aber mangels Begeisterung niemals die Kundenmassen aktivieren konnten, die sie zum Erreichen der Gewinnschwelle benötigten.

Peter Ditsch (der Brezelbäcker) ist ausgebildeter Versicherungskaufmann, erlernte aber das Brezelbacken im väterlichen Unternehmen und verdiente sich schon als Schüler sein Taschengeld im Mainzer Schwimmbad mit dem Brezelverkauf. Peter Ditsch ist in Sachen Brezeln ein „Überzeugungstäter", wie in der FAZ zu lesen war: „‚Ich bin Brezel-Fan. Wo immer ich bin, esse ich Brezeln, mindestens jeden Tag eine', erklärt er seine Leidenschaft. Er kostet die Produkte der Konkurrenz und vergleicht den Auftritt seiner Konkurrenten mit dem seiner Läden: ‚Nicht nur das Rezept für die Brezel, auch das Rezept für die Präsentation ist entscheidend. Die Aufmachung, der Service, das Personal – für einen erfolgreichen Verkauf muss alles zusammenpassen.'"

Egal, für welche Art der Spezialisierung Sie sich entscheiden: Sie müssen Begeisterung für das mitbringen, was Sie tun. Fredmund Malik schreibt in seinem herausragenden Buch *Führen, Leisten, Leben*, dass es keineswegs erforderlich sei, dass Manager Freude (ganz zu schweigen von Begeisterung) für das empfinden müssen, was sie tun. Schließlich handle es sich „nur" um Arbeit. Statt Freude am Prozess empfiehlt er Freude am Ergebnis. Hier sind wir an einem entscheidenden Punkt, nämlich beim Unterschied zwischen „angestelltem Manager" und „richtigem" Unternehmer, wenn es um das Thema „Mut zur Spezialisierung" geht: Letzterer braucht nämlich Freude am Prozess *und* am Ergebnis und möglichst noch ein bisschen mehr als das. Ich habe keinen einzigen erfolgreichen Spezialisten kennengelernt, der sich „seinem" Thema nur des lieben

Geldes oder des Shareholder Values wegen gewidmet hat (oder weil er gerade nichts Besseres zu tun hatte). Besonders bei Problem- und Zielgruppenspezialisierungen ist die Identifikation enorm wichtig, denn diese Spezialisierungen leben von der Innovation „in die Tiefe" der Probleme; und dafür braucht man sehr viel Motivation und Energie. Und es ist sehr viel schöner, wenn dieser Motivationsschub nicht aus der Angst oder Gier genährt wird, sondern aus der Hingabe, dem eigenen Interesse an der Sache – man könnte auch sagen: aus Liebe zu dem, was man tut, und zu dem man sich berufen fühlt.

Natürlich ist pure Freude an den Früchten der Arbeit keinesfalls ein Hemmschuh. Sylvia Wuttig, die mit 20 Jahren als Zahnarzthelferin einen extrem erfolgreichen Verlag gründete, antwortete auf meine Frage, was sie denn selbst so ins Lager der Unternehmer gezogen habe: „Als ich 12 Jahre alt war, sah ich eine Frau in ein rotes Mercedes-Cabriolet einsteigen. Damals habe ich mir gesagt: ‚So ein Auto will ich selbst einmal fahren'." Preisfrage: Was für ein Auto fährt Sylvia Wuttig heute? Natürlich immer den neuesten Mercedes SL. In Rot.

Voraussetzung Nr. 2: Lernfähigkeit in der Niederlage. Wir leben in einer Welt von Versuch und Irrtum. Gerade der Spezialist wird – genau wie der Sportler – immer an der Grenze des Machbaren arbeiten. Er wird immer nach neuen Lösungen suchen und seine Marktführung durch qualitativ bessere Produkte und Dienstleistungen verteidigen. Er muss und kann mehr und gezielter lernen. Leider hat man uns in der Schule beigebracht, dass Fehler etwas furchtbar Schreckliches sind: Fehler führen zu schlechten Noten, Stress mit Lehrern und Eltern sowie zur Stigmatisierung durch die Mitschüler. Dabei sind Fehler nichts anderes als ein vorwärtstreibendes Element des Lernprozesses. Doch diese Erkenntnis kommt für uns meistens zu spät: Zu tief verwurzelt ist der Glaube, dass wir immer alles richtig machen müssen, um Anerkennung und Achtung zu bekommen.

Fehlschläge erlebt der Spezialist sehr viel intensiver als der „Verzettelte", dessen Aktivitäten – und damit die Erfolgs- wie Misserfolgserlebnisse – auf viele Felder verteilt sind. Für Spezialisten gilt ganz besonders: Probleme und Niederlagen sind Geschenke! Denn sie bergen stets die Möglichkeit des Lernens in sich. Wolfgang Mewes sagte mir einmal, seine Spezialisierungsstrategie EKS sei nichts anderes als eine Methode zur Beschleunigung von Lernprozessen: Der Spezialist könne aufgrund der Begrenzung des Lernfeldes sehr viel schneller als andere herausfinden, wo die für die Zielgruppe entscheidenden Innovationen liegen müssen. Darum brauchen Spezialisten ganz besonders die „richtige“ Einstellung gegenüber Misserfolgen, Problemen und Lerngewinnen.

Voraussetzung Nr. 3: Fähigkeit zu evolutionärem Wachstum. „Das ALDI-System war nicht eine revolutionäre Erfindung, sondern Karl und Theo Albrecht haben sich mit ihren ‚Mini-Läden in drittklassigen Lagen‘ an ihr Verkaufssystem im wahrsten Sinne des Wortes herangetastet. So wie auch Albert Einstein seine Arbeitsweise beschrieb: ‚Ich taste mich voran‘.“ Das schreibt Dieter Brandes zu diesem Thema in seinem Buch *Konsequent einfach.* Neue Artikel werden zum Beispiel erst in drei Läden getestet, damit bei einem Flop nicht die gesamte Organisation belastet wird. Genau diese Vorgehensweise empfiehlt Wolfgang Mewes, wenn ein Unternehmen oder Individuum sich auf unbekanntem Terrain weiterentwickeln soll: Man lernt evolutionär in kleinen Schritten und orientiert sich dabei am Echo der Zielgruppe. Insbesondere Zielgruppenspezialisten tun sich mit diesem Prozess leichter, weil sie nicht für eine anonyme Masse produzieren (oder Dienst leisten), sondern für Menschen mit gemeinsamen Wünschen und Bedürfnissen.

Voraussetzung Nr. 4: Abschied von Allmachtsfantasien. Der eine oder andere erinnert sich sicherlich noch an den Fall Flowtex. Dahinter steckte ein Unternehmen mit einer wahrhaft genialen Geschäftsidee: Flowtex war spezialisiert auf die Verlegung von Versorgungsleitungen. Mit diesem Verfahren musste man nicht mehr mithilfe von Presslufthämmern und Baggern kilometerlange Gräben durch die Landschaft und die Straßen ziehen, sondern konnte diese Geld und Nerven sparend unterirdisch bewerkstelligen. An sich eine gute Idee. Doch Flowtex-Geschäftsführer Manfred Schnieder verfiel schnell in eine Extremform der mehr oder weniger weit verbreiteten Hybris. Er erschwindelte sich durch überaus kreative Buchführung Milliardenkredite, die er umgehend in eine schillernde Bühnenshow investierte, bestehend unter anderem aus einem extrem aufwändigen Lebensstil und hübsch anzuschauenden Büropalästen. Wenige Monate nach seiner Verhaftung wurde er in ein Gefängniskrankenhaus verlegt, wo er auf Schuldunfähigkeit wegen Größenwahns (Megalomanie) untersucht wurde. Wir dürfen nicht hoffen, dass dieses Beispiel Schule macht – ansonsten könnte man die Hälfte aller Vorstände der gestrandeten Nemax-Unternehmen in die Psychiatrie einweisen lassen.

Spezialisten sind leider nicht vor dem Phänomen Großmannssucht gefeit. Aber das ist eher die Ausnahme als die Regel. Denn normalerweise sind eher die Diversifikationsexperten von dieser Krankheit befallen. Wer den Ehrgeiz hat, innerhalb weniger Jahre ein weltumspannendes Imperium aufzubauen, wird sich schwerlich mit einer Marktnische abfinden – selbst wenn sich diese Nische später als globales Business entpuppen sollte. Nur zur Erinnerung: „Jeder“ Bill Gates und „jeder“ Robert Bosch hat einmal als Nischenanbieter angefangen.

Voraussetzung Nr. 5: Kooperationsfähigkeit. Die große Chance und zugleich die große Herausforderung für den Spezialisten ist die Kooperation! Spezialisierungen erfordern wegen der engeren Leistungspalette naturgemäß ein höheres Maß an Kooperation. Und weil Spezialisierungen in hohem Maße wettbewerbsentzerrend wirken, sind die Voraussetzungen dafür auch besonders günstig. Kooperationen sind für Spezialisten deswegen besonders wichtig, weil sie mitunter große Innovationssprünge erfordern, nämlich dann, wenn das konstante Grundbedürfnis, auf das die Spezialisierung gerichtet ist, eine ganz neue Fähigkeit oder Zugang zu ganz neuen Ressourcen erfordert.

Voraussetzung Nr. 6: Nutzenorientierung. Wie drehen wir die Machtverhältnisse auf den Kopf? Indem wir dem Kunden einen echten, im Idealfall zwingenden Nutzen bieten. Sie müssen nicht der Beste, sondern derjenige mit dem besten Nutzen sein! Derjenige, der aus der Masse der austauschbaren Wettbewerber herausragt und der eine deutlich höhere Anziehungskraft besitzt. Unzählige Unternehmen sind in die Pleite gerannt, weil sie irgendwelche imaginären

Bestleistungen erbrachten, die den Kunden nicht einmal ansatzweise interessierten.

Noch einmal der Fall ALDI: Nicht die günstigen Einkaufspreise, sondern die Kundenorientierung und der Wille, einen echten Nutzen zu bieten, sind nach Brandes' Ansicht der wahre Grund für ALDIs Erfolg. Die niedrigen Preise sind eher ein Resultat dieser Strategie. Natürlich gibt es einige Discounter, die das ALDI-Konzept kopieren wollten – in einem Fall wurde sogar die Ladeneinrichtung bis in kleine Details nachgemacht. Doch der Erfolg ist bisher ausgeblieben. Der Grund liegt laut Brandes schlichtweg darin, dass nur Äußerlichkeiten kopiert werden können, die Strategie und vor allem die Unternehmenskultur, die diese Strategie trägt, sich jedoch nicht nachmachen lässt. Der Wettbewerb unter den Discountern Lidl, Penny und ALDI hat in den vergangenen Jahren zu einem regelrechten Preiskrieg geführt. Dazu Brandes: „Ohne besondere eigene Probleme ist ALDI in der Lage, über viele Jahre Paroli zu bieten, ohne an die Substanz gehen zu müssen. Die Gewinnmarge reicht für eine spürbare Investition in die Preise." Der Marktführer kann es sich leisten – die Nachahmer nicht. Bei ALDI wird die Strategie der indirekten Gewinnmaximierung durch Nutzenorientierung verfolgt: Erst der Nutzen für den Kunden – dann folgt der Gewinn.

Nutzen- vor Gewinnmaximierung

Unter der Zielsetzung „Nutzenorientierung" wird eine sehr viel größere Kreativität freigesetzt als unter dem Ziel „Gewinnmaximierung". Probieren Sie es einmal selbst aus: Auf die Frage: „Wie kann ich meinen Gewinn steigern?", kommen in aller Regel die üblichen Antworten wie „Kosten senken" – „Umsatz steigern" – „Mehr Aktivitäten im Marketing und im Vertrieb" und so weiter.

Auf die Frage: „Wie kann ich den Nutzen für meine Kunden erhöhen?", gibt es ausschließlich Antworten, die in Richtung Leistungsverbesserung und Innovation gehen. Nicht alle Antworten werden dem betriebswirtschaftlichen Kalkül genügen – doch entscheidend ist, eine einzige Idee zu finden, mit deren Hilfe Sie sich positiv in den Augen ihrer Kunden profilieren. Und genau darum geht es, wenn Sie langfristig erfolgreich ein Unternehmen führen wollen und wenn Sie Marktführer auf Dauer werden und bleiben wollen: Sie müssen einen höheren Nutzen bieten als Ihre Mitbewerber! Der Gewinn ist dabei eine notwendige Nebenbedingung – nicht mehr und nicht weniger. Bei aller Nutzenorientierung muss die Waage im Gleichgewicht sein: Wer viel Gutes stiftet, hat auch ein Anrecht auf den angemessenen Lohn. Nutzenorientierung allein macht wenig Sinn, denn sie führt allzu leicht dazu, dass man über falsch verstandenen Altruismus in der Selbstausbeutung endet. Auch hier gilt das „Sowohl-als-auch-Prinzip": Dienen auf hohem Niveau muss verbunden sein mit Verdienen auf hohem Niveau!

Gute Spezialisierungsstrategien bewirken genau das: herausragende Leistungen durch Begrenzung des Aktionsfeldes sowie hohe Lerngewinne einerseits und günstige Kostenverläufe durch Produktivitätsgewinne andererseits.

Zum Schluss noch die Geschichte von Gottlieb Duttweiler, dem Begründer der Schweizer Einzelhandelskette Migros. Ihn würde man heute als „Sozialromantiker" titulieren, denn er war angetreten, um mit seinen Lebensmittelgeschäften die Landbevölkerung mit preisgünstigen Nahrungsmitteln zu versorgen. Da er selbst nicht mehr verdienen wollte als ein mittlerer Angestellter, schüttete er die Gewinne alljährlich an die Mitglieder seiner Genossenschaft aus. Doch je mehr er verschenkte und desto größer der Nutzen war, den Duttweiler stiften wollte, desto schlechter konnte er sich der rasant steigenden Gewinne erwehren – er wurde Milliardär.

Genau das, liebe Leser, wünsche ich Ihnen auch!

Nachwort

Ich hoffe sehr, dass Sie, lieber Leser oder liebe Leserin, durch die Lektüre dieses Buches auf Ihrem Weg zur Marktführung ein gutes Stück vorangekommen sind und viele konkrete Ideen dazu entwickelt haben, wie es mit Ihnen respektive Ihrem Unternehmen in Zukunft weitergeht. Die Frage: „Worauf konzentriere und richte ich meine Kräfte?“, gehört zu den schwierigsten und zugleich wichtigsten überhaupt – und zwar ganz egal, ob Ihr Unternehmen nur aus einem einzigen Mitarbeiter besteht (nämlich Ihnen selbst) oder ob hunderte oder tausende auf der Gehaltsliste stehen. Wenn Sie auf diese Frage eine Antwort gefunden haben, hat dieses Buch seinen Zweck erfüllt.

Ich wünsche Ihnen viel Erfolg!

Kerstin Friedrich

PS: Über jede Form von Feedback, Fragen und Anregungen freue ich mich – am besten per E-Mail: friedrich@friedrich-strategie.de.

Danksagungen

Der erste Dank gilt Ihnen, liebe Leserin oder lieber Leser: dafür, dass Sie dieses Buch gekauft und/oder gelesen haben. Wenn es Ihnen gefallen hat, so freue ich mich über eine Weiterempfehlung!

Dankbar bin ich auch für eine persönliche Niederlage, die mich zum Schreiben dieses Buches gebracht hat. Ich hatte einen Beratungsauftrag bei einem ebenso verzettelten wie angeschlagenen börsennotierten Unternehmen angenommen. Das Unternehmen war einmal ein vielversprechender Spezialist, nutzt aber die durch den IPO gewonnen Mittel nicht dazu, seine Fähigkeiten bis zur Marktführung auszubauen, sondern diversifizierte ohne erkennbaren roten Faden. Kurz vor der Pleite kam ein neuer Investor mit einem neuen Führungsteam und eine neue Strategie wurde gesucht. Langer Rede kurzer Sinn: Die von mir favorisierte Spezialisierungsstrategie stieß beim Vorstand auf wenig Gegenliebe – im Gegenteil: Man plante weitere Ausflüge in Gefilde, die längst von etablierten Wettbewerbern beherrscht wurden. Nachdem sich meine Zwangsbeglückung als aussichtslos erwies, brach ich die Arbeit ab und flog frustriert nach Hause. Dort schmollte ich eine Woche vor mich hin und schrieb mir dann dieses Buch von der Seele. Denn es ist unglaublich, wie viele Vorurteile auch 20 Jahre nach Beerdigung der Diversifikationsstrategie noch in den Köpfen sitzen. Ich hoffe, mit diesem Buch die Spezialisierung ins richtige Licht gerückt zu haben und Sie, liebe Leser, dazu gebracht zu haben, Ihre eigene Strategie auf den Prüfstand zu stellen.

Mein größter Dank gilt dem EKS-Begründer Wolfgang Mewes, vom dem ich alles Wichtige zum Thema Strategie und Spezialisierung erfahren habe, sowie vielen Klienten und Interviewpartnern, von denen ich enorm viel gelernt habe und denen ich hoffentlich ebenso viel zurückgeben konnte.

Anmerkungen

1) Abgesehen von der Beteiligung am Airbus-Hersteller EADS.

2) FAZ vom 31.5.01.

3) Hier handelt es sich um eine Sportart, in der Reiter und Pferd in den Disziplinen Dressur, Springen und Geländeritt antreten dürfen.

4) Das ist der Gewinn der klassischen Tennisturniere von Melbourne, Paris, Wimbledon und New York innerhalb eines (Kalender-)Jahres.

5) Mewes (1971/72).

6) Hermann Simon, *Die heimlichen Gewinner (Hidden Champions) – Die Erfolgsstrategien unbekannter Weltmarktführer*, Campus 1996. Eine Muss-Lektüre für alle, die mehr über Spezialisierung wissen wollen.

7) Mehr dazu in Kapitel 5.

8) Hermann Simon (Hrsg.), *Das große Handbuch der Strategiekonzepte – Ideen, die die Businesswelt verändert haben*, Frankfurt 2000.

9) Mewes ist sogar der Ansicht, dass das Spezialisierungspotenzial unbegrenzt sei.

10) Johann Grolle, Jürgen Scriba, *Duell der Superhirne*, Spiegel 18/1997.

11) Ja, nun höre ich die Philosophen und Soziologen aufschreien ob dieser Vereinfachung. Macht nichts! Für alle, die es dennoch ganz genau wissen wollen, sei das Buch *Macht* von Niklas Luhmann empfohlen – da steht es ganz genau drin.

12) Wenn Sie ein besseres (oder fast ebenso gutes) kennen, schreiben Sie mir unbedingt unter friedrich@friedrich-strategie.de.

13) Es gibt natürlich auch Menschen, die Routinetätigkeiten lieben. Aber ich vermute, dass Sie nicht dazu gehören.

14) Friederike Meier, *Zurück zu den Wurzeln*, in: Wirtschaftswoche 36/30.8.2001.

15) Sollten Sie einen solchen Fall kennen, bin ich Ihnen für eine kurze Mitteilung dankbar unter der Adresse friedrich@friedrich-strategie.de

16) Genauer nachzulesen in der Wirtschaftswoche 35/2001 vom 23.8.2001. Mehr Infos: www.martelli.info.

17) Liebe Leser, wenn Sie sich spezialisieren wollen, gehen Sie bitte genauso vor: Fragen Sie nicht Freunde oder Experten, sondern die ZIELGRUPPE!! Es existieren derart grauenvolle Glaubenssätze zum Thema Spezialisierung, dass Ihnen mit Sicherheit immer abgeraten wird. Die Zielgruppe wird sich

über Spezialisierungen (und den damit verbundenen höheren Nutzen) immer freuen! Und wenn nicht, wird sie Ihnen das mit aller Deutlichkeit sagen.

18) Ein Zielgruppenbesitzer ist jemand, der das Vertrauen der Zielgruppe besitzt, die man selbst umwerben will. Die Siemens-Vertriebsingenieure kennen selbstverständlich die Anwender des SAB C16X, die für Willert Software Tools hochinteressant sind. Statt jeden Kunden einzeln zu umwerben, ist es strategisch geschickter, einen Zielgruppenbesitzer für sich zu gewinnen und über ihn einen Großteil der Zielgruppe zu erreichen.

19) Dieses und viele andere interessante Beispiele zum Thema Differenzierung durch Markenbildung können Sie in dem Buch *Was Siegermarken anders machen* von Andreas Buchholz und Wolfram Wördemann nachlesen.

20) FAZ vom 19.November 2001.

21) Mehr zu diesem Phänomen lesen Sie im Kapitel 5.

22) Wenn Sie sich selbst einmal an eine innovative Problemlösung wagen, gehen Sie bitte genauso vor: Fragen Sie sich, wer außer Ihnen selbst noch an der Lösung des Problems interessiert sein könnte, und gehen Sie eine Kooperation ein! Im Fall Vangerow/ASWO war diese Interessengleichheit gegeben: ASWO war nämlich auch sehr daran interessiert, das Reparaturgeschäft der Fachhändler zu beleben, weil man dann mehr Ersatzteile absetzen konnte.

23) Mehr dazu im Kapitel 4.3.

24) Alle Lünener mögen mir verzeihen!

25) Zum Vergleich: Die umsatzstärkste Hotelkette, die Accor-Gruppe, bringt es regelmäßig auf – gemessen am Branchendurchschnitt – hervorragende Auslastungen um die 68 Prozent.

26) Achtung: Die ideale Zielgruppe ist diejenige, die man am meisten nutzen kann – und nicht diejenige, der man am meisten abnehmen kann.

27) Quelle: Wirtschaftswoche.

28) Claudia Bröll, *Im Auftrag Ihrer Majestät*, FAZ vom 22.4.2006.

29) Unter Outplacement versteht man alle Dienstleistungen rund um das Problem „Trennung von Führungskräften". In erster Linie sorgt der Outplacement-Berater dafür, dass der gefeuerte Manager möglichst schnell einen neuen, adäquaten oder besseren Job bekommt, wobei der Arbeitgeber die Kosten für diese Dienstleistung übernimmt.

30) Mehr dazu unter www.prinzhoefte-schule.de.

31) Dies ist weder eine notwendige noch eine hinreichende Bedingung – zumindest gibt es dafür keine wissenschaftlich abgesicherten Erkenntnisse. Aber alle besonders erfolgreichen Spezialisten, die ich persönlich kennen

gelernt habe, haben diese Voraussetzung erfüllt.

32) *Verschwendete Druckluft kostet viel Geld*, Frankfurter Allgemeine Zeitung vom 24. September 2001.

33) Christiane Röhrbein, *Auf den Hund gekommen*, Wirtschaftswoche Nr. 36 vom 30.8.2001.

34) Denken Sie dabei bitte nicht nur an die Ihnen zur Verfügung stehenden eigenen Kräfte, sondern auch an diejenigen, die Sie über Kooperationen mobilisieren könnten.

35) Quelle: Wirtschaftswoche 1/2002.

36) Ausführlich ist dieser Fall beschrieben im Fernlehrgang „EKS", Lerneinheit 13, Darmstadt 1997.

37) Das klingt sehr plakativ. Ist es auch. Natürlich sind hohe Renditen keine zwangsläufige Folge richtiger Spezialisierungen (denn man kann noch jede Menge anderer Fehler begehen), aber es ist eine verdammt gute Voraussetzung!

38) Zum Beispiel die Reinigung Lange in Stuttgart oder der Reparaturspezialist Vangerow in Reutlingen.

39) Wienerwald ist ein wunderbares Beispiel dafür, wie sich ein Spezialist und Marktführer sträflich auf seinen Lorbeeren ausruhte und viel zu spät in den Innovationsprozess einstieg. Auch hier war die Diversifikationsstrategie der Unternehmensspitze die Ursache des Niedergangs.

40) Nebenbei bemerkt: Nicht nur VW-Käufer und -Aktionäre, sondern auch die Steuerzahler dürfen sich mit Millionen-Subventionen für die gläserne Phaeton-Fabrik in Dresden an diesem Profilierungsprojekt beteiligen.

41) Ersatzweise wird das Argument „Technologie-Transfer" herangezogen, demzufolge die Spitzentechnologie der Premiummarken irgendwann dem Brot-und-Butter-Geschäft zugute kommen wird.

Literaturverzeichnis

Bonsen, Matthias zur: *Das Prinzip der Kräftekonzentration in der Unternehmensstrategie.* Dissertation der Hochschule St. Gallen Nr. 928, Hamburg 1985.

Brandes, Dieter: *Konsequent einfach. Die ALDI-Erfolgsstory.* Frankurt am Main 1998.

Buchholz, Andreas/Wördemann, Wolfram: *Was Siegermarken anders machen.* Düsseldorf 1998.

Friedrich, Kerstin: *Empfehlungsmarketing.* 5. Auflage, Offenbach 2005.

Friedrich, Kerstin/Seiwert, Lothar J.: *Das neue 1x1 der Erfolgsstrategie, EKS – Erfolg durch Spezialisierung.* 11. Auflage, Offenbach 2005.

Goldschmidt, Tijs: *Darwins Traumsee.* München 1994.

Häusel, Hans-Georg: *Think Limbic: Die Macht des Unbewussten verstehen und nutzen für Motivation, Marketing, Management.* Planegg 2000.

Heimburg, York von: *Gewinnen durch konsequente Fokussierung.* Düsseldorf/Berlin 2000.

Malik, Fredmund: *Führen, Leisten, Leben.* München 2000.

Mewes, Wolfgang: *Die kybernetische Managementlehre.* Fernlehrgang, Frankfurt am Main 1971/72.

Mewes, Wolfgang/Friedrich, Kerstin: *EKS – Die Strategie.* Fernlehrgang, Darmstadt 1998.

Ries, Al: *Die Strategie der Stärke.* Düsseldorf 1996

Sawtschenko, Peter: *Positionierung – die erfolgreichste Marketingstrategie der Welt.* Offenbach 2005.

Simon, Hermann: *Die heimlichen Gewinner (Hidden Champions) – Die Erfolgsstrategien unbekannter Weltmarktführer.* Frankfurt am Main 1996.

Simon, Hermann (Hrsg.): *Das große Handbuch der Strategiekonzepte.* Frankfurt am Main 2000.

Zook, Chris/Allen, James: *Erfolgsfaktor Kerngeschäft – Zeitlose Strategien für Wachstum und Innovation.* München 2001.

Stichwortverzeichnis